Cours De Politique Constitutionnelle

Benjamin Constant

COURS

DE

POLITIQUE

CONSTITUTIONNELLE:

—

TOME PREMIER.

DEUXIÈME PARTIE.

17*

CHAPITRE XVII.

—

NÉCESSITÉ DU CHATIMENT DES AGENS DE L'AUTORITÉ QUI PROVOQUENT AU CRIME.

J'ai dit ailleurs que partout où il y avait un
ministre chargé de surveiller les conspirateurs,
l'on entendait sans cesse parler de conspiration.
Cette triste vérité est applicable à tous les degrés
de la hiérarchie exécutive. Dès que la découverte des complots est érigée en mérite, il se
trouve des hommes qui aspirent à ce merite et qui
créent des complots pour les découvrir. Plus
vous descendez dans les rangs inférieurs des
agens de l'autorité, plus vous rencontrez de
nombreux exemples de ce zèle déplorable. Une
race de sbires déguisés se répand dans les bourgs,
dans les ateliers, dans les campagnes, captive
la confiance de l'ignorance et de la misère; encourage le mécontentement, donne un corps
aux désirs les plus fugitifs et les plus vagues,
travestit en projets chaque geste de l'impatience
et chaque cri de la douleur, et vient ensuite ap-

porter en offrande les malheureux qu'elle a éga-
rés pour les trahir, aux pieds d'une autorité qui
accueille ce funeste hommage, et qui s'en fait
valoir à son tour. C'est le renversement de toutes les lois, l'oubli de toute pudeur, la violation de tout principe de justice et d'humanité.
Que dirait-on si de tels abus se commettaient dans
un pays où, sous prétexte de garantir le peuple
de la contagion des opinions séditieuses, on en-
chaînerait la presse ? Que dirait-on si, d'une
part, on affectait une terreur puérile du moindre journal, du moindre pamphlet, tandis que
de l'autre des espions et des gendarmes, devenus prédicateurs autorisés de révolte, sème-
raient les alarmes vaines ou les absurdes espérances, pour récolter les dénonciations ?

Aucune précaution ne saurait être trop sévère contre une telle complication de bassesses,
de cruauté et de perfidie. La classe indigente
et laborieuse n'a pas trop de toute sa raison pour
supporter un ordre de choses qui est sans doute
dans les nécessités de la condition sociale, mais
qui semble déshériter une portion si considérable de l'espèce humaine. Il ne faut pas que l'autorité se fasse un jeu cruel de mettre à l'épreuve
une résignation méritoire et difficile. La provocation au crime pour le faire commettre est
un délit punissable. La provocation au crime
pour le dénoncer est un attentat cent fois plus
odieux.

CHAPITRE XVIII.

—

DES TRIBUNAUX MILITAIRES.

Si, dans un pays libre, l'emploi de la force militaire contre les citoyens doit être restreint à des
cas très-rares, entouré de précautions sévères, et
soumis, quand les circonstances ont paru le rendre
indispensable, à une investigation scrupuleuse ; à
plus forte raison cette même force militaire ne
doit-elle jamais s'introduire dans le sanctuaire
des lois. Les délits qui ont rapport à la subordination, à la discipline, peuvent seuls être jugés par
des tribunaux tirés du sein de l'armée. L'abus
qu'on a fait des juridictions militaires durant la
révolution, est encore présent à tous les esprits.
J'avais profité de ma coopération à l'acte addition-
nel de 1815, pour mettre un terme à cet abus.
D'après les articles 54 et 55 de cet acte, *Les délits militaires seuls étaient du ressort des tribunaux
militaires, et tous les autres délits, même commis*

par des militaires, étaient de la compétence des tri-
bunaux civils.

Je n'avais pas, au reste, attendu jusqu'alors pour m'élever contre la confusion d'idées et de principes à l'aide de laquelle des formes réservées uniquement à l'état de guerre et aux institutions qui en dérivent, ont été transportées dans l'état de paix. Il n'est malheureusement pas inutile, en 1817, de répéter ce que j'écrivais en 1813.

« Nous avons vu, durant ces vingt dernières
« années, disais-je, s'introduire dans presque
« toute l'Europe une justice militaire, dont le
« premier principe était d'abréger les formes,
« comme si toute abréviation des formes n'était
« pas le plus révoltant sophisme. Nous avons vu
« siéger sans cesse parmi les juges des hommes
« dont le vêtement seul annonçait qu'ils étaient
« voués à l'obéissance, et ne pouvaient, en consé
« quence, être des juges indépendans. Nos neveux
« ne croiront pas, s'ils ont quelque sentiment de
« la dignité humaine, qu'il fut un temps où des
« hommes, illustrés sans doute par d'innombra
« bles exploits, mais nourris sous la tente et
« ignorans de la vie civile, interrogeaient des
« prévenus qu'ils étaient incapables de compren
« dre, condamnaient sans appel des citoyens
« qu'ils n'avaient pas le droit de juger. Nos ne
« veux ne croiront pas, s'ils ne sont le plus avili
« des peuples, qu'on ait fait comparaître devant

« des tribunaux militaires des législateurs, des
« écrivains, des accusés de délits politiques, don-
« nant ainsi, par une dérision féroce, pour ju-
« ges à l'opinion et à la pensée, le courage sans
« lumières et la soumission sans intelligence. »
De l'Esprit de conquête, quatrième édition,
page 23.

J'ajouterai une observation. Les juridictions
militaires, étendues par-delà leurs bornes, sont
dans tout état de cause un système illégal et déplorable. Mais, chez un peuple conquérant, ce
système, sans être plus juste, serait moins révoltant peut-être, parce qu'il contrasterait moins
avec l'ensemble des mœurs et des habitudes. Sous
un peuple désabusé des conquêtes, et sous un
gouvernement constitutionnel et pacifique, l'excuse d'une harmonie apparente entre l'esprit
guerrier de la nation et des formes empruntées
des camps et appliquées à des hommes qui con-
sumeraient leur vie dans des expéditions belli-
queuses, ne pourrait pas être alléguée. Il n'est jamais légitime d'aspirer à la conquête du monde;
mais, lorsqu'on y aspire, on paraît moins coupable en employant des moyens terribles, que si ces
moyens terribles n'étaient destinés qu'à l'affermissement d'un despotisme intérieur. La gloire
militaire, quand elle ne se renferme pas dans la
défense de la patrie, est une illusion fatale, mais
éblouissante; elle ne justifie pas le despotisme,

mais elle le décore : il est toujours en horreur aux hommes sages ; mais, aux yeux du vulgaire, les chaînes semblent d'autant plus honteuses qu'elles ne sont pas ornées de lauriers.

———

CHAPITRE XIX.

—

DE LA PROPRIÉTÉ.

Dans la première édition de cet ouvrage, en 1814, j'avais regardé comme inutile tout raisonnement en faveur de la propriété en elle-même. En 1815, je crus m'apercevoir que l'effervescence des opinions mises en mouvement par le pouvoir, qui si long-temps les avait comprimées, donnait à ces raisonnemens une sorte d'à-propos, et j'insérai dans mes *Principes de Politique* quelques considérations tendant à combattre des théories exagérées et antisociales. Je les reproduis ici, parce qu'il n'est que trop ordinaire en France de voir la partie active et passionnée du peuple passer, avec une rapidité extrême, d'une opinion à l'autre. Telle erreur à laquelle, à telle époque, on dégaigne de répondre parce qu'elle paraît décréditée, peut, au premier événement, se montrer appuyée sur des sophismes qu'on aurait dit frappés d'une réprobation universelle.

Ajoutez qu'il y a parmi nous un assez grand nombre d'écrivains toujours au service du système dominant. Nous les avons vus déjà se vouer tour à tour à la démagogie et au despotisme. Rien ne serait moins étonnant de leur part qu'une nouvelle apostasie. Ce sont de vrais lansquenets, sauf la bravoure. Les désaveux ne leur coûtent rien, les absurdités ne les arrêtent pas, parce que les opinions ne sont pour eux qu'un calcul. Ils cherchent partout une force dont ils réduisent les volontés en principes. Leur zèle est d'autant plus actif et infatigable, qu'il est indépendant de leur conviction.

Voici donc ce que je disais sur la propriété, considérée comme la première et la plus nécessaire des conventions de l'état social.

« Plusieurs de ceux qui ont défendu la propriété par des raisonnemens abstraits, me semblent être tombés dans une erreur grave; ils ont représenté la propriété comme quelque chose de mystérieux, d'antérieur à la société, d'indépendant d'elle. Aucune de ces assertions n'est vraie. La propriété n'est point antérieure à la société; car, sans l'association qui lui donne une garantie, elle ne serait que le droit du premier occupant, en d'autres mots, le droit de la force, c'est-à-dire, un droit qui n'en est pas un. La propriété n'est

point indépendante de la société; car un état social, à la vérité très-misérable, peut être conçu
sans propriété, tandis qu'on ne peut imaginer de
propriété sans état social.

« La propriété existe de par la société; la société a trouvé que le meilleur moyen de faire jouir
ses membres des biens communs à tous, ou dispu-
tés par tous avant son institution, était d'en con-
céder une partie à chacun, ou plutôt de maintenir chacun dans la partie qu'il se trouvait occuper, en lui en garantissant la jouissance avec les
changemens que cette jouissance pourrait éprouver, soit par les chances multipliées du hasard,
soit par les degrés inégaux de l'industrie.

« La propriété n'est autre chose qu'une convention sociale; mais de ce que nous la reconnaissons pour telle, il ne s'ensuit pas que nous
l'envisagions comme moins sacrée, moins inviolable, moins nécessaire, que les écrivains qui
adoptent un autre système. Quelques philosophes
ont considéré son établissement comme un mal,
son abolition comme possible; mais ils ont eu recours, pour appuyer leurs théories, à une foule
de suppositions dont quelques-unes peuvent ne se
réaliser jamais, et dont les moins chimériques
sont reléguées à une époque qu'il ne nous est pas
même permis de prévoir. Non-seulement ils ont
pris pour base un accroissement de lumières auquel l'homme arrivera peut-être, mais sur lequel

il serait absurde de fonder nos institutions présentes; mais ils ont établi comme démontrée une diminution du travail actuellement requis pour la subsistance de l'espèce humaine, telle que cette diminution dépasse toute invention même soupçonnée. Certainement chacune de nos découvertes en mécanique, qui remplacent par des instrumens et des machines la force physique de l'homme, est une conquête pour la pensée; et, d'après les lois de la nature, ces conquêtes devenant plus faciles à mesure qu'elles se multiplient, doivent se succéder avec une vitesse accélérée; mais il y a loin encore de ce que nous avons fait, et même de ce que nous pouvons imaginer en ce genre, à une exemption totale de travail manuel. Néanmoins cette exemption serait indispensable pour rendre possible l'abolition de la propriété, à moins qu'on ne voulût, comme quelques-uns de ces écrivains le demandent, répartir ce travail également entre tous les membres de l'association; mais cette répartition, si elle n'était pas une rêverie, irait contre son but même, enlèverait à la pensée le loisir qui doit la rendre forte et profonde, à l'industrie la persévérance qui la porte à la perfection, à toutes les classes, les avantages de l'habitude et de l'unité du but, et de la centralisation des forces. Sans propriété, l'espèce humaine existerait stationnaire, et dans le degré le plus brut et le plus sauvage de son existence. Chacun, chargé de pourvoir seul à tous ses besoins, partagerait ses forces pour y subvenir, et, courbé sous le poids de ses soins multipliés, n'avancerait jamais d'un pas. L'abolition de la propriété serait destructive de la division du travail, base du perfectionnement de tous les arts et de toutes les sciences. La faculté progressive, espoir favori des écrivains que je combats, périrait faute de temps et d'indépendance, et l'égalité grossière et forcée qu'ils nous recommandent mettrait un obstacle invincible à l'établissement graduel de l'égalité véritable, celle du bonheur et des lumières (1). »

---

(1) Principes de Politique, pages 20 et 24.

CHAPITRE XX.

DE LA PROPRIÉTÉ INTELLECTUELLE.

QUELQUES publicistes ont cru reconnaître qu'il y avait une espèce de propriété qu'ils ont nommée intellectuelle, et ils ont défendu leur opinion d'une manière assez ingénieuse. Un homme distingué dans une profession libérale, ont-ils dit, un jurisconsulte, par exemple, n'est pas attaché moins fortement au pays qu'il habite que le propriétaire territorial. Il est plus facile à ce dernier d'aliéner son patrimoine, qu'il ne le serait au premier de déplacer sa réputation ; sa fortune est dans la confiance qu'il inspire. Cette confiance tient à plusieurs années de travail, d'intelligence, d'habileté, aux services qu'il a rendus, à l'habitude qu'on a contractée de recourir à lui dans des circonstances difficiles, aux connaissances locales que sa longue expérience a rassemblées. L'expatriation le priverait de ces avantages. Il serait ruiné par cela seul qu'il se présenterait inconnu sur une terre étrangère.

Mais cette propriété qu'on nomme intellectuelle, ne réside que dans l'opinion. S'il est permis à tous de se l'attribuer, tous la réclameront sans doute ; car les droits politiques deviendront non-seulement une prérogative sociale, mais une attestation de talent, et se les refuser serait un acte rare de désintéressement à la fois et de modestie. Si c'est l'opinion des autres qui doit conférer cette propriété intellectuelle, l'opinion ne se manifeste que par le succès et par la fortune qui en est le résultat nécessaire. Alors la propriété sera naturellement le partage des hommes distingués dans tous les genres.

Mais il y a des considérations d'une plus haute importance à faire valoir. Les professions libérales demandent plus que toutes les autres peut-être, pour que leur influence ne soit pas funeste dans les discussions politiques, d'être réunies à la propriété. Ces professions, si recommandables à tant de titres, ne comptent pas toujours au nombre de leurs avantages celui de mettre dans les idées cette justesse pratique nécessaire pour prononcer sur les intérêts positifs des hommes. L'on a vu, dans notre révolution, des littérateurs, des mathématiciens, des chimistes, se livrer aux opinions les plus exagérées, non que sous d'autres rapports ils ne fussent éclairés ou estimables ; mais

18

ils avaient vécu loin des hommes : les uns s'étaient accoutumés à s'abandonner à leur imagination ; les autres à ne tenir compte que de l'évidence rigoureuse ; les troisièmes à voir la nature, dans la reproduction des êtres, faire l'avance de la destruction. Ils étaient arrivés, par des chemins dissemblables, au même résultat, celui de dédaigner les considérations tirées des faits, de mépriser le monde réel et sensible, et de raisonner sur l'état social en enthousiastes, sur les passions en géomètres, sur les douleurs humaines en physiciens.

Si ces erreurs ont été le partage d'hommes supérieurs, quels ne seront pas les égaremens des candidats subalternes, des prétendans malheureux ? Combien n'est-il pas urgent de mettre un frein aux amours-propres blessés, aux vanités aigries, à toutes ces causes d'amertume, d'agitation, de mécontentement contre une société dans laquelle on se trouve déplacé, de haine contre des hommes qui paraissent d'injustes appréciateurs ! Tous les travaux intellectuels sont honorables, sans doute : tous doivent être respectés. Notre premier attribut, notre faculté distinctive, c'est la pensée. Quiconque en fait usage a droit à notre estime, même indépendamment du succès. Quiconque l'outrage ou la repousse, abdique le nom d'homme, et se place en dehors de l'espèce humaine. Cependant chaque science donne à l'es-

prit de celui qui la cultive une direction exclusive qui devient dangereuse dans les affaires politiques, à moins qu'elle ne soit contre-balancée.
Or le contre-poids ne peut se trouver que dans la
propriété. Elle seule établit entre les hommes des
liens uniformes. Elle les met en garde contre le
sacrifice imprudent du bonheur et de la tranquillité des autres, en enveloppant dans ce sacrifice
leur propre bien-être, et en les obligeant à calcu-
ler pour eux-mêmes. Elle les fait descendre du
haut des théories chimériques et des exagérations
inapplicables, en établissant entre eux et le reste
des membres de l'association des relations nombreuses et des intérêts communs.

Et qu'on ne croie pas cette précaution utile seulement pour le maintien de l'ordre ; elle ne l'est
pas moins pour celui de la liberté. Par une réunion bizarre, les sciences qui, dans les agitations
politiques, disposent quelquefois les hommes à
des idées de liberté impossibles, les rendent
d'autres fois indifférens et serviles sous le despotisme. Les savans proprement dits sont rarement
froissés par le pouvoir, même injuste. Il ne hait
que la pensée ; il aime assez les sciences comme
moyens pour les gouvernans, et les beaux-arts
comme distractions pour les gouvernés. Ainsi la
carrière que suivent les hommes dont les études
n'ont aucun rapport avec les intérêts actifs de la
vie, les garantissant des vexations d'une autorité

qui ne voit jamais en eux des rivaux, ils s'indignent souvent trop peu des abus de pouvoir qui
ne pèsent que sur d'autres classes (1).

(1) Principes de Politique, p. 118 et 123.

CHAPITRE XXI.

—

DES DROITS INDIVIDUELS.

Un écrivain très-recommandable par la profondeur, la justesse et la nouveauté de ses pensées, Jérémie Bentham, s'est élevé récemment contre l'idée de droit, et surtout contre celle de droits naturels, inaltérables ou imprescriptibles; il a prétendu que cette notion n'était propre qu'à nous égarer, et qu'il fallait mettre à sa place celle de l'utilité, qui lui paraît plus simple et plus intelligible. Comme la route qu'il a préférée l'a conduit à des résultats parfaitement semblables aux miens, je voudrais ne pas disputer contre sa terminologie. Je suis pourtant forcé de la combattre; car le principe d'utilité, tel que Bentham nous le présente, me semble avoir les inconvéniens communs à toutes les locutions vagues; et il a de plus son danger particulier.

Nul doute qu'en définissant convenablement

le mot d'utilité, l'on ne parvienne à tirer de cette notion précisément les mêmes conséquences que celles qui découlent du droit naturel et de la justice. En examinant avec attention toutes les questions qui paraissent mettre en opposition ce qui est utile et ce qui est juste, on trouve toujours que ce qui n'est pas juste n'est jamais utile. Mais il n'en est pas moins vrai que le mot d'utilité, suivant l'acception vulgaire, rappelle une notion différente de celle de la justice ou du droit. Or, lorsque l'usage et la raison commune attachent à un mot une signification déterminée, il est dangereux de changer cette signification. On explique vainement ensuite ce qu'on a voulu dire; le mot reste, et la signification s'oublie.

« On ne peut, dit Bentham, raisonner avec « des fanatiques armés d'un droit naturel, que « chacun entend comme il lui plaît, et applique « comme il lui convient. » Mais, de son aveu même, le principe d'utilité est susceptible de tout autant d'interprétations et d'applications contradictoires. « L'utilité, dit-il, a été souvent mal « appliquée; entendue dans un sens étroit, elle « a prêté son nom à des crimes. Mais on ne doit « pas rejeter sur le principe les fautes qui lui « sont contraires, et que lui seul peut servir à « rectifier. » Comment cette apologie s'appliquerait-elle à l'utilité, et ne s'appliquerait-elle pas au droit naturel? Le principe de l'utilité a ce danger de plus que celui du droit, qu'il réveille dans l'esprit des hommes l'espoir d'un profit et non le sentiment d'un devoir. Or, l'évaluation d'un profit est arbitraire : c'est l'imagination qui en décide. Mais ni ses erreurs, ni ses caprices ne sauraient changer la notion du devoir. Les actions ne peuvent pas être plus ou moins justes, mais elles peuvent être plus ou moins utiles. En nuisant à mes semblables, je viole leurs droits; c'est une vérité incontestable : mais si je ne juge cette violation que par son utilité, je puis me tromper dans ce calcul, et trouver de l'utilité dans cette violation. Le principe de l'utilité est par conséquent bien plus vague que celui du droit naturel. Loin d'adopter la terminologie de Bentham, je voudrais, le plus possible, séparer l'idé du droit de la notion de l'utilité. Ce n'est, comme je l'ai déjà dit, qu'une différence de rédaction; mais elle est plus importante qu'on ne pense.

Le droit est un principe, l'utilité n'est qu'un résultat. Le droit est une cause, l'utilité n'est qu'un effet. Vouloir soumettre le droit à l'utilité, c'est vouloir soumettre les règles éternelles de l'arithmétique à nos intérêts de chaque jour.

Sans doute il est utile, pour les transactions des hommes entre eux, qu'il existe entre les nombres des rapports immuables : mais si l'on prétendait que ces rapports n'existent que parce qu'il est utile que cela soit ainsi, l'on ne manquerait pas d'occasions où l'on prouverait qu'il serait infiniment plus utile de faire plier ces rapports. L'on oublierait que leur utilité constante vient de leur immutabilité; et, cessant d'être immuables, ils cesseraient d'être utiles. Ainsi l'utilité, pour avoir été trop favorablement traitée en apparence, et transformée en cause, au lieu qu'elle doit rester effet, disparaîtrait bientôt totalement elle-même. Il en est ainsi de la morale et du droit. Vous détruisez l'utilité par cela seul que vous la placez au premier rang. Ce n'est que lorsque la règle est démontrée, qu'il est bon de faire ressortir l'utilité qu'elle peut avoir.

Je le demande à l'auteur même que je réfute. Les expressions qu'il veut nous interdire ne rappellent-elles pas des idées plus fixes et plus précises que celles qu'il prétend leur substituer? Dites à un homme : « Vous avez le droit de n'être « pas mis à mort ou dépouillé arbitrairement; » vous lui donnez un bien autre sentiment de sécurité et de garantie que si vous lui dites : « Il « n'est pas utile que vous soyez mis à mort, ou dé- « pouillé arbitrairement. » On peut démontrer, et je l'ai déjà reconnu, qu'en effet cela n'est jamais utile. Mais en parlant du droit, vous présentez une idée indépendante de tout calcul. En parlant de l'utilité, vous semblez inviter à remettre la chose en question en la soumettant à une vérification nouvelle.

« Quoi de plus absurde , s'écrie l'ingénieux et
« savant collaborateur de Bentham , M. Dumont
« de Genève, que des droits inaliénables qui ont
« toujours été aliénés , des droits imprescriptibles
« qui ont toujours été prescrits ! » Mais en disant
que ces droits sont inaliénables ou imprescriptibles , on dit simplement qu'ils ne doivent pas être
aliénés , qu'ils ne doivent pas être prescrits. On
parle de ce qui doit être, non de ce qui est.

Bentham , en réduisant tout au principe de l'utilité, s'est condamné à une évaluation forcée de
ce qui résulte de toutes les actions humaines , évaluation qui contrarie les notions les plus simples
et les plus habituelles. Quand il parle de la fraude,
du vol , etc., il est obligé de convenir que, s'il y
a perte d'un côté, il y a gain de l'autre; et alors
son principe, pour repousser des actions pareilles , c'est que bien de gain n'est pas équivalent à
mal de perte. Mais le bien et le mal étant séparés,
l'homme qui commet le vol trouvera que son gain
lui importe plus que la perte d'un autre. Toute
idée de justice étant mise hors de la question, il
ne calculera plus que le gain qu'il fait; il dira :
« Gain pour moi est plus qu'équivalent à perte
d'autrui. » Il ne sera donc retenu que par la crainte
d'être découvert. Tout motif moral est anéanti par
ce système.

En repoussant le premier principe de Bentham ,
je suis loin de méconnaître le mérite de cet écri-

vain : son ouvrage est plein d'idées neuves et de
vues profondes : toutes les conséquences qu'il tire
de son principe sont des vérités précieuses en elles-
mêmes. C'est que ce principe n'est faux que par
sa terminologie : dès que l'auteur parvient à s'en
dégager, il réunit dans un ordre admirable les
notions les plus saines sur l'économie politique,
sur les précautions que doit prendre le gouvernement pour n'intervenir dans les affaires des individus que lorsque cela est indispensable, sur la
population, sur la religion, sur le commerce, sur
les lois pénales, sur la proportion des châtimens
aux délits; mais il lui est arrivé, comme à beaucoup d'auteurs estimables, de prendre une rédaction pour une découverte, et de tout sacrifier à
cette rédaction.

Je suis donc resté fidèle à la manière de parler
usitée, parce qu'au fond je crois qu'elle est plus
exacte, et aussi parce que je crois qu'elle est plus
intelligible.

J'établis que les individus ont des droits, et que
ces droits sont indépendans de l'autorité sociale,
qui ne peut leur porter atteinte sans se rendre
coupable d'usurpation.

Il en est de l'autorité comme de l'impôt; chaque individu consent à sacrifier une partie de sa
fortune pour subvenir aux dépenses publiques,
dont le but est de lui assurer la jouissance paisible
de ce qu'il conserve; mais si l'État exigeait de

chacun la totalité de sa fortune, la garantie qu'il offrirait serait illusoire, puisque cette garantie n'aurait plus d'application. De même chaque individu consent à sacrifier une partie de sa liberté pour assurer le reste; mais si l'autorité envahissait toute sa liberté, le sacrifice serait sans but.

Cependant, quand elle envahit, que faut-il faire? Nous arrivons à la question de l'obéissance à la loi, l'une des plus difficiles qui puisse attirer l'attention des hommes. Quelque décision que l'on hasarde sur cette matière, on s'expose à des difficultés insolubles. Dira-t-on qu'on ne doit obéir aux lois qu'autant qu'elles sont justes? On autorisera les résistances les plus insensées ou les plus coupables: l'anarchie sera partout. Dira-t-on qu'il faut obéir à la loi, en tant que loi, indépendamment de son contenu et de sa source? On se condamnera à obéir aux décrets les plus atroces et aux autorités les plus illégales.

De très-beaux génies, des raisons très-fortes ont échoué dans leurs tentatives pour résoudre ce problème.

Pascal et le chancelier Bacon ont cru qu'ils en donnaient la solution, quand ils affirmaient qu'il fallait obéir à la loi sans examen. « C'est affaiblir la puissance des lois, dit le dernier; qu'en rechercher les motifs. « Approfondissons le sens rigoureux de cette assertion.

Le nom de loi suffira-t-il toujours pour obliger

l'homme à l'obéissance ? Mais si un nombre d'hommes, ou même un seul homme sans mission (et pour embarrasser ceux que je vois d'ici s'apprêter à me combattre, je personnifierai la chose, et je leur dirai, soit le comité de salut public, soit Robespierre), intitulaient loi l'expression de leur volonté particulière, les autres membres de la société seront-ils tenus de s'y conformer ? L'affirmative est absurde ; mais la négative implique que le titre de loi n'impose pas seul le devoir d'obéir, et que ce devoir suppose une recherche antérieure de la source d'où part cette loi.

Voudra-t-on que l'examen soit permis, lorsqu'il s'agira de constater si ce qui nous est présenté comme une loi part d'une autorité légitime ; mais que, ce point éclairci, l'examen n'ait plus lieu sur le contenu même de la loi ?

Que gagnera-t-on ? une autorité n'est légitime que dans ses bornes ; une municipalité, un juge de paix sont des autorités légitimes, tant qu'elles ne sortent pas de leur compétence. Elles cesseraient néanmoins de l'être, si elles s'arrogeaient le droit de faire des lois. Il faudra donc, dans tous les systèmes, accorder que les individus peuvent faire usage de leur raison, non-seulement pour connaître le caractère des autorités, mais pour juger leurs actes ; de là résulte la nécessité d'examiner le contenu aussi bien que la source de la loi.

Remarquez que ceux même qui déclarent l'o-
béissance implicite aux lois, quelles qu'elles soient,
de devoir rigoureux et absolu, exceptent toujours de cette règle la chose qui les intéresse. Pascal en exceptait la religion ; il ne se soumettait
point à l'autorité de la loi civile en matière religieuse, et il brava la persécution par sa désobéissance à cet égard,

L'auteur anglais que j'ai cité ci-dessus, a établi
que la loi seule créait les délits, et que toute action prohibée par la loi devenait un crime. « Un
délit, dit-il, est un acte dont il résulte du mal; or,
en attachant une peine à une action, la loi fait
qu'il en résulte du mal. » A ce compte, la loi peut
attacher une peine à ce que je sauve la vie de mon
père, à ce que je le livre aux bourreaux. En sera-
ce assez pour faire un délit de la piété filiale? et
cet exemple, tout horrible qu'il est, n'est pas une
vaine hypothèse. N'a-t-on pas vu condamner, au
nom de la loi, des pères pour avoir sauvé leurs
enfans, des enfans pour avoir secouru leurs pères?

Bentham se réfute lui-même lorsqu'il parle des
délits imaginaires. Si la loi suffisait pour créer
les délits, aucun des délits créés par la loi ne serait imaginaire. Tout ce qu'elle aurait déclaré
délit serait tel.

L'auteur anglais se sert d'une comparaison très-
propre à éclaircir la question. « Certains actes
« innocens par eux-mêmes, dit-il, sont rangés

« parmi les délits, comme chez certains peu-
« ples des alimens sains sont considérés comme
« des poisons. » Ne s'ensuit-il pas que, de même
que l'erreur de ces peuples ne convertit pas en
poisons ces alimens salubres, l'erreur de la loi ne
convertit pas en délits les actions innocentes? Il
arrive sans cesse que, lorsqu'on parle de la loi
abstraitement, on la suppose ce qu'elle doit être ;
et quand on s'occupe de ce qu'elle est, on la
rencontre tout autre : de là des contradictions
perpétuelles dans les systèmes et les expressions.

Bentham a été entraîné dans des contradictions
de ce genre par son principe d'utilité, que je
crois avoir réfuté plus haut.

Il a voulu faire entièrement abstraction de la
nature dans son système de législation, et il n'a
pas vu qu'il ôtait aux lois tout à la fois leur sanction, leur base et leur limite. Il a été jusqu'à dire
que toute action, quelque indifférente qu'elle fût,
pouvant être prohibée par la loi, c'était à la loi
que nous devions la liberté de nous asseoir ou de
nous tenir debout, d'entrer ou de sortir, de manger ou de ne pas manger, parce que la loi pourrait nous l'interdire. Nous devons cette liberté à
la loi, comme le vizir, qui rendait chaque jour
grâces à sa hautesse d'avoir encore sa tête sur ses
épaules, devait au sultan de n'être pas décapité ;
mais la loi qui aurait prononcé sur ces actions

indifférentes, n'aurait pas été une loi, mais un despote.

Le mot de loi est aussi vague que celui de nature ; en abusant de celui-ci, l'on renverse la société ; en abusant de l'autre, on la tyrannise. S'il fallait choisir entre les deux, je dirais que le mot de nature réveille au moins une idée à peu près la même chez tous les hommes, tandis que celui de loi peut s'appliquer aux idées les plus opposées.

Quand à d'horribles époques on nous a commandé le meurtre, la délation, l'espionnage, on ne nous les a pas commandés au nom de la nature, tout le monde aurait senti qu'il y avait contradiction dans les termes. On nous les a commandés au nom de la loi, et il n'y a plus eu de contradiction.

L'obéissance à la loi est un devoir ; mais, comme tous les devoirs, il n'est pas absolu, il est relatif ; il repose sur la supposition que la loi part d'une source légitime, et se renferme dans de justes bornes. Ce devoir ne cesse pas, lorsque la loi ne s'écarte de cette règle qu'à quelques égards. Nous devons au repos public beaucoup de sacrifices ; nous nous rendrions coupables aux yeux de la morale, si, par un attachement trop inflexible à nos droits, nous troublions la tranquillité, dès qu'on nous semble, au nom de la loi, leur porter atteinte. Mais aucun devoir ne nous lie envers des lois telles que celles que l'on faisait, par exemple, en 1793, ou même plus tard, et dont l'influence corruptrice menace les plus nobles parties de notre existence. Aucun devoir ne nous lierait envers des lois qui non-seulement restreindraient nos libertés légitimes, et s'opposeraient à des actions qu'elles n'auraient pas le droit d'interdire, mais qui nous en commanderaient de contraires aux principes éternels de justice ou de piété, que l'homme ne peut cesser d'observer sans démentir sa nature.

Le publiciste anglais que j'ai réfuté précédemment convient lui-même de cette vérité. « Si la « loi, dit-il, n'est pas ce qu'elle doit être, faut-il « lui obéir, faut-il la violer? Faut-il rester neutre « entre la loi qui ordonne le mal et la morale « qui le défend? Il faut examiner si les maux pro- « bables de l'obéissance sont moindres que les « maux probables de la désobéissance. » Il reconnaît ainsi, dans ce passage, les droits du jugement individuel ; droits qu'il conteste ailleurs.

La doctrine d'obéissance illimitée à la loi a fait sous la tyrannie, et dans les orages des révolutions, plus de maux, peut-être, que toutes les autres erreurs qui ont égaré les hommes. Les passions les plus exécrables se sont retranchées derrière cette forme, en apparence impassible et impartiale, pour se livrer à tous les excès. Voulez-vous rassembler sous un seul point de vue les conséquences de cette doctrine? Rappelez-vous que les empereurs romains ont fait des lois, que Louis XI a fait des lois, que Richard III a fait des lois, que le comité de salut public a fait des lois.

Il est donc nécessaire de bien déterminer quels droits le nom de loi, attaché à certains actes, leur donne sur notre obéissance, et, ce qui est encore différent, quels droits il leur donne à notre concours. Il est nécessaire d'indiquer les caractères qui font qu'une loi n'est pas une loi.

La rétroactivité est le premier de ces caractères. Les hommes n'ont consenti aux entraves des lois que pour attacher à leurs actions des conséquences certaines, d'après lesquelles ils pussent se diriger, et choisir la ligne de conduite qu'ils voulaient suivre. La rétroactivité leur ôte cet avantage. Elle rompt la condition du traité social. Elle dérobe le prix du sacrifice qu'elle a imposé.

Un second caractère d'illégalité dans les lois, c'est de prescrire des actions contraires à la morale. Toute loi qui ordonne la délation, la dénonciation, n'est pas une loi ; toute loi portant atteinte à ce penchant qui commande à l'homme de donner un refuge à quiconque lui demande asile, n'est pas une loi. Le gouvernement est institué pour surveiller ; il a ses instrumens pour accuser, pour poursuivre, pour découvrir, pour livrer, pour punir ; il n'a point le droit de faire retomber sur l'individu qui ne remplit aucune mission, ces devoirs nécessaires, mais pénibles, Il doit respecter dans les citoyens cette générosité qui les porte à plaindre et à secourir sans examen le faible frappé par le fort.

C'est pour rendre la pitié individuelle inviolable, que nous avons rendu l'autorité publique imposante. Nous avons voulu conserver en nous les sentimens de la sympathie; en chargeant le pouvoir des fonctions sévères qui auraient pu blesser ou flétrir ces sentimens.

Toute loi qui divise les citoyens en classes, qui les punit de ce qui n'a pas dépendu d'eux, qui les rend responsables d'autres actions que les leurs, toute loi pareille n'est pas une loi. Les lois contre les nobles, contre les prêtres, contre les pères des déserteurs, contre les parens des émigrés, n'étaient pas des lois.

Voilà le principe : mais qu'on n'anticipe pas sur les conséquences que j'en tire. Je ne prétends nullement recommander la désobéissance. Qu'elle soit interdite, non par déférence pour l'autorité qui usurpe, mais par ménagement pour les citoyens que des luttes inconsidérées priveraient des avantages de l'état social. Aussi long-temps qu'une loi, bien que mauvaise, ne tend pas à nous dépraver; aussi long-temps que l'autorité n'exige de nous que des sacrifices qui ne nous rendent ni vils ni féroces, nous y pouvons souscrire. Nous ne transigeons que

pour nous. Mais si la loi nous prescrivait, comme
elle l'a fait souvent durant des années de troubles, si elle nous prescrivait, dis-je, de fouler
aux pieds et nos affections et nos devoirs; si,
sous le prétexte absurde d'un dévouement gigantesque et factice à ce qu'elle appelle tour à
tour république ou monarchie, elle nous interdisait la fidélité à nos amis malheureux; si elle
nous commandait la perfidie envers nos alliés,
ou même la persécution envers nos ennemis
vaincus, anathème et désobéissance à la rédaction d'injustices et de crimes ainsi décorée du
nom de loi!

Un devoir positif, général, sans restriction
toutes les fois qu'une loi paraît injuste, c'est de
ne pas s'en rendre l'exécuteur. Cette force d'i-
nertie n'entraîne ni bouleversement, ni révolution, ni désordres; et c'eût été certes, un beau
spectacle, si, quand l'iniquité gouvernait, on eût
vu des autorités coupables rédiger en vain des
lois sanguinaires, des proscriptions en masse,
des arrêtés de déportation, et ne trouvant dans
le peuple immense et silencieux qui gémissait
sous leur puissance, nul exécuteur de leurs injustices, nul complice de leurs forfaits.

Rien n'excuse l'homme qui prête son assistance à la loi qu'il croit inique; le juge qui
siége dans une cour qu'il croit illégale, ou qui
prononce une sentence qu'il désapprouve; le ministre qui fait exécuter un décret contre sa con-

science; le satellite qui arrête l'homme qu'il sait innocent, pour le livrer à ses bourreaux.

La terreur n'est pas une excuse plus valable que les autres passions infâmes. Malheur à ces hommes éternellement comprimés, à ce qu'ils nous disent, agens infatigables de toutes les tyrannies existantes, dénonciateurs posthumes de toutes les tyrannies renversées! On nous alléguait, à une époque affreuse, qu'on ne se faisait l'agent des lois injustes, que pour en affaiblir la rigueur, et que le pouvoir dont on consentait à se rendre le dépositaire, aurait causé plus de mal encore, s'il eût été remis à des mains moins pures. Transaction mensongère, qui ouvrait à tous les crimes une carrière sans bornes! Chacun marchandait avec sa conscience, et chaque degré d'injustice trouvait de dignes exécuteurs. Je ne vois pas pourquoi, dans ce système, on ne serait pas le bourreau de l'innocence, sous le prétexte qu'on l'étranglerait plus doucement (1).

Et même, dans ce qu'ils nous disent, ces hommes nous trompent. Nous en avons eu d'innombrables preuves durant la révolution. Ils ne se relèvent jamais de la flétrissure qu'ils ont acceptée; jamais leur ame, brisée par la servitude, ne peut reconquérir son indépendance. En vain, par calcul, ou par complaisance, ou par pitié, nous feignons d'écouter les excuses qu'ils nous balbu-

(1) Principes de politique, p. 26 et 28.

tient; en vain nous nous montrons convaincus que, par un inexplicable prodige, ils ont retrouvé tout à coup leur courage long-temps disparu : eux-mêmes n'y croient pas. Ils ont perdu la faculté d'espérer d'eux-mêmes; et leur tête, pliée sous le joug qu'elle a porté, se courbe d'habitude et sans résistance pour recevoir un joug nouveau.

CHAPITRE XXII.

—

DE LA LIBERTÉ PERSONNELLE.

La liberté individuelle est le but de toute association humaine ; sur elle s'appuie la morale publique et privée : sur elle reposent les calculs de l'industrie. Sans elle il n'y a pour les hommes ni paix ni dignité, ni bonheur.

L'arbitraire détruit la morale, car il n'y a point de morale sans sécurité ; il n'y a point d'affections douces, sans la certitude que les objets de ces affections reposent à l'abri sous l'égide de leur innocence. Lorsque l'arbitraire frappe sans scrupule les hommes qui lui sont suspects, ce n'est pas seulement un individu qu'il persécute, c'est la nation entière qu'il indigne d'abord, et qu'il dégrade ensuite. Les hommes tendent toujours à s'affranchir de la douleur ; quand ce qu'ils aiment est menacé, ils s'en détachent, ou le défendent. « Les mœurs, dit

M. de Paw, se corrompent subitement dans les villes attaquées de la peste; on s'y vole l'un l'autre en mourant. » L'arbitraire est au moral ce que la peste est au physique.

Il est l'ennemi des liens domestiques ; car la sanction des liens domestiques, c'est l'espoir fondé de vivre ensemble ; de vivre libres, dans l'asile que la justice garantit aux citoyens. L'arbitraire force le fils à voir opprimer son père sans le défendre, l'épouse à supporter en silence la détention de son mari, les amis et les proches à désavouer les affections les plus saintes.

L'arbitraire est l'ennemi de toutes les transactions qui fondent la prospérité des peuples; il ébranle le crédit, anéantit le commerce, frappe toutes les sécurités. Lorsqu'un individu souffre sans avoir été reconnu coupable, tout ce qui n'est pas dépourvu d'intelligence se croit menacé, et avec raison ; car la garantie est détruite, toutes les transactions s'en ressentent, la terre tremble; et l'on ne marche qu'avec effroi.

Quand l'arbitraire est toléré, il se dissémine de manière que le citoyen le plus inconnu peut tout à coup le rencontrer armé contre lui. Il ne suffit pas de se tenir à l'écart, et de laisser frapper les autres. Mille liens nous unissent à nos semblables, et l'égoïsme le plus inquiet ne parvient pas à les briser tous. Vous vous croyez invulnérable dans votre obscurité volontaire; mais vous avez un fils, la jeunesse l'entraîne;

un frère, moins prudent que vous, se permet
un murmure; un ancien ennemi, qu'autrefois
vous avez blessé, a su conquérir quelque influence. Que ferez-vous alors? après avoir avec
amertume blâmé toute réclamation, rejeté
toute plainte, vous plaindrez-vous à votre tour?
Vous êtes condamné d'avance, et par votre
propre conscience, et par cette opinion publique
avilie que vous avez contribué vous-même à
former. Céderez-vous sans résistance? Mais vous
permettra-t-on de céder? n'écartera-t-on pas,
ne poursuivra-t-on point un objet importun,
monument d'une injustice? Vous avez vu des
opprimés : vous les avez jugés coupables, vous
avez donc frayé la route où vous marchez à
votre tour.

L'arbitraire est incompatible avec l'existence
d'un gouvernement considéré sous le rapport de
son institution; car les institutions politiques
ne sont que des contrats : la nature des contrats
est de poser des bornes fixes; or l'arbitraire,
étant précisément l'opposé de ce qui constitue
un contrat, sappe dans sa base toute institution
politique.

L'arbitraire est dangereux pour un gouvernement considéré sous le rapport de son action;
car, bien qu'en précipitant sa marche, il lui
donne quelquefois l'air de la force, il ôte néanmoins toujours à son action la régularité et la
durée.

En disant à un peuple : Vos lois sont insuffisantes pour gouverner , l'on autorise ce peuple à répondre : Si nos lois sont insuffisantes, nous voulons d'autres lois ; et à ces mots, toute l'autorité légitime est remise en doute ; il ne reste plus que la force ; car ce serait aussi croire trop à la duperie des hommes que de leur dire : Vous avez consenti à vous imposer telle ou telle gêne, pour vous assurer telle protection ; nous vous ôtons cette protection , mais nous vous laissons cette gêne ; vous supporterez , d'un côté , toutes les entraves de l'état social , et de l'autre , vous serez exposés à tous les hasards de l'état sauvage.

L'arbitraire n'est d'aucun secours à un gouvernement sous le rapport de sa sûreté. Ce qu'un gouvernement fait par la loi contre ses ennemis, ses ennemis ne peuvent le faire contre lui par la loi , car elle est précise et formelle ; mais ce qu'il fait contre ses ennemis par l'arbitraire, ses ennemis peuvent aussi le faire contre lui par l'arbitraire ; car l'arbitraire est vague et sans bornes (1).

Quand un gouvernement régulier se permet l'emploi de l'arbitraire , il sacrifie le but de son existence aux mesures qu'il prend pour la conserver. Pourquoi veut-on que l'autorité réprime ceux qui attaqueraient nos propriétés,

---

(4) Réactions politiques , p. 85 et 87.

notre liberté ou notre vie? pour que ces jouissances nous soient assurées. Mais , si notre fortune peut être détruite, notre liberté menacée,
notre vie troublée par l'arbitraire , quels biens
retirons-nous de la protection de l'autorité?
Pourquoi veut-on qu'elle punisse ceux qui con-
spireraient contre la constitution de l'état? parce
que l'on craint de voir substituer une puissance
oppressive à une organisation légale? Mais , si
l'autorité exerce elle-même cette puissance oppressive , quel avantage conserve-t-elle? un
avantage de fait pendant quelque temps peut-
être. Les mesures arbitraires d'un gouvernement consolidé sont toujours moins multipliées
que celles des factions qui ont encore à établir
leur puissance ; mais cet avantage même se perd
en raison de l'arbitraire. Ses moyens une fois
admis, on les trouve tellement courts, tellement
commodes, qu'on ne veut plus en employer
d'autres. Présentés d'abord comme une ressource extrême dans des circonstances infiniment rares, l'arbitraire devient là solution de
tous les problèmes et la pratique de chaque
jour.

Ce qui préserve de l'arbitraire, c'est l'obser-
vance des formes. Les formes sont les divinités
tutélaires des associations humaines ; les formes
sont les seules protectrices de l'innocence, les
formes sont les seules relations des hommes
entre eux. Tout est obscur d'ailleurs ; tout est

livré à la conscience solitaire, à l'opinion va-
cillante. Les formes seules sont en évidence,
c'est aux formes seules que l'opprimé peut en
appeler.

Ce qui remédie à l'arbitraire, c'est la responsabilité des agens. Les anciens croyaient que les
lieux souillés par le crime devaient subir une
expiation ; et moi, je crois qu'à l'avenir le sol
flétri par un acte arbitraire aura besoin, pour
être purifié, de la punition éclatante du coupable ; et toutes les fois que je verrai chez un
peuple un citoyen arbitrairement incarcéré, et
que je ne verrai pas le prompt châtiment de
cette violation des formes, je dirai : ce peuple
peut désirer d'être libre, il peut mériter de
l'être ; mais il ne connaît pas encore les premiers
élémens de la liberté.

Plusieurs n'aperçoivent dans l'exercice de
l'arbitraire qu'une mesure de police ; et comme
apparemment ils espèrent en être toujours les
distributeurs, sans en être jamais les objets, ils
la trouvent très-bien calculée pour le repos
public et pour le bon ordre ; d'autres, plus ombrageux, n'y démêlent pourtant qu'une vexation particulière ; mais le péril est bien plus
grand.

Donnez aux dépositaires de l'autorité exécutive la puissance d'attenter à la liberté individuelle, et vous anéantissez toutes les garanties,
qui sont la condition première et le but unique

de la réunion des hommes sous l'empire des lois.

Vous voulez l'indépendance des tribunaux, des juges et des jurés. Mais si les membres des tribunaux, les jurés et les juges pouvaient être arrêtés arbitrairement, que deviendrait leur indépendance? Or, qu'arriverait-il, si l'arbitraire était permis contre eux, non pour leur conduite publique, mais pour des causes secrètes? L'autorité ministérielle, sans doute, ne leur dicterait pas ses arrêts, lorsqu'ils seraient assis sur leurs bancs, dans l'enceinte inviolable en apparence où la loi les aurait placés. Elle n'oserait pas même, s'ils obéissaient à leur conscience, en dépit de ses volontés, les arrêter ou les exiler, comme jurés et comme juges; mais elle les arrêterait, elle les exilerait, comme des individus suspects. Tout au plus attendrait-elle que le jugement qui ferait leur crime à ses yeux fût oublié, pour assigner quelque autre motif à la rigueur exercée contre eux. Ce ne seraient donc pas quelques citoyens obscurs que vous auriez livrés à l'arbitraire de la police; ce seraient tous les tribunaux, tous les juges, tous les jurés, tous les accusés, par conséquent, que vous mettriez à sa merci.

Dans un pays où des ministres disposeraient sans jugement des arrestations et des exils, en vain semblerait-on, pour l'intérêt des lumières, accorder quelque latitude ou quelque sécurité

à la presse; si un écrivain, tout en se confor-
mant aux lois, heurtait les opinions ou censu-
rait les actes de l'autorité, on ne l'arrêterait pas,
on ne l'exilerait pas comme écrivain, on l'arrêterait, on l'exilerait comme un individu dangereux, sans en assigner la cause.

A quoi bon prolonger par des exemples le développement d'une vérité si manifeste? Toutes
les fonctions publiques, toutes les situations privées seraient menacées également. L'importun
créancier qui aurait pour débiteur un agent du
pouvoir, le père intraitable qui lui refuserait la
main de sa fille, l'époux incommode, qui défendrait contre lui la sagesse de sa femme, le con-
current dont le mérite, ou le surveillant dont la
vigilance lui seraient des sujets d'alarme, ne se
verraient point sans doute arrêtés ou exilés comme
créanciers, comme pères, comme époux, comme
surveillans ou comme rivaux, mais l'autorité
pouvant les arrêter, pouvant les exiler pour des
raisons secrètes, où serait la garantie qu'elle n'in-
venterait pas ces raisons secrètes? Que risquerait-
elle? Il serait admis qu'on ne peut lui en demander un compte légal; et quant à l'explication que
par prudence elle croirait peut-être devoir accorder à l'opinion, comme rien ne pourrait être
approfondi ni vérifié, qui ne prévoit que la calomnie serait suffisante pour motiver la persécution?

Rien n'est à l'abri de l'arbitraire, quand une

fois il est toléré. Aucune institution ne lui échappe. Il les annule toutes dans leur base. Il trompe la société par des formes qu'il rend impuissantes. Toutes les promesses deviennent des parjures, toutes les garanties, des piéges pour les malheureux qui s'y confient.

Lorsqu'on excuse l'arbitraire, ou qu'on veut pallier ses dangers, on raisonne toujours comme si les citoyens n'avaient de rapports qu'avec le dépositaire suprême de l'autorité; mais on en a d'inévitables et de plus directs avec tous les agens secondaires. Quand vous permettez l'exil, l'emprisonnement, ou toute vexation qu'aucune loi n'autorise, qu'aucun jugement n'a précédée, ce n'est pas sous le pouvoir du monarque que vous placez les citoyens, ce n'est pas même sous le pouvoir des ministres; c'est sous la verge de l'autorité la plus subalterne. Elle peut les atteindre par une mesure provisoire, et justifier cette mesure par un récit mensonger. Elle triomphe, pourvu qu'elle trompe, et la faculté de tromper lui est assurée; car autant le prince et les ministres sont heureusement placés pour diriger les affaires générales, et pour favoriser l'accroissement de la prospérité de l'état, de sa dignité, de sa richesse et de sa puissance, autant l'étendue même de ces fonctions importantes leur rend impossible l'examen détaillé des intérêts des individus; intérêts minutieux et imperceptibles, quand on les compare à l'ensemble, et non

moins sacrés toutefois, puisqu'ils comprennent
la vie, la liberté, la sécurité de l'innocence. Le
soin de ces intérêts doit donc être remis à ceux
qui peuvent s'en occuper, aux tribunaux chargés exclusivement de la recherche des griefs, de
la vérification des plaintes, de l'investigation des
délits; aux tribunaux, qui ont le loisir, comme
ils ont le devoir, de tout approfondir, de tout
peser dans une balance exacte; aux tribunaux,
dont telle est la mission spéciale, et qui seuls
peuvent la remplir (1).

---

(1) Principes de politique, p. 287, 297.

CHAPITRE XXIII.

DE LA LIBERTÉ RELIGIEUSE.

La seule mesure qui soit raisonnable et conforme aux véritables principes dans ce qui concerne la religion, c'est l'établissement de la liberté des cultes, sans restriction, sans priviléges, sans même que les individus, pourvu qu'ils observent des formes extérieures purement légales, soient obligés à déclarer leur assentiment en faveur d'un culte en particulier.

On a voulu substituer une sorte d'intolérance civile à l'intolérance religieuse proprement dite, aujourd'hui que le progrès des idées s'oppose à cette dernière; et, à l'appui de cette nouvelle espèce d'intolérance, on a fréquemment cité Rousseau, qui chérissait toutes les idées de la liberté, et qui a fourni des prétextes à toutes les prétentions de la tyrannie.

« Il y a, dit-il, une profession de foi pure-

» ment civile, dont il appartient au souverain
» de fixer les articles, non pas précisément com-
» me dogme de religion, mais comme sentimens
» de sociabilité. Sans pouvoir obliger personne à
» croire à ces dogmes, il peut bannir de l'état qui-
» conque ne les croit pas. Il peut le bannir non
» comme impie, mais comme insociable (1). »
Qu'est-ce que l'état, décidant des sentimens qu'il
faut adopter? Que m'importe que le souverain ne
m'oblige pas à croire, s'il me punit de ce que je
ne crois pas? Que m'importe qu'il ne me frappe
pas comme impie, s'il me frappe comme insociable? Que m'importe que l'autorité s'abstienne
des subtilités de la théologie, si elle se perd
dans une morale hypothétique non moins
subtile, non moins étrangère à sa juridiction
naturelle?

Je ne connais aucun système de servitude, qui
ait consacré des erreurs plus funestes que l'éternelle métaphysique du Contrat social.

---

(1) Rousseau, *Contrat social*. liv. IV, chap. 8. Il ajoute : *Que si quel-*
qu'un, après avoir reconnu publiquement ces mêmes dogmes, se con-
duit comme ne les croyant pas, qu'il soit puni de mort. Il a commis le
plus grand des crimes; il a menti devant les lois. Mais celui qui a le
malheur de ne pas croire ces dogmes ne peut avouer ses doutes sans s'exposer au bannissement; et si ses affections le retiennent, s'il a une famille,
une femme, des enfans qu'il hésite à quitter pour se précipiter dans l'exil,
n'est-ce pas vous, vous seul, qui le forcez à ce que vous appelez le plus
grand des crimes, au mensonge devant les lois? Je dirai du reste que, dans
cette circonstance, ce mensonge me paraît loin d'être crime. Quand de
prétendues lois n'exigent de nous la vérité que pour nous proscrire, nous
ne leur devons pas la vérité.

L'intolérance civile est aussi dangereuse, plus absurde, et surtout plus injuste que l'intolérance religieuse; elle est aussi dangereuse, puisqu'elle a les mêmes résultats, sous un autre prétexte; elle est plus absurde, puisqu'elle n'est pas motivée sur la conviction; elle est plus injuste, puisque le mal qu'elle cause n'est pas pour elle un devoir, mais un calcul.

L'intolérance civile emprunte mille formes, et se réfugie de poste en poste pour se dérober au raisonnement. Vaincue sur le principe, elle dispute sur l'application. On a vu des hommes persécutés depuis près de trente siècles, dire au gouvernement qui les relevait de leur longue proscription, que s'il était nécessaire qu'il y eût dans un état plusieurs religions positives, il ne l'était pas moins d'empêcher que les sectes tolérées ne produisissent, en se subdivisant, de nouvelles sectes (1). Mais chaque secte tolérée n'est-elle pas elle-même une subdivison d'une secte ancienne? A quel titre contesterait-elle aux générations futures les droits qu'elle a réclamés contre les générations passées?

L'on a prétendu qu'aucune des églises reconnues ne pouvait changer ses dogmes sans le consentement de l'autorité. Mais si par hasard ces dogmes venaient à être rejetés par la majorité de la communauté religieuse, l'autorité pour-

---

(1) Discours des juifs au gouvernement français.

rait-elle l'astreindre à les professer? Or , en fait d'opinion , les droits de la majorité et ceux de la minorité sont les mêmes.

On conçoit l'intolérance, lorsqu'elle impose à tous une seule profession de foi; elle est au moins conséquente. Elle peut croire qu'elle retient les hommes dans le sanctuaire de la vérité ; mais lorsque deux opinions sont permises, comme l'une des deux est nécessairement fausse , autoriser le gouvernement à forcer les individus de l'une et de l'autre à rester attachés à l'opinion de leur secte, ou les sectes à ne jamais changer d'opinion , c'est l'autoriser formellement à prêter son assistance à l'erreur.

La liberté complète et entière de tous les cultes est aussi favorable à la religion que conforme à la justice.

Si la religion avait toujours été parfaitement libre, elle n'aurait, je le pense, été jamais qu'un objet de respect et d'amour. L'on ne concevrait guère le fanatisme bizarre qui rendrait la religion en elle-même un objet de haine ou de malveillance. Ce recours d'un être malheureux à un être juste, d'un être faible à un être bon, me semble ne devoir exciter dans ceux mêmes qui le considèrent comme chimérique , que l'intérêt et la sympathie. Celui qui regarde comme des erreurs toutes les espérances de la religion doit être plus profondément ému que tout autre, de ce concert universel de tous les êtres souffrans , de ces demandes de la douleur s'élançant vers un ciel d'airain , de toutes les parties de la terre , pour rester sans réponse , et de l'illusion secourable qui prend pour une réponse le bruit confus de tant de prières , répétées au loin dans les airs.

Les causes de nos peines sont nombreuses. L'autorité peut nous proscrire, le mensonge nous calomnier ; les liens d'une société toute factice nous blessent ; la nature inflexible nous frappe dans ce que nous chérissons ; la vieillesse s'avance vers nous, époque sombre et solennelle où les objets s'obscurcissent, et semblent se retirer, et où je ne sais quoi de froid et de terne se répand sur tout ce qui nous entoure.

Contre tant de douleurs , nous cherchons partout des consolations , et toutes nos consolations durables sont religieuses. Lorsque les hommes nous persécutent, nous nous créons je ne sais quel recours par-delà les hommes. Lorsque nous voyons s'évanouir nos espérances les plus chéries, la justice , la liberté , la patrie, nous nous flattons qu'il existe quelque part un être qui nous saura gré d'avoir été fidèles, malgré notre siècle , à la justice , à la liberté , à la patrie. Quand nous regrettons un objet aimé, nous jetons un pont sur l'abîme , et le traversons par la pensée. Enfin, quand la vie nous échappe, nous nous élançons vers une autre vie. Ainsi la religion est de son essence la compagne fidèle, l'ingénieuse et infatigable amie de l'infortuné.

Ce n'est pas tout. Consolatrice du malheur, la religion est en même temps de toutes nos émotions la plus naturelle. Toutes nos sensations physiques, tous nos sentimens moraux, la font renaître dans nos cœurs à notre insu. Tout ce qui nous paraît sans bornes, et produit en nous la notion de l'immensité, la vue du ciel, le silence de la nuit, la vaste étendue des mers, tout ce qui nous conduit à l'attendrissement ou à l'enthousiasme, la conscience d'une action vertueuse, d'un généreux sacrifice, d'un danger bravé courageusement, de la douleur d'autrui secourue ou soulagée, tout ce qui soulève au fond de notre âme les élémens primitifs de notre nature, le mépris du vice, la haine de la tyrannie, nourrit le sentiment religieux.

Ce sentiment tient de près à toutes les passions nobles, délicates et profondes ; comme toutes ces passions, il a quelque chose de mystérieux, car la raison commune ne peut expliquer aucune de ces passions d'une manière satisfaisante. L'amour, cette préférence exclusive pour un objet dont nous avions pu nous passer long-temps, et auquel tant d'autres ressemblent; le besoin de la gloire, cette soif d'une célébrité qui doit se prolonger après nous; la jouissance que nous trouvons dans le dévouement, jouis-

sance contraire à l'instinct habituel de notre
égoïsme ; la mélancolie, cette tristesse sans
cause, au fond de laquelle est un plaisir que
nous ne saurions analyser ; mille autres sensations qu'on ne peut décrire, et qui nous rem-
plissent d'impressions vagues et d'émotions con-
fuses, sont inexplicables pour la rigueur du
raisonnement ; elles ont toutes de l'affinité avec
le sentiment religieux. Toutes ces choses sont
favorables au développement de la morale ; elles
font sortir l'homme du cercle étroit de ses intérêts, elles rendent à l'âme cette élasticité, cette
délicatesse, cette exaltation qu'étouffe l'habitude
de la vie commune et des calculs qu'elle nécessite. L'amour est la plus mélangée de ces passions ; parce qu'il a pour but une jouissance déterminée, que ce but est près de nous, et qu'il
aboutit à l'égoïsme. Le sentiment religieux, par
la raison contraire, est de toutes ces passions la
plus pure. Il ne fuit point avec la jeunesse ; il se
fortifie quelquefois dans l'âge avancé, comme si
le ciel nous l'avait donné pour consoler l'époque
la plus dépouillée de notre vie.

Un homme de génie disait que la vue de l'A-
pollon du Belvédère ou d'un tableau de Raphaël
le rendait meilleur. En effet, il y a dans la con-
templation du beau, en tout genre, quelque
chose qui nous détache de nous-mêmes, en nous
faisant sentir que la perfection vaut mieux que
nous ; et qui, par cette conviction, nous inspi-

rent un désintéressement momentané, réveille en nous la puissance du sacrifice, qui est la source de toute vertu. Il y a dans l'émotion, quelle qu'en soit la cause, quelque chose qui fait circuler notre sang plus vite, qui nous procure une sorte de bien-être, qui double le sentiment de notre existence et de nos forces, et qui par-là nous rend susceptibles d'une générosité, d'un courage, d'une sympathie au-dessus de notre disposition habituelle. L'homme corrompu lui-même est meilleur lorsqu'il est ému, et aussi long-temps qu'il est ému.

Je ne veux point dire que l'absence du senti-ment religieux prouve dans tout individu l'ab-sence de morale. Il y a des hommes dont l'esprit est la partie principale, et ne peut céder qu'à une évidence complète. Ces hommes sont d'ordi-naire livrés à des méditations profondes, et pré-servés de la plupart des tentations corruptrices par les jouissances de l'étude ou l'habitude de la pensée ; ils sont capables par conséquent d'une moralité scrupuleuse : mais, dans la foule des hommes vulgaires, l'absence du sentiment reli-gieux, ne tenant point à de pareilles causes, an-nonce le plus souvent, je le pense, un cœur aride, un esprit frivole, une âme absorbée dans des intérêts petits et ignobles, une grande stéri-lité d'imagination. J'excepte le cas où la persé-cution aurait irrité ces hommes. L'effet de la persécution est de révolter contre ce qu'elle

commande, et il peut arriver alors que des
hommes sensibles, mais fiers, indignés d'une
religion qu'on leur impose, rejettent sans examen tout ce qui tient à la religion; mais cette
exception, qui est de circonstance, ne change
rien à la thèse générale.

Je n'aurais pas mauvaise opinion d'un homme
éclairé, si on me le présentait comme étranger
aux sentimens religieux; mais un peuple incapable de ce sentiment me paraîtrait privé d'une
faculté précieuse, et déshérité par la nature.
Si l'on m'accusait ici de ne pas définir d'une
manière assez précise le sentiment religieux,
je demanderais comme on définit avec précision cette partie vague et profonde de nos sensations morales qui, par sa nature même, défie tous les efforts du langage. Comment définirez-vous l'impression que produit sur vous une
nuit obscure, une antique forêt, le vent qui
gémit à travers des ruines, ou sur des tombeaux,
l'Océan qui se prolonge au-delà des regards?
Comment définirez-vous l'émotion que vous
causent les chants d'Ossian, l'église de Saint-
Pierre, la méditation de la mort, l'harmonie
des sons ou celle des formes? Comment définirez-vous la rêverie, ce frémissement intérieur de l'âme où viennent se rassembler et
comme se perdre, dans une confusion mystérieuse, toutes les puissances des sens et de la
pensée? Il y a de la religion au fond de toutes

ces choses. Tout ce qui est beau, tout ce qui est
intime, tout ce qui est noble, participe de la
religion.

Elle est le centre commun où se réunissent,
au-dessus de l'action du temps et de la portée
du vice, toutes les idées de justice, d'amour, de
liberté, de pitié, qui, dans ce monde d'un jour,
composent la dignité de l'espèce humaine; elle
est la tradition permanente de tout ce qui est
beau, grand et bon à travers l'avilissement et l'i-
niquité des siècles, la voix éternelle qui répond
à la vertu dans sa langue, l'appel du présent à
l'avenir, de la terre au ciel, le recours solennel
de tous les opprimés dans toutes les situations,
la dernière espérance de l'innocence qu'on immole et de la faiblesse que l'on foule aux pieds.

D'où vient donc que cette alliée constante, cet
appui nécessaire, cette lueur unique au milieu
des ténèbres qui nous environnent, a, dans tous
les siècles, été en butte à des attaques fréquentes
et acharnées? D'où vient que la classe qui s'en
est déclarée l'ennemie a presque toujours été la
plus éclairée, la plus indépendante et la plus
instruite? c'est qu'on a dénaturé la religion; l'on
a poursuivi l'homme dans ce dernier asile, dans
ce sanctuaire intime de son existence : la religion s'est transformée, entre les mains de l'autorité, en institution menaçante. Après avoir créé
la plupart et les plus poignantes de nos douleurs,
le pouvoir a prétendu commander à l'homme

jusque dans ses consolations. La religion dogma-
tique, puissance hostile et persécutrice, a voulu
soumettre à son joug l'imagination dans ses besoins. Elle est devenue un fléau plus terrible que
ceux qu'elle était destinée à faire oublier.

De là, dans tous les siècles où les hommes ont
réclamé leur indépendance morale, cette résistance à la religion, qui a paru dirigée contre la
plus douce des affections, et qui ne l'était en effet
que contre la plus oppressive des tyrannies. L'intolérance, en plaçant la force du côté de la foi, a
placé le courage du côté du doute ; la fureur des
croyans a exalté la vanité des incrédules ; et
l'homme est arrivé de la sorte à se faire un mérite d'un système qu'il eût naturellement dû considérer comme un malheur. La persécution provoque la résistance. L'autorité, quand elle menace une opinion quelle qu'elle soit, excite à la
manifestation de cette opinion tous les esprits
qui ont quelque valeur. Il y a dans l'homme un
principe de révolte contre toute contrainte intellectuelle. Ce principe peut aller jusqu'à la fureur ; il peut être la cause de beaucoup de crimes ; mais il tient à tout ce qu'il y a de noble au
fond de notre âme.

Je me suis senti souvent frappé de tristesse et
d'étonnement en lisant le fameux *Système de la
nature*. Ce long acharnement d'un vieillard à
fermer devant lui tout avenir, cette inexplicable soif de la destruction, cette haine aveugle et

presque féroce contre une idée douce et consolante, me paraissaient un bizarre délire ; mais je le concevais toutefois en me rappelant les dangers dont l'autorité entourait cet écrivain. De tout temps on a troublé la réflexion des hommes irréligieux ; ils n'ont jamais eu le temps ou la liberté de considérer à loisir leur propre opinion : elle a toujours été pour eux une propriété qu'on voulait leur ravir ; ils ont songé moins à l'approfondir qu'à la justifier ou à la défendre. Mais laissez-les en paix ; ils jetteront bientôt un triste regard sur le monde qu'ils ont dépeuplé de l'intelligence et de la bonté suprême ; ils s'étonneront eux-mêmes de leur victoire ; l'agitation de la lutte, la soif de reconquérir le droit d'examen, toutes ces causes d'exaltation ne les soutiendront plus ; leur imagination, naguère tout occupée du succès, se retournera désœuvrée et comme déserte sur elle-même ; ils verront l'homme seul sur une terre qui doit l'engloutir. L'univers est sans vie ; des générations passagères, fortuites, isolées, y paraissent, souffrent, meurent. Nul lien n'existe entre ces générations, dont le partage est ici la douleur, plus loin le néant. Toute communication est rompue entre le passé, le présent et l'avenir ; aucune voix ne se prolonge des races qui ne sont plus aux races vivantes, et la voix des races vivantes doit s'abîmer un jour dans le même silence éternel. Qui ne sent que si l'incrédulité n'avait pas rencontré l'intolérance, ce qu'il y a de décourageant dans ce système aurait agi sur l'âme de ses sectateurs, de manière à les retenir au moins dans l'apathie et dans le silence?

Je le répète. Aussi long-temps que l'autorité laissera la religion parfaitement indépendante, nul n'aura intérêt d'attaquer la religion; la pensée même n'en viendra pas; mais si l'autorité prétend la défendre, si elle veut surtout s'en faire une alliée, l'indépendance intellectuelle ne tardera pas à l'attaquer.

De quelque manière qu'un gouvernement intervienne dans ce qui a rapport à la religion, il fait du mal.

Il fait du mal lorsqu'il veut maintenir la religion contre l'esprit d'examen, car l'autorité ne peut agir sur la conviction; elle n'agit que sur l'intérêt. En n'accordant ses faveurs qu'aux hommes qui professent les opinions consacrées, que gagne-t-elle? d'écarter ceux qui avouent leur pensée, ceux qui par conséquent ont au moins de la franchise; les autres, par un facile mensonge, savent éluder ces précautions; elles atteignent les hommes scrupuleux, elles sont sans force contre ceux qui sont ou deviennent corrompus.

Quelles sont d'ailleurs les ressources d'un gouvernement pour favoriser une opinion? Confiera-t-il exclusivement à ses sectateurs les fonctions importantes de l'état? mais les individus

repoussés s'irriteront de la préférence. Fera-t-il
écrire ou parler pour l'opinion qu'il protége?
d'autres écriront ou parleront dans un sens
contraire. Restreindra-t-il la liberté des écrits,
des paroles, de l'éloquence, du raisonnement,
de l'ironie même ou de la déclamation? le
voilà dans une carrière nouvelle; il ne s'occupe
plus à favoriser ou à convaincre, mais à étouffer
ou à punir. Pense-t-il que ses lois pourront saisir
toutes les nuances et se graduer en proportion?
Ses mesures répressives seront-elles douces, on
les bravera, elles ne feront qu'aigrir sans inti-
mider; seront-elles sévères, le voilà persécuteur.
Une fois sur cette pente glissante et rapide, il
cherche en vain à s'arrêter.

Mais ses persécutions mêmes, quel succès
pourrait-il en espérer? Aucun roi, que je pense,
ne fut entouré de plus de prestiges que Louis XIV.
L'honneur, la vanité, la mode, la mode toute-
puissante, s'étaient placés, sous son règne, dans
l'obéissance. Il prêtait à la religion l'appui du
trône et celui de son exemple. Il attachait le salut de son âme au maintien des pratiques les
plus rigides, et il avait persuadé à ses courtisans
que le salut de l'âme du Roi était d'une particulière importance. Cependant, malgré sa sollicitude toujours croissante, malgré l'austérité d'une
vieille cour, malgré le souvenir de cinquante années de gloire, le doute se glissa dans les esprits,
même avant sa mort. Nous voyons, dans les mé-

moires du temps, des lettres interceptées, écrites par des flatteurs assidus de Louis XIV, et of-
fensantes également, nous dit madame de Main-
tenon, à Dieu et au Roi. Le Roi mourut. L'impulsion philosophique renversa toutes les di-
gues; le raisonnement se dédommagea de la contrainte qu'il avait impatiemment supportée, et
le résultat d'une longue compression fut l'incrédulité poussée à l'excès.

L'autorité ne fait pas moins de mal et n'est
pas moins impuissante, lorsqu'au milieu d'un
siècle sceptique, elle veut rétablir la religion.
La religion doit se rétablir seule par le besoin
que l'homme en a; et quand on l'inquiète par
des considérations étrangères, on l'empêche de
ressentir toute la force de ce besoin. L'on dit,
et je le pense, que la religion est dans la nature; il ne faut donc pas couvrir sa voix par
celle de l'autorité. L'intervention des gouvernemens pour la défense de la religion, quand
l'opinion lui est défavorable, a cet inconvénient
particulier, que la religion est défendue par des
hommes qui n'y croient pas : les gouvernans
sont soumis comme les gouvernés à la marche
des idées humaines. Lorsque le doute a pénétré
dans la partie éclairée d'une nation, il se fait
jour dans le gouvernement même. Or, dans tous
les temps, les opinions ou la vanité sont plus
fortes que les intérêts. C'est en vain que les dépositaires de l'autorité se disent qu'il est de leur

avantage de favoriser la religion : ils peuvent déployer pour elle leur puissance, mais ils ne sauraient s'astreindre à lui témoigner des égards. Ils trouvent quelque jouissance à mettre le public dans la confidence de leur arrière-pensée; ils craindraient de paraître convaincus, de peur d'être pris pour des dupes; si leur première phrase est consacrée à commander la crédulité, la seconde est destinée à reconquérir pour eux les honneurs du doute, et l'on est mauvais missionnaire, quand on veut se placer au-dessus de sa propre profession de foi (1).

Alors s'établit cet axiome, qu'il faut une religion au peuple; axiome qui flatte la vanité de ceux qui le répètent, parce qu'en le répétant, ils se séparent de ce peuple auquel il faut une religion.

Cet axiome est faux par lui-même, en tant qu'il implique que la religion est plus nécessaire aux classes laborieuses de la société, qu'aux classes oisives et opulentes. Si la religion est nécessaire, elle l'est également à tous les hommes et à tous les degrés d'instruction. Les crimes des classes pauvres et peu éclairées ont des caractères plus violens, plus terribles, mais plus faciles en même temps à découvrir et à réprimer.

---

(1) On remarquait cette tendance bien évidemment dans les hommes en place, dans plusieurs de ceux mêmes qui étaient à la tête de l'Église sous Louis XV et sous Louis XVI.

La loi les entoure, elle les saisit, elle les comprime aisément, parce que ces crimes la heurtent d'une manière directe. La corruption des classes supérieures se nuance, se diversifie, se dérobe aux lois positives, se joue de leur esprit en éludant leurs formes, leur oppose d'ailleurs le crédit, l'influence, le pouvoir.

Raisonnement bizarre ! le pauvre ne peut rien ; il est environné d'entraves ; il est garrotté par des liens de toute espèce ; il n'a ni protecteurs ni soutiens ; il peut commettre un crime isolé, mais tout s'arme contre lui dès qu'il est coupable. Il ne trouve dans ses juges, tirés toujours d'une classe ennemie, aucun ménagement ; dans ses relations, impuissantes comme lui, aucune chance d'impunité ; sa conduite n'influe jamais sur le sort général de la société dont il fait partie, et c'est contre lui seul que vous voulez la garantie mystérieuse de la religion ! Le riche, au contraire, est jugé par ses pairs, par ses alliés, par des hommes sur qui rejaillissent toujours plus ou moins les peines qu'ils lui infligent. La société lui prodigue ses secours : toutes les chances matérielles et morales sont pour lui, par l'effet seul de la richesse ; il peut influer au loin, il peut bouleverser ou corrompre ; et c'est cet être puissant et favorisé que vous voulez affranchir du joug qu'il vous semble indispensable de faire peser sur un être faible et désarmé !

Je dis tout ceci dans l'hypothèse ordinaire,
que la religion est surtout précieuse comme
fortifiant les lois pénales ; mais ce n'est pas mon
opinion. Je place la religion plus haut, je ne la
considère point comme le supplément de la po-
tence et de la roue. Il y a une morale commune
fondée sur le calcul, sur l'intérêt, sur la sûreté,
et qui peut à la rigueur se passer de la religion.
Elle peut s'en passer dans le riche, parce qu'il
réfléchit ; dans le pauvre, parce que la loi l'é-
pouvante, et que d'ailleurs ses occupations étant
tracées d'avance, l'habitude d'un travail con-
stant produit sur sa vie l'effet de la réflexion ;
mais malheur au peuple qui n'a que cette morale commune ! C'est pour créer une morale plus
élevée que la religion me semble désirable : je
l'invoque, non pour réprimer les crimes gros-
siers, mais pour ennoblir toutes les vertus.

Les défenseurs de la religion croient souvent
faire merveille, en la représentant surtout
comme utile. Que diraient-ils, si on leur démon-
trait qu'ils rendent le plus mauvais service à la
religion ?

De même qu'en cherchant dans toutes les
beautés de la nature, un but positif, un usage
immédiat, une application à la vie habituelle,
on flétrit tout le charme de ce magnifique ensemble, en prêtant sans cesse à la religion une
utilité vulgaire, on la met dans la dépendance
de cette utilité. Elle n'a plus qu'un rang secon-

daire, elle ne paraît plus qu'un moyen, et, par-là même, elle est avilie.

L'axiome qu'il faut une religion au peuple est en outre ce qu'il y a de plus propre à détruire toute religion. Le peuple est averti, par un instinct assez sûr, de ce qui se passe sur sa tête. La cause de cet instinct est la même que celle de la pénétration des enfans, et de toutes les classes dépendantes. Leur intérêt les éclaire sur la pensée secrète de ceux qui disposent de leur destinée. On compte trop sur la bonhomie du peuple, lorsqu'on espère qu'il croira long-temps ce que ses chefs refusent de croire. Tout le fruit de leur artifice, c'est que le peuple qui les voit incrédules, se détache de sa religion, sans savoir pourquoi. Ce que l'on gagne en prohibant l'examen, c'est d'empêcher le peuple d'être éclairé, mais non d'être impie. Il devient impie par imitation; il traite la religion de chose niaise et de duperie, et chacun la renvoie à ses inférieurs qui, de leur côté, s'empressent de la repousser encore plus bas. Elle descend ainsi chaque jour plus dégradée; elle est moins menacée lorsqu'on l'attaque de toutes parts; elle peut alors se réfugier au fond des âmes sensibles; la vanité ne craint pas de faire preuve de sottise et de déroger en la respectant.

Qui le croirait! l'autorité fait du mal, même lorsqu'elle veut soumettre à sa juridiction les principes de la tolérance; car elle impose à la tolérance des formes positives et fixes, qui sont contraires à sa nature. La tolérance n'est autre chose que la liberté de tous les cultes présens et futurs. L'empereur Joseph II voulut établir la tolérance; et, libéral dans ses vues, il commença par faire dresser un vaste catalogue de toutes les opinions religieuses professées par ses sujets. Je ne sais combien furent enregistrées, pour être admises au bénéfice de sa protection. Qu'arriva-t-il? un culte qu'on avait oublié vint à se montrer tout à coup, et Joseph II, prince tolérant, lui dit qu'il était venu trop tard. Les déistes de Bohême furent persécutés, vu leur date, et le monarque philosophe se mit à la fois en hostilité contre le Brabant qui réclamait la domination exclusive du catholicisme, et contre les malheureux Bohémiens, qui demandaient la liberté de leur opinion.

Cette tolérance limitée renferme une singulière erreur. L'imagination seule peut satisfaire aux besoins de l'imagination. Quand dans un empire vous auriez toléré vingt religions, vous n'auriez rien fait encore pour les sectateurs de la vingt-et-unième. Les gouvernemens qui s'imaginent laisser aux gouvernés une latitude convenable, en leur permettant de choisir entre un nombre fixe de croyances religieuses, ressemblent à ce Français qui, arrivé dans une ville d'Allemagne dont les habitans voulaient appren-

l'italien, leur donnait le choix entre le basque
ou le bas-breton.

Cette multitude des sectes dont on s'épou-
vante, est ce qu'il y a pour la religion de plus
salutaire; elle fait que la religion ne cesse pas
d'être un sentiment pour devenir une simple
forme, une habitude presque mécanique, qui
se combine avec tous les vices, et quelquefois
avec tous les crimes.

Quand la religion dégénère de la sorte, elle
perd toute son influence sur la morale; elle se
loge, pour ainsi dire, dans une case des têtes
humaines, où elle reste isolée de tout le reste
de l'existence. Nous voyons en Italie la messe
précéder le meurtre, la confession le suivre, la
pénitence l'absoudre, et l'homme ainsi délivré
du remords se préparer à des meurtres nouveaux.

Rien n'est plus simple. Pour empêcher la
subdivision des sectes, il faut empêcher que
l'homme ne réfléchisse sur sa religion; il faut
donc empêcher qu'il ne s'en occupe; il faut la
réduire à des symboles que l'on répète, à des
pratiques que l'on observe. Tout devient extérieur, tout doit se faire sans examen, tout se
fait bientôt par-là même sans intérêt et sans
attention.

Je ne sais quels peuples mogols, astreints par
leur culte à des prières fréquentes, se sont per-

suadés que ce qu'il y avait d'agréable aux dieux dans les prières, c'était que l'air, frappé par le mouvement des lèvres, leur prouvât sans cesse que l'homme s'occupait d'eux. En conséquence ces peuples ont inventé de petits moulins à prières, qui, agitant l'air d'une certaine façon, entretiennent perpétuellement le mouvement désiré ; et pendant que ces moulins tournent, chacun, persuadé que les dieux sont satisfaits, vaque sans inquiétude à ses affaires ou à ses plaisirs. La religion, chez plus d'une nation européenne, m'a rappelé souvent les petits moulins des peuples mogols.

La multiplication des sectes a pour la morale un grand avantage. Toutes les sectes naissantes tendent à se distinguer de celles dont elles se séparent, par une morale plus scrupuleuse, et souvent aussi la secte qui voit s'opérer dans son sein une scission nouvelle, animée d'une émulation recommandable, ne veut pas rester, dans ce genre, en arrière des novateurs. Ainsi l'apparition du protestantisme réforma les mœurs du clergé catholique. Si l'autorité ne se mêlait point de la religion, les sectes se multiplieraient à l'infini : chaque congrégation nouvelle chercherait à prouver la bonté de sa doctrine, par la pureté de ses mœurs : chaque congrégation délaissée voudrait se défendre avec les mêmes armes. De la résulterait une heureuse lutte où l'on placerait le succès dans une moralité plus austère : les mœurs s'amélioreraient sans efforts par une impulsion naturelle et une honorable rivalité. C'est ce que l'on peut remarquer en Amérique, et même en Écosse, où la tolérance est loin d'être parfaite, mais où cependant le presbytérianisme s'est subdivisé en de nombreuses ramifications.

Jusqu'à présent la naissance des sectes, loin d'être accompagnée de ces effets salutaires, a presque toujours été marquée par des troubles et par des malheurs. C'est que l'autorité s'en est mêlée. A sa voix, par son action indiscrète, les moindres dissemblances, jusqu'alors innocentes et même utiles, sont devenues des germes de discorde.

Frédéric Guillaume, le père du grand Frédéric, étonné de ne pas voir régner dans la religion de ses sujets la même discipline que dans ses casernes, voulut un jour réunir les luthériens et les réformés; il retrancha de leurs formules respectives ce qui occasionait leurs dissentimens, et leur ordonna d'être d'accord. Jusqu'alors ces deux sectes avaient vécu séparées, mais dans une intelligence parfaite. Condamnées à l'union, elles commencèrent aussitôt une guerre acharnée, s'attaquèrent entre elles et résistèrent à l'autorité. A la mort de son père, Frédéric II monta sur le trône; il laissa toutes les opinions libres; les deux sectes se combattirent sans attirer ses regards; elles parlèrent sans être écoutées : bientôt elles perdirent l'espoir du succès et l'irritation de la crainte ; elles se turent, les différences subsistèrent, et les dissensions furent apaisées.

En s'opposant à la multiplication des sectes, les gouvernemens méconnaissent leurs propres intérêts. Quand les sectes sont très-nombreuses dans un pays, elles se contiennent mutuellement, et dispensent le souverain de transiger avec aucune d'elles. Quand il n'y a qu'une secte dominante, le pouvoir est obligé de recourir à mille moyens pour n'avoir rien à en craindre. Quand il n'y en a que deux ou trois, chacune étant assez formidable pour menacer les autres, il faut une surveillance, une répression non interrompue. Singulier expédient ! Vous voulez, dites-vous, maintenir la paix, et pour cet effet vous empêchez les opinions de se subdiviser de manière à partager les hommes en petites réunions faibles ou imperceptibles, et vous constituez trois ou quatre grand corps ennemis que vous mettez en présence, et qui, grâces aux soins que vous prenez de les conserver nombreux et puissans, sont prêts à s'attaquer au premier signal !

Telles sont les conséquences de l'intolérance religieuse ; mais l'intolérance irréligieuse n'est pas moins funeste. L'autorité ne doit jamais proscrire une religion, même quand elle la croit dangereuse. Qu'elle punisse les actions coupables qu'une religion fait commettre, non comme actions religieuses, mais comme actions coupables : elle parviendra facilement à les réprimer. Si elle les attaquait comme religieuses, elle en ferait un devoir, et si elle voulait remonter jusqu'à l'opinion qui en est la source, elle s'engagerait dans un labyrinthe de vexations et d'iniquités, qui n'aurait plus de terme. Le seul moyen d'affaiblir une opinion, c'est d'établir le libre examen. Or, qui dit examen libre, dit éloignement de toute espèce d'autorité, absence de toute intervention collective ; l'examen est essentiellement individuel.

Pour que la persécution, qui naturellement révolte les esprits et les rattache à la croyance persécutée, parvienne au contraire à détruire cette croyance, il faut dépraver les âmes ; et l'on ne porte pas seulement atteinte à la religion qu'on veut détruire, mais à tout sentiment de morale et de vertu. Pour persuader à un homme de mépriser ou d'abandonner un de ses semblables, malheureux à cause d'une opinion, pour l'engager à quitter aujourd'hui la doctrine qu'il professait hier, parce que tout à coup elle est menacée, il faut étouffer en lui toute justice et toute fierté.

Borner, comme on l'a fait souvent parmi nous, les mesures de rigueur aux ministres d'une religion, c'est tracer une limite illusoire. Ces mesures atteignent bientôt tous ceux qui professent la même doctrine, et elles atteignent ensuite tous ceux qui plaignent le malheur des opprimés. « Qu'on ne me dise' pas, écrivait M. de Clermont-Tonnerre, en 1791, et l'événement a doublement justifié sa prédiction, qu'on ne me dise pas qu'en poursuivant à outrance les prêtres qu'on appelle réfractaires, on éteindra toute opposition ; j'espère le contraire, et je l'espère par estime pour la nation française ; car toute nation qui cède à la force en matière de conscience, est une nation tellement vile, tellement corrompue, que l'on n'en peut rien espérer ni en raison, ni en liberté. » La superstition n'est funeste que lorsqu'on la protége ou qu'on la menace : ne l'irritez pas par des injustices, ôtez-lui seulement tout moyen de nuire par des actions, elle deviendra d'abord une passion innocente, et s'éteindra bientôt, faute de pouvoir intéresser par ses souffrances, ou dominer par l'alliance de l'autorité.

Erreur ou vérité, la pensée de l'homme est sa propriété la plus sacrée ; erreur ou vérité, les tyrans sont également coupables lorsqu'ils l'attaquent. Celui qui proscrit au nom de la philosophie la superstition spéculative, celui qui proscrit au nom de Dieu la raison indépendante, méritent également l'exécration des hommes de bien.

Qu'il me soit permis de citer encore en finissant, M. de Clermont-Tonnerre. On ne l'accu-

sera pas de principes exagérés. Bien qu'ami de la
liberté, ou peut-être parce qu'il était ami de la
liberté; il fut presque toujours repoussé des deux
partis dans l'assemblée constituante; il est mort
victime de sa modération : son opinion, je pense,
paraîtra de quelque poids. « La religion et l'é-
tat, disait-il, sont deux choses parfaitement dis-
tinctes, parfaitement séparées, dont la réunion ne peut que dénaturer l'une et l'autre.
L'homme a des relations avec son créateur; il se
fait ou il reçoit telles ou telles idées sur ces relations : on appelle ce système d'idées religion. La
religion de chacun est donc l'opinion que chacun
a de ses relations avec Dieu. L'opinion de chaque homme étant libre, il peut prendre ou ne
pas prendre telle religion. L'opinion de la minorité ne peut jamais être assujettie à celle de la majorité; aucune opinion ne peut donc être com-
mandée par le pacte social. La religion est de
tous les temps, de tous les lieux, de tous les gouvernemens; son sanctuaire est dans la conscience
de l'homme, et la conscience est la seule faculté
que l'homme ne puisse jamais sacrifier à une
convention sociale. Le corps social ne doit
commander aucun culte, il n'en doit repousser
aucun. »

Mais de ce que l'autorité ne doit ni commander ni prescrire aucun culte, il n'en résulte point
qu'elle ne doive pas les salarier. Il n'est pas bon
de mettre dans l'homme la religion aux prises

avec l'intérêt pécuniaire. Obliger le citoyen à payer directement celui qui est en quelque sorte son interprète auprès du Dieu qu'il adore, c'est lui offrir la chance d'un profit immédiat, s'il renonce à sa croyance ; c'est lui rendre onéreux des sentimens que les distractions du monde pour les uns, et ses travaux pour les autres, ne combattent déjà que trop. On a cru dire une chose philosophique, en affirmant qu'il valait mieux défricher un champ que payer un prêtre ou bâtir un temple ; mais qu'est-ce que bâtir un temple, ou payer un prêtre, sinon reconnaître qu'il existe un être bon, juste et puissant, avec lequel on est bien aise d'être en communication ? J'aime que l'état déclare en salariant, je ne dis pas un clergé, mais les prêtres de toutes les communions qui sont un peu nombreuses, j'aime, dis-je, que l'état déclare ainsi que cette communication n'est pas interrompue, et que la terre n'a pas renié le ciel.

Les sectes naissantes n'ont pas besoin que la société se charge de l'entretien de leurs prêtres. Elles sont dans toute la ferveur d'une opinion qui commence, et d'une conviction profonde. Mais dès qu'une secte est parvenue à réunir autour de ses autels un nombre un peu considérable de membres de l'association générale, cette association doit salarier la nouvelle église. En les salariant toutes, le fardeau devient égal pour tous, et au lieu d'être un privilége, c'est une charge commune, et qui se répartit également (1).

Il en est de la religion comme des grandes routes : j'aime que l'état les entretienne, pourvu qu'il laisse à chacun le droit de préférer les sentiers.

---

(1) Ce n'est point comme pouvoir politique que l'état doit salarier les cultes ; mais, comme représentant l'association générale qui renferme toutes les associations partielles, il doit sanctionner et garantir les salaires que les citoyens assignent aux ministres des religions qu'ils professent, à ceux de toutes les religions, aux protestans comme aux catholiques, aux juifs comme aux protestans, aux sectes naissantes comme aux sectes établies ; car les sectes naissantes (je l'ai dit ci-dessus) ont les mêmes droits que les sectes anciennes. Si le salaire payé par l'état ne s'étendait pas à toutes les communions, s'il était restreint à une ou à plusieurs communions privilégiées, il y aurait violation des principes de la tolérance et de la liberté religieuse.

CHAPITRE XXIV.

—

DE LA LIBERTÉ D'INDUSTRIE.

La société n'ayant d'autres droits sur les individus que de les empêcher de se nuire mutuellement, elle n'a de juridiction sur l'industrie qu'en supposant celle-ci nuisible. Mais l'industrie d'un individu ne peut nuire à ses semblables aussi long-temps que cet individu n'invoque pas en faveur de son industrie et contre la leur des secours d'une autre nature. La nature de l'industrie est de lutter contre l'industrie rivale par une concurrence parfaitement libre, et par des efforts pour atteindre une supériorité intrinsèque. Tous les moyens d'espèce différente qu'elle tenterait d'employer ne seraient plus de l'industrie, mais de l'oppression ou de la fraude. La société aurait le droit et même l'obligation de la réprimer ; mais de ce droit que la société possède, il résulte qu'elle ne possède pas celui d'employer contre l'industrie de l'un, en faveur de celle de l'autre, les moyens qu'elle doit également interdire à tous.

L'action de l'autorité sur l'industrie peut se diviser en deux branches : les prohibitions et les encouragemens. Les priviléges ne doivent pas être séparés des prohibitions, parce que nécessairement ils les impliquent.

Or, qu'est-ce qu'un privilége en fait d'industrie ? C'est l'emploi de la force du corps social pour faire tourner au profit de quelques hommes les avantages que le but de la société est de garantir à l'universalité des membres : c'est ce que faisait l'Angleterre, lorsque, avant l'union de l'Irlande à ce royaume, elle interdisait aux Irlandais presque tous les genres de commerce étranger ; c'est ce qu'elle fait aujourd'hui, lorsqu'elle défend à tous les Anglais de faire aux Indes un commerce indépendant de la compagnie qui s'est emparée de ce vaste monopole ; c'est ce que faisaient les bourgeois de Zurich avant la révolution de la Suisse, en forçant les habitans des campagnes à ne vendre qu'à eux seuls presque toutes leurs denrées et tous les objets qu'ils fabriquaient.

Il y a manifestement injustice en principe. Y a-t-il utilité dans l'application ? Si le privilége est le partage d'un petit nombre, il y a sans doute utilité pour ce petit nombre ; mais cette utilité est du genre de celle qui accompagne toute spoliation. Ce n'est pas celle qu'on se pro-

posé, ou du moins qu'on avoue se proposer. Y a-
t-il utilité nationale? Non, sans doute; car, en
premier lieu, c'est la grande majorité de la nation qui est exclue du bénéfice. Il y a donc perte
sans compensation pour cette majorité. En second lieu, la branche d'industrie ou de commerce qui est l'objet du privilége est exploitée
plus négligemment et d'une manière moins éco-
nomique par des individus dont les gains sont
assurés par l'effet seul du monopole, qu'elle ne
le serait si la concurrence obligeait tous les rivaux à se surpasser à l'envi par l'activité et par
l'adresse. Ainsi la richesse nationale ne retire pas
de cette industrie tout le parti qu'elle pourrait
en tirer. Il y a donc perte relative pour la nation tout entière. Enfin, les moyens dont l'autorité doit se servir pour maintenir le privilége
et pour repousser de la concurrence les individus non privilégiés, sont inévitablement oppres-
sifs et vexatoires. Il a donc encore pour la nation tout entière perte de liberté. Voilà trois
pertes réelles que ce genre de prohibition entraîne, et le dédommagement de ces pertes n'est
réservé qu'à une poignée de privilégiés.

Les prohibitions en fait d'industrie et de commerce mettent, comme toutes les autres prohibitions, et plus que toutes les autres, les individus
en hostilité avec le gouvernement. Elles forment
une pépinière d'hommes qui se préparent à tous
les crimes, en s'accoutumant à violer les lois, et

une autre pépinière d'hommes qui se familiarisent avec l'infamie, en vivant du malheur de leurs semblables (1).

Non-seulement les prohibitions commerciales créent des délits factices, mais elles invitent les hommes à commettre ces délits par le profit qu'elles attachent aux succès de la fraude. C'est un inconvénient qu'elles ont de plus que les autres lois prohibitives (2). Elles tendent des embûches à la classe indigente, à cette classe déjà entourée de trop de tentations irrésistibles, et dont on a dit avec raison que toutes ses actions sont précipitées (3), parce que le besoin la presse, que sa pauvreté la prive des lumières, et que son obscurité l'affranchit de l'opinion.

Beaucoup de gens mettent moins d'importance à la liberté d'industrie qu'aux autres genres de liberté. Cependant les restrictions qu'on y apporte entraînent des lois si cruelles, que toutes les autres s'en ressentent. Voyez en Portugal le privilége de la compagnie des vins occasionner d'abord des émeutes, nécessiter par ces émeutes des supplices barbares, décourager le commerce

---

(1) L'état des contrebandiers arrêtés en France sous la monarchie était, année commune, de 10,700 individus, dont 2,300 hommes, 1,800 femmes et 6,600 enfans. *Administ. des fin.*, II, 57. Le corps de brigade chargé de cette poursuite était de plus de 2,300 hommes, et la dépense de 8 à 9 millions. *Ibid.*, 82.

(2) Smith, tome V, traduction de Garnier, p. 274 et suiv.

(3) *Administration des finances*, II, 98.

par le spectacle de ces supplices, et porter enfin, par une suite de contraintes et de cruautés, une foule de propriétaires à arracher eux-mêmes leurs vignes, et à détruire dans leur désespoir la source de leurs richesses, pour qu'elle ne servissent plus de prétexte à tous les genres de vexations (1). Voyez en Angleterre les rigueurs, les violences, les actes arbitraires que traîne à sa suite, pour se maintenir, le privilége exclusif de la compagnie des Indes (2). Ouvrez les statuts de cette nation d'ailleurs inhumaine et libérale, vous y verrez la peine de mort prodiguée à des actions qu'il est impossible de considérer comme des crimes (3). Lorsqu'on parcourt l'histoire des établissemens anglais dans l'Amérique septentrionale, on voit, pour ainsi dire, chaque privilége suivi de l'émigration des individus non privilégiés. Les colons fuyaient devant les restrictions commerciales, abandonnant les terres qu'ils achevaient à peine de défricher, pour retrouver

---

(1) Mémoires du marquis de Pombal. Le gouvernement portugais plaça des soldats pour empêcher les propriétaires d'arracher leurs vignes. Qu'est-ce qu'un système qui force l'autorité à garantir la propriété du désespoir des propriétaires ?

(2) Baert.

(3) Par les statuts de la huitième année d'Élisabeth, chap. 3, quiconque exporte des brebis, agneaux ou béliers, doit, pour la première fois, avoir tous ses biens confisqués à perpétuité, subir une prison d'un an, et, au bout de ce temps, avoir la main gauche coupée, à un jour de marché, dans une ville où elle restera clouée. En cas de récidive, il doit être puni de mort. Par des actes de la treizième et quatorzième année de Charles II, l'exportation de la laine fut déclarée crime capital. (Smith, liv. IV, chap. 8.)

la liberté dans les bois, et demandant à la nature sauvage une retraite contre les persécutions de l'état social (1).

Si le système prohibitif n'a pas anéanti toute
l'industrie des nations qu'il vexe et qu'il tour-
mente, c'est, comme le remarque Smith (2),
parce que l'effort naturel de chaque individu
pour améliorer son sort, est un principe répara-
teur qui remédie à beaucoup d'égards aux mauvais effets de l'administration réglementaire,
comme la force vitale lutte souvent avec succès
dans l'organisation physique de l'homme contre
les maladies qui résultent de ses passions, de son
intempérance ou de son oisiveté.

Je ne puis, dans cette note, poser que des
principes : les détails m'entraîneraient au-delà
des bornes de cet ouvrage. J'ajouterai cependant quelques mots sur deux espèces de prohibitions ou de priviléges, frappées de réprobation depuis trente années, et qu'on a prétendu
ressusciter dans ces derniers temps. Je veux parler des jurandes, des maîtrises, des apprentis-
sages, système non moins inique qu'absurde :
inique, en ce qu'il ne permet pas à l'individu qui
a besoin de travailler, le travail qui seul le préserve du crime ; absurde, en ce que, sous le prétexte du perfectionnement des métiers, il met
obstacle à la concurrence, le plus sûr moyen de

---

(1) Mémoires sur les États-Unis.
(2) Richesse des nations, liv. IV, chap. 9.

perféctionnement de tous les métiers. L'intérêt des acheteurs est une bien plus sûre garantie de la bonté des productions que des réglemens arbitraires, qui, partant d'une autorité qui confond nécessairement tous les objets, ne distinguent point assez les divers métiers, et prescrivent souvent un apprentissage aussi long pour les plus aisés que pour les plus difficiles. Il est bizarre d'imaginer que le public est un mauvais juge des ouvriers qu'il emploie, et que le gouvernement, qui a tant d'autres affaires, saura mieux quelles précautions il faut prendre pour apprécier leur mérite. Il ne peut que s'en remettre à des hommes qui, formant un corps dans l'état, ont un intérêt différent de la masse du peuple, et qui, travaillant d'une part à diminuer le nombre des producteurs, et de l'autre à faire hausser le prix des productions, les rendent à la fois plus imparfaites et plus coûteuses. L'expérience a partout prononcé contre l'utilité prétendue de cette manie réglementaire. Les villes d'Angleterre où l'industrie est le plus active, qui ont pris dans un temps très-court le plus grand accroissement, et où le travail a été porté au plus haut degré de perfection, sont celles qui n'ont point de chartes (1) et où il n'existe aucune corporation (2).

---

(1) Birmingham, Manchester. V. l'ouvrage de M. Baert.

(2) La plus sacrée et la plus inviolable de toutes les propriétés de l'homme est celle de sa propre industrie, parce qu'elle est la source originaire de

Une vexation plus révoltante encore, parce qu'elle est plus directe et moins déguisée, c'est la fixation du prix des journées. Cette fixation, dit Smith, est le sacrifice de la majeure partie à la plus petite. Nous ajouterons que c'est le sacrifice de la partie indigente à la partie riche, de la partie laborieuse à la partie oisive, au moins comparativement, de la partie qui est déjà souffrante par les dures lois de la société à la partie que le sort et les institutions ont favorisée. On ne saurait se représenter sans quelque pitié cette lutte de la misère contre l'avarice, cette lutte où le pauvre, déjà pressé par ses besoins et ceux de sa famille, n'ayant d'espoir que dans son travail, et ne pouvant attendre un instant sans que sa vie même et la vie des siens ne soit menacée, rencontre le riche, non-seulement fort de son opulence et de la faculté qu'il a de réduire son adversaire, en lui refusant ce travail qui est son unique ressource, mais encore armé de lois

---

toutes les autres propriétés. Le patrimoine du pauvre est dans la force et l'adresse de ses mains; et l'empêcher d'employer cette force et cette adresse de la manière qu'il trouve la plus convenable, tant qu'il ne porte de dommage à personne, est une violation manifeste de cette propriété primitive. C'est une usurpation criante sur la liberté légitime tant de l'ouvrier que de ceux qui seraient disposés à lui donner du travail : c'est empêcher à la fois l'un de travailler comme il le juge à propos, et l'autre de choisir qui bon lui semble. On peut en toute sûreté s'en fier à la prudence de celui qui occupe un ouvrier, pour décider si cet ouvrier mérite de l'emploi, puisqu'il y va de son intérêt. Cette sollicitude qu'affecte le législateur pour prévenir qu'on n'emploie des personnes incapables est évidemment aussi absurde qu'oppressive. SMITH. *Voyez* aussi Bentham. *Principes du Code civil*, partie 3, chap. 1.

vexatoires qui fixent les salaires, sans égard aux circonstances, à l'habileté, au zèle de l'ouvrier. Et qu'on ne croie pas cette fixation nécessaire pour réprimer les prétentions exorbitantes et le renchérissement des bras. La pauvreté est humble dans ses demandes. L'ouvrier n'a-t-il pas derrière lui la faim qui le presse, qui lui laisse à peine un instant pour discuter ses droits, et qui ne le dispose que trop à vendre son temps et ses forces au-dessous de leur valeur? La concurrence ne tient-elle pas le prix du travail au taux le plus bas qui soit compatible avec la subsistance physique? Chez les Athéniens, comme parmi nous, le salaire d'un journalier était équivalent à la nourriture de quatre personnes. Pourquoi des réglemens, lorsque la nature des choses fait la loi sans vexation ni violence?

La fixation du prix des journées, si funeste à l'individu, ne tourne point à l'avantage du public. Entre le public et l'ouvrier s'élève une classe impitoyable, celle des maîtres. Elle paie le moins et demande le plus qui lui est possible, profitant ainsi seule tout à la fois et des besoins de la classe laborieuse et des besoins de la classe aisée. Étrange complication des institutions sociales! Il existe une cause éternelle d'équilibre entre le prix et la valeur du travail, une cause qui agit sans contrainte de manière à ce que tous les calculs soient raisonnables et tous les intérêts contens. Cette cause est la concurrence; mais on la repousse. On met obstacle à la concurrence par des réglemens injustes, et on veut rétablir l'équilibre par d'autres réglemens non moins injustes, qu'il faut maintenir par les châtimens et par les rigueurs.

Le système des primes et des encouragemens a moins d'inconvéniens que celui des priviléges. Il me semble néanmoins dangereux sous plusieurs rapports.

Il est à craindre premièrement que l'autorité, lorsqu'elle s'est une fois arrogé le droit d'intervenir dans ce qui concerne l'industrie, ne fût-ce que par des encouragemens, ne soit poussée bientôt, si ces encouragemens ne suffisent pas, à recourir à des mesures de contrainte et de rigueur. L'autorité se résigne rarement à ne pas se venger du peu de succès de ses tentatives; elle court après son argent comme les joueurs. Mais au lieu que ceux-ci en appellent au hasard, l'autorité souvent en appelle à la force.

L'on peut redouter en second lieu que l'autorit, par des encouragemens extraordinaires, ne détourne les capitaux de leur destination naturelle qui est toujours la plus profitable. Les capitaux se portent d'eux-mêmes vers les emplois qui offrent le plus à gagner. Pour les y attirer, il n'y a pas besoin d'encouragement: pour ceux où il y aurait à perdre, les encouragemens seraient funestes. Toute industrie qui ne peut se maintenir indépendamment des secours

de l'autorité, finit par être ruineuse (1). Le gouvernement paie alors les individus pour que
ceux-ci travaillent à perte. En les payant de la
sorte, il paraît les indemniser ; mais comme l'indemnité ne se peut tirer que du produit des impôts, ce sont en définitive les individus qui en
supportent le poids. Enfin, les encouragemens
de l'autorité portent une atteinte très-grave à la
moralité des classes industrielles. La morale se
compose de la suite naturelle des causes et des
effets. Déranger cette suite, c'est nuire à la morale. Tout ce qui introduit le hasard parmi les
hommes, les corrompt. Tout ce qui n'est pas
l'effet direct, nécessaire, habituel d'une cause
connue et prévue tient plus ou moins de la nature du hasard. Ce qui rend le travail la cause
la plus efficace de moralité, c'est l'indépendance
où l'homme laborieux se trouve des autres hommes, et la dépendance où il est de sa propre conduite et de l'ordre, de la suite, de la régularité
qu'il met dans sa vie. Telle est la véritable cause
de la moralité des classes occupées d'un travail
uniforme et de l'immoralité si commune des
mendians et des joueurs. Ces derniers sont de
tous les hommes les plus immoraux, parce que
ce sont eux qui, de tous les hommes, comptent
le plus sur le hasard.

Les encouragemens ou les secours du gou-

---

(1) Smith, liv. IV, chap. 9.

vernement pour l'industrie sont une espèce de
jeu. Il est impossible de supposer que l'autorité n'accorde jamais ces secours ou ces encouragemens à des hommes qui ne les méritent pas,
ou n'en accorde jamais plus que les objets de
ces faveurs n'en méritent. Une seule erreur
dansce genre fait des encouragemens une lote-
rie. Il suffit d'une seule chance pour introduire
le hasard dans tous les calculs, et par conséquent
pour les dénaturer : la probabilité de la chance
n'y fait rien, car sur la probabilité, c'est l'imagination qui décide. L'espoir même éloigné, même
incertain, de l'assistance de l'autorité jette dans
la vie et dans les calculs de l'homme laborieux
un élément tout-à-fait différent du reste de son
existence. Sa situation change, ses intérêts se
compliquent, son état devient susceptible d'une
sorte d'agiotage. Ce n'est plus ce commerçant ou
ce manufacturier paisible qui faisait dépendre
sa prospérité de la sagesse de ses spéculations,
de la bonté de ses produits, de l'approbation de
ses concitoyens, fondée sur la régularité de sa
conduite, et sur sa prudence reconnue : c'est un
homme dont l'intérêt immédiat, dont le désir
pressant est de s'attirer l'attention de l'autorité.
La nature des choses avait, pour le bien de l'espèce humaine, mis une barrière presque insurmontable entre la grande masse des nations et
les dépositaires du pouvoir. Un petit nombre
d'hommes seulement était condamné à s'agiter

dans la sphère de la puissance, à spéculer sur la
faveur, à s'enrichir par la brigue. Le reste suivait tranquillement sa route, ne demandant au
gouvernement que de lui garantir son repos et
l'exercice de ses facultés ; mais si l'autorité, peu
contente de cette fonction salutaire, et se mettant par des libéralités ou des promesses en présence de tous les individus, provoque des espérances et crée des passions qui n'existaient pas,
tout alors se trouve déplacé. Par-là, sans doute,
se répand dans la classe industrielle une nouvelle
activité ; mais c'est une activité vicieuse, une activité qui s'occupe plutôt de l'effet qu'elle produit au dehors que de la solidité de ses propres
entreprises, qui cherche l'éclat plus que le succès, parce que le succès pour elle peut résulter
d'un éclat même trompeur, c'est une activité
enfin qui rend la nation entière téméraire, inquiète, cupide, d'économe et de laborieuse qu'elle
aurait été.

Et ne pensez pas qu'en substituant aux encouragemens pécuniaires des motifs tirés de la
vanité, vous fassiez moins de mal. Les gouvernemens ne mettent que trop le charlatanisme
parmi leurs moyens, et il leur est facile de
croire que leur seule présence comme celle du
soleil vivifie toute la nature. En conséquence ils
se montrent, ils parlent, ils sourient, et le travail
à leur avis doit se tenir honoré pour des siècles ;
mais c'est encore sortir les classes laborieuses de

leur carrière naturelle ; c'est leur donner le besoin du crédit ; c'est leur inspirer le désir d'échanger leurs relations commerciales contre des relations de souplesse et de clientèle. Elles prendront les vices des cours, sans prendre en même temps l'élégance qui voile du moins ces vices.

Les deux hypothèses les plus favorables au système des encouragemens ou des secours de l'autorité sont assurément, l'une, l'établissement d'une branche d'industrie encore inconnue dans un pays, et qui exige de fortes avances ; l'autre l'assistance donnée à de certaines classes industrielles ou agricoles, lorsque des calamités imprévues ont considérablement diminué leurs ressources.

Je ne sais cependant si, même dans ces deux cas, à l'exception peut-être de quelques circonstances très-rares, pour lesquelles il est impossible de tracer des règles fixes, l'intervention du gouvernement n'est pas plus nuisible qu'avantageuse.

Dans le premier cas, nul doute que la nouvelle branche d'industrie ainsi protégée ne s'établisse plus tôt avec plus d'étendue ; mais, reposant plus sur l'assistance du gouvernement que sur les calculs des particuliers, elle s'établira moins solidement. Ceux-ci, indemnisés d'avance des pertes qu'ils pourront faire, n'apporteront pas le même zèle et les mêmes soins que s'ils étaient abandonnés à leurs propres forces, et s'ils n'avaient de succès à attendre que ceux qu'ils pourraient mériter. Ils se flatteront avec raison que le gouvernement, en quelque sorte engagé par les premiers sacrifices qu'il aura consentis, viendra derechef à leur secours s'ils échouent, pour ne pas perdre le fruit de ces sacrifices, et cette arrière-pensée, d'une nature différente de celle qui doit servir d'aiguillon à l'industrie, nuira plus ou moins et toujours d'une manière notable à leur activité et à leurs efforts.

L'on imagine d'ailleurs beaucoup trop facilement, dans les pays habitués aux secours factices de l'autorité, que telle ou telle entreprise est au-dessus des moyens individuels, et c'est une seconde cause de relâchement pour l'industrie particulière; elle attend que le gouvernement la provoque, parce qu'elle est accoutumée à recevoir l'impulsion première du gouvernement.

A peine en Angleterre une découverte est-elle connue, que des souscriptions nombreuses fournissent aux inventeurs tous les moyens de développement et d'application. Seulement les souscripteurs apportent plus de scrupule dans l'examen des avantages promis, qu'un gouvernement n'en pourrait apporter, parce que l'intérêt de tous les individus qui entreprennent pour leur compte est de ne pas se laisser tromper, tandis que l'intérêt de la plupart de ceux qui spéculent sur le secours du gouvernement est de tromper le gouvernement. Le travail et le succès sont l'unique ressource des premiers. L'exagération où la faveur sont pour les seconds une ressource beaucoup plus certaine et surtout plus rapide. Le système des encouragemens est encore, sous ce rapport, un principe d'immoralité.

Il est possible, je ne le nie pas, que l'industrie des individus, privée de tout secours étranger, s'arrête quelquefois devant un obstacle; mais d'abord elle se tournera vers d'autres objets, et l'on peut compter, en second lieu, qu'elle rassemblera ses forces pour revenir tôt ou tard à la charge et surmonter la difficulté. Or, j'affirme que l'inconvénient partiel et momentané de cet ajournement ne sera pas comparable au désavantage général du désordre et de l'irrégularité que toute assistance artificielle introduit dans les idées et dans les calculs.

Des raisonnemens à peu près pareils trouvent leur application dans la seconde hypothèse qui, au premier coup d'œil, paraît encore bien plus légitime et plus favorable. En venant au secours des classes industrielles ou agricoles, dont les ressources ont été diminuées par des calamités imprévues et inévitables, le gouvernement affaiblit d'abord en elles le sentiment qui donne le plus d'énergie et de moralité à l'homme, celui de se devoir tout à soi-même et de n'espérer qu'en ses propres forces. En second lieu, l'espoir de ces secours engage les classes souffrantes à exagérer leurs pertes, à cacher leurs ressources, et leur donne de la sorte un intérêt au mensonge. J'accorde que ces secours soient distribués avec prudence et parcimonie; mais l'effet qui n'en sera pas le même pour l'aisance des individus, en sera le même pour leur moralité. L'autorité ne leur en aura pas moins enseigné à compter sur les autres au lieu de ne compter que sur eux-mêmes. Elle trompera ensuite leurs espérances; mais leur activité n'en aura pas été moins relâchée: leur véracité n'en aura pas moins souffert une altération. S'ils n'obtiennent pas les secours du gouvernement, c'est qu'ils n'auront pas su les solliciter avec une habileté suffisante. Le gouvernement s'expose enfin à se voir déçu par des agens infidèles. Il ne peut suivre dans tous les détails l'exécution des mesures qu'il ordonne, et la ruse est toujours plus habile que la surveillance. Frédéric-le-Grand et Catherine II avaient adopté pour l'agriculture et l'industrie le système des encouragemens. Ils visitaient fréquemment eux-mêmes les provinces qu'ils s'imaginaient avoir secourues. On plaçait alors sur leur passage des hommes bien vêtus et bien nourris, preuves apparentes de l'aisance qui résultai d e leurs libéralités, mais rassemblés à cet effet par les distributeurs de leurs grâces, tandis que les véritables habitans de ces contrées gémissaient au fond de leurs cabanes dans leur ancienne misère, ignorant jusqu'à l'intention des souverains qui se croyaient leurs bienfaiteurs.

Dans les pays qui ont des constitutions libres, la question des encouragemens et des secours peut encore être considérée sous un autre point de vue. Est-il salutaire que le gouvernement s'attache certaines classes de gouvernés par des libéralités qui, fussent-elles sages dans leur distribution, ont nécessairement de l'arbitraire dans leur nature? N'est'il pas à craindre que ces classes, séduites par un gain immédiat et positif, ne deviennent indifférentes à des violations de la liberté individuelle ou de la justice? On pourrait alors les regarder comme achetées par l'autorité.

En lisant plusieurs écrivains, on serait tenté de croire qu'il n'y a rien de plus stupide, de moins éclairé, de plus insouciant, que l'intérêt individuel. Ils nous disent gravement, tantôt, que si le gouvernement n'encourage pas l'agriculture, tous les bras se tourneront vers les manufactures, et que les campagnes resteront en friche ; tantôt, que si le gouvernement n'encourage pas les manufactures, tous les bras resteront dans les campagnes ; que le produit de la terre sera fort au-dessus des besoins, et que le pays languira sans commerce et sans industrie (1),

(1) V. Filangieri et beaucoup d'autres.

somme s'il n'était pas clair d'un côté, que l'a-
griculture sera toujours en raison des besoins
d'un peuple, car il faut que les artisans et les
manufacturiers aient de quoi se nourrir; de l'autre, que les manufactures s'élèveront aussitôt
que les produits de la terre seront en quantité
suffisante, car l'intérêt individuel poussera les
hommes à s'appliquer à des travaux plus lucra-
tifs que la multiplication des denrées, dont la
quantité réduirait le prix. Les gouvernemens ne
peuvent rien changer aux besoins physiques des
hommes; la multiplication et le taux des produits, de quelque espèce qu'ils soient, se con-
forment toujours aux demandes de ces produits.
Il est absurde de croire qu'il ne suffit pas, pour
rendre un genre de travail commun, qu'il soit
utile à ceux qui s'y livrent. S'il y a plus de bras
qu'il n'en faut pour mettre en valeur la fertilité
du sol, les habitans tourneront naturellement
leur activité vers d'autres branches d'industrie.
Ils sentiront, sans que le gouvernement les en
avertisse, que la concurrence, passant une certaine ligne, anéantit l'avantage du travail. L'intérêt particulier, sans être encouragé par l'autorité, sera suffisamment excité par ses propres
calculs à chercher un genre d'occupation plus
profitable. Si la nature du terrain rend nécessaire un grand nombre de cultivateurs, les artisans et les manufacturiers ne se multiplieront
pas, parce que le premier besoin d'un peuple

étant de subsister, un peuple ne néglige jamais sa subsistance. D'ailleurs l'état d'agriculteur étant plus nécessaire, sera par cela même plus lucratif que tout autre. Lorsqu'il n'y a pas de privilége abusif qui intervertisse l'ordre naturel, l'avantage d'une profession se compose toujours de son utilité absolue et de sa rareté relative. Les productions tendent à se mettre au niveau des besoins, sans que l'autorité s'en mêle (1). Quand un genre de production est rare, son prix s'élève. Le prix s'élevant, cette production, mieux payée, attire à elle l'industrie et les capitaux. Il en résulte que cette production devient plus commune. Cette production étant plus commune, son prix baisse; et le prix baissant, une partie de l'industrie et des capitaux se tourne d'un autre côté. Alors la production devenant plus rare, le prix se relève et l'industrie y revient, jusqu'à ce que la production et son prix aient atteint un équilibre parfait. Le véritable encouragement pour tous les genres de travail, c'est le besoin qu'on en a. La liberté seule est suffisante pour les maintenir tous dans une salutaire et exacte proportion.

Ce qui trompe beaucoup d'écrivains, c'est qu'ils sont frappés de la langueur ou du malaise qu'éprouvent, sous des gouvernemens arbitraires, les classes laborieuses de la nation. Ils ne

(1) Voy. Smith, liv. I, chap. 7; et Say, écon. pol.

remontent pas à la cause du mal, mais s'imaginent qu'on y pourrait remédier par une action directe de l'autorité en faveur des classes souffrantes. Ainsi, par exemple, pour l'agriculture, lorsque des institutions injustes et oppressives exposent les agriculteurs aux vexations des classes privilégiées, les campagnes sont bientôt en friche, parce qu'elles se dépeuplent. Les classes agricoles accourent le plus qu'elles peuvent dans les villes pour se dérober à la servitude et à l'humiliation. Alors des spéculateurs imbéciles conseillent des encouragemens positifs et partiels pour les agriculteurs. Ils ne voient pas que tout se tient dans les sociétés humaines. La dépopulation des campagnes est le résultat d'une mauvaise organisation politique. Des secours à quelques individus ou tout autre palliatif artificiel et momentané n'y remédieront pas; il n'y aurait de ressource que dans la liberté et dans la justice. Pourquoi y recourt-on le plus tard que l'on peut ?

Il faut, nous dit-on quelquefois, ennoblir l'agriculture, la relever, la rendre honorable; car c'est sur elle que repose la prospérité des nations. Des hommes assez éclairés ont développé cette idée. L'un des esprits les plus pénétrans, mais les plus bizarres du siècle dernier, le marquis de Mirabeau, n'a cessé de la répéter. D'autres en ont dit autant des manufactures; mais on n'ennoblit que par des distinctions, si tant est qu'on ennoblisse par des distinctions artificielles.

Or, si le travail est utile, comme il sera profitable, il sera commun. Quelle distinction voulez-vous accorder à ce qui est commun ? Le travail nécessaire est d'ailleurs toujours facile. Or,
il ne dépend pas de l'autorité d'influer sur l'opinion de manière à ce qu'elle attache un rare
mérite à ce que tout le monde peut faire également bien.

De toutes les distinctions que les gouvernemens
confèrent, les seules vraiment imposantes sont
celles qui annoncent du pouvoir, parce qu'elles
sont réelles, et que le pouvoir qui s'en décore
peut agir en mal ou en bien. Les distinctions
fondées sur le mérite sont toujours contestées
par l'opinion, parce que l'opinion se réserve à
elle seule le droit de décider du mérite. Elle est
forcée, malgré qu'elle en ait, de reconnaître le
pouvoir; mais le mérite, elle peut le nier. C'est
pour cela que le cordon bleu commandait le respect. Il constatait que celui qui le portait était
un grand seigneur, et l'autorité peut très-bien
juger que tel homme est un grand seigneur. Le
cordon noir, au contraire, était ridicule. Il déclarait celui qui en était décoré, un littérateur,
un artiste distingué. Or, l'autorité ne peut prononcer sur les littérateurs ou les artistes.

Les distinctions honorifiques pour les agriculteurs, pour les artisans, pour les manufacturiers, sont encore plus illusoires. Les cultivateurs, les artisans, les manufacturiers, veulent

arriver à l'aisance ou à la richesse par le travail,
et au repos par la garantie. Ils ne vous demandent .point de vos distinctions artificielles, ou
s'ils y aspirent, c'est que vous avez faussé leur
intelligence, c'est que vous avez rempli leurs
têtes d'idées factices. Laissez-les jouir en paix
du fruit de leurs peines, de l'égalité des droits,
de la liberté d'action qui leur appartiennent.
Vous les servirez bien mieux, en ne leur prodiguant ni faveurs, ni injustices, qu'en les vexant
d'un côté, et en cherchant de l'autre à les distinguer.

CHAPITRE XXV.

DE L'INVIOLABILITÉ DES PROPRIÉTÉS (1).

L'Arbitraire sur la propriété est bientôt suivi de l'arbitraire sur les personnes; premièrement, parce que l'arbitraire est contagieux; en second lieu, parce que la violation de la propriété provoque nécessairement la résistance. L'autorité sévit alors contre l'opprimé qui résiste; et, parce qu'elle a voulu lui ravir son bien; elle est conduite à porter atteinte à sa liberté.

Je ne traiterai pas, dans ce chapitre, des confiscations et autres attentats politiques contre la propriété. L'on ne peut considérer ces violences comme des pratiques usitées par les gouvernemens réguliers; mais elles sont une partie insé-

(1) Je dois prévenir le lecteur que dans ce chapitre se trouvent semées çà et là des phrases tirées des meilleurs auteurs sur l'économie politique et le crédit public. J'ai transcrit quelquefois leurs propres paroles, ne croyant pas devoir les changer pour dire moins bien ce qu'ils avaient dit. Mais je n'ai pu toujours les citer, parce que j'ai rédigé cette note de mémoire.

parable de tous les systèmes tyranniques ; car
le mépris pour la fortune des hommes suit de
près le mépris pour leur sûreté et pour leur vie.

J'observerai seulement que, par des mesures
pareilles, les gouvernemens gagnent bien moins
qu'ils ne perdent. « Les rois, dit Louis XIV dans
» ses Mémoires, sont seigneurs absolus et ont
» naturellement la disposition pleine et libre de
» tous les biens de leurs sujets. » Mais quand
les rois se regardent comme seigneurs absolus
de tout ce que possèdent leurs sujets, les sujets
enfouissent ce qu'ils possèdent ou le dissipent ;
s'ils l'enfouissent, c'est autant de perdu pour
l'agriculture, pour le commerce, pour l'industrie, pour tous les genres de prospérité ; s'ils le
prodiguent pour des jouissances frivoles, gros-
sières et improductives, c'est encore autant de
détourné des emplois utiles et des spéculations
reproductrices. Sans la sécurité, l'économie devient duperie, et la modération imprudence.
Lorsque tout peut être enlevé, il faut conquérir
le plus qu'il est possible, parce que l'on a plus
de chances de soustraire quelque chose à la spoliation. Lorsque tout peut être enlevé, il faut
dépenser le plus qu'il est possible, parce que
tout ce qu'on dépense est autant d'arraché à
l'arbitraire. Louis XIV croyait dire une chose
bien favorable à la richesse des rois ; il disait
une chose qui devait ruiner les rois, en ruinant
les peuples.

Il y a d'autres espèces de spoliations moins directes dont je crois utile de parler avec un peu plus d'étendue. Les gouvernemens se les permettent pour diminuer leurs dettes ou accroître leurs ressources, tantôt sous le prétexte de la nécessité, quelquefois sous ce lui de la justice, toujours en alléguant l'intérêt de l'état; car de même que les apôtres zélés de la souveraineté du peuple pensent que la liberté publique gagne aux entraves mises à la liberté individuelle, beaucoup de financiers de nos jours semblent croire que l'état s'enrichit de la ruine des individus.

Les atteintes indirectes à la propriété, qui vont faire le sujet des observations suivantes, se divisent en deux classes.

Je mets dans la première les banqueroutes partielles ou totales, la réduction des dettes nationales, soit en capitaux, soit en intérêts, le paiement de ces dettes en effets d'une valeur inférieure à leur valeur nominale, l'altération des monnaies, les retenues, etc. Je comprends dans la seconde les actes d'autorité contre les hommes qui ont traité avec les gouvernemens, pour leur fournir les objets nécessaires à leurs entreprises militaires ou civiles; les lois ou mesures rétroactives contre les enrichis; les chambres ardentes; l'annulation des contrats, des concessions, des ventes faites par l'état à des particuliers.

Je n'examinerai point maintenant si, comme

quelques écrivains le pensent, l'établissement des dettes publiques est une cause de prospérité; il me suffit que ces dettes soient aujourd'hui une condition inséparable de l'existence de tout grand état. Ceux qui subviennent habituellement aux dépenses nationales par des impôts, sont presque toujours forcés d'anticiper, et leurs anticipations forment une dette : ils sont de plus, à la première circonstance extraordinaire, obligés d'emprunter. Quant à ceux qui ont adopté le système des emprunts préférablement à celui des impôts, et qui n'établissent des contributions que pour faire face aux intérêts de leurs emprunts, (tel est à peu près de nos jours le système de l'Angleterre), une dette publique est inséparable de leur existence. Ainsi, recommander aux états modernes de renoncer aux ressources que le crédit leur offre, serait une vaine tentative.

Or, dès qu'une dette nationale existe, il faut la respecter scrupuleusement. On lui donne de la sorte une stabilité qui l'assimile, autant que le permet sa nature, aux autres genres de propriétés.

La mauvaise foi ne saurait être un remède à rien. L'arbitraire et l'incertitude sont les premières causes de ce qu'on a nommé l'agiotage. Il ne se développe jamais avec plus de force et d'activité que lorsque l'état viole ses engagemens : tous les citoyens sont réduits alors à chercher dans le hasard des spéculations, quelques dédommagemens aux pertes que l'autorité leur fait éprouver.

Toute distinction entre les créanciers, toute inquisition dans les transactions des individus, toute recherche de la route que les effets publics ont suivie, et des mains qu'ils ont traversées jusqu'à leur échéance, est une banqueroute. Un état contracte des dettes et donne en paiement ses effets aux hommes auxquels il doit de l'argent. Ces hommes sont forcés de vendre les effets qu'il leur a donnés. Sous quel prétexte partirait-il de cette vente pour contester la valeur de ces effets ? Plus il contestera leur valeur, plus ils perdront. Il s'appuiera sur cette dépréciation nouvelle pour ne les recevoir qu'à un prix encore plus bas. Cette double progression réagissant sur elle-même réduira bientôt le crédit au néant, et les particuliers à la ruine. Le créancier originaire a pu faire de son titre ce qu'il a voulu. S'il a vendu sa créance, la faute n'en est pas à lui que le besoin y a forcé, mais à l'état, qui ne le payait qu'en effets qu'il s'est vu réduit à vendre. S'il a vendu sa créance à vil prix, la faute n'en est pas à l'acheteur qui l'a acquise avec des chances défavorables : la faute en est encore à l'état, qui a créé ces chances défavorables, car la créance vendue ne serait pas tombée à vil prix si l'état n'avait pas inspiré la défiance (1).

---

(1) Discours au tribunat et au corps législatif, comme orateur du tribunat, au mois de pluviôse an 9.

En établissant qu'un effet baisse de valeur, lorsqu'il passe dans la seconde main à des conditions quelconques que le gouvernement doit ignorer, puisqu'elles sont des stipulations libres et indépendantes, on fait de la circulation, qu'on a regardée toujours comme un moyen de richesse, une cause d'appauvrissement. Comment justifier cette politique, qui refuse à ses créanciers ce qu'elle leur doit et décrédite ce qu'elle leur donne? De quel front les tribunaux condamnent-ils le débiteur, créancier lui-même d'une autorité banqueroutière? Et quoi! traîné dans un cachot, dépouillé de ce qui m'appartenait, parce que je n'ai pu satisfaire aux dettes que j'ai contractées sur la foi publique, je passerai devant la tribune d'où sont émanées les lois spoliatrices; d'un côté siégera le pouvoir qui me dépouille, de l'autre les juges qui me punissent d'avoir été dépouillé!

Tout paiement nominal est une banqueroute. Toute émission d'un papier qui ne peut être à volonté converti en numéraire est, dit un auteur français recommandable, une spoliation. Que ceux qui la commettent soient armés du pouvoir public, cela ne change rien à la nature de l'acte. L'autorité qui paie un citoyen en valeurs supposées, le force à des paiemens semblables. Pour ne pas flétrir ses opérations et les rendre impossibles, elle est obligée de légitimer toutes les opérations pareilles. En créant la né-

cessité pour quelques-uns, elle fournit à tous l'excuse. L'égoïsme bien plus subtil, plus adroit, plus prompt, plus diversifié que l'autorité, s'élance au signal donné. Il déconcerte toutes les précautions par la rapidité, la complication, la variété de ses fraudes. Quand la corruption peut se justifier par la nécessité, elle n'a plus de bornes. Si l'état veut mettre une différence entre ses transactions et les transactions des individus, l'injustice n'en est que plus scandaleuse.

Les créanciers d'une nation ne sont qu'une partie de cette nation. Quand on met des impôts pour acquitter les intérêts de la dette publique, c'est sur la nation entière qu'on la fait peser; car les créanciers de l'état comme contribuables paient leur part de ces impôts. En réduisant la dette, on la rejette sur les créanciers seuls. C'est donc conclure de ce qu'un poids est trop fort pour être supporté par tout un peuple, qu'il sera supporté plus facilement par le quart ou par le huitième de ce peuple.

Toute réduction forcée est une banqueroute. On a traité avec des individus d'après des conditions que l'on a librement offertes; ils ont rempli ces conditions, ils ont livré leurs capitaux, ils les ont retirés des branches d'industrie qui leur promettaient des bénéfices : on leur doit tout ce qu'on leur a promis; l'accomplissement de ces promesses est l'indemnité légitime des sa-

crifices qu'ils ont faits, des risques qu'ils ont cou-
rus. Que si un ministre regrette d'avoir proposé
des conditions onéreuses, la faute en est à lui,
et nullement à ceux qui n'ont fait que les ac-
cepter. La faute en est doublement à lui ; car ce
qui a surtout rendu ses conditions onéreuses, ce
sont ses infidélités antérieures ; s'il avait inspiré
une confiance entière, il aurait obtenu de meil-
leures conditions.

Si l'on réduit la dette d'un quart, qui empêche
de la réduire d'un tiers, des neuf dixièmes ou de
la totalité ? Quelle garantie peut-on donner à ses
créanciers ou se donner à soi-même ? Le premier pas en tout genre rend le second plus facile. Si des principes sévères avaient astreint
l'autorité à l'accomplissement de ses promesses,
elle aurait cherché des ressources dans l'ordre
et l'économie. Mais elle a essayé celles de la
fraude, elle a admis qu'elles étaient à son usage :
elles la dispensent de tout travail, de toute privation, de tout effort. Elle y reviendra sans
cesse, car elle n'a plus pour se retenir la conscience de l'intégrité.

Tel est l'aveuglement qui suit l'abandon de
la justice, qu'on a quelquefois imaginé qu'en
réduisant les dettes par un acte d'autorité, on
ranimerait le crédit qui semblait déchoir. On
est parti d'un principe qu'on avait mal compris
et qu'on a mal appliqué. L'on a pensé que moins
on devrait, plus on inspirerait de confiance ;

parce qu'on serait plus en état de payer ses
dettes ; mais on a confondu l'effet d'une libéra-
tion légitime et celui d'une banqueroute. Il ne
suffit pas qu'un débiteur puisse satisfaire à ses engagemens, il faut encore qu'il le veuille, ou qu'on
ait les moyens de l'y forcer. Or, un gouvernement qui profite de son autorité pour annuler
une partie de sa dette, prouve qu'il n'a pas la
volonté de payer. Ses créanciers n'ont pas la faculté de l'y contraindre : qu'importent donc ses
ressources ?

Il n'en est pas d'une dette publique comme
des denrées de première nécessité ; moins il y
a de ces denrées, plus elles ont de valeur. C'est
qu'elles ont une valeur intrinsèque, et que leur
valeur relative s'accroît par leur rareté. La valeur d'une dette au contraire ne dépend que
de la fidélité du débiteur. Ebranlez la fidélité,
la valeur est détruite. L'on a beau réduire la
dette à la moitié, au quart, au huitième, ce
qui reste de cette dette n'en est que plus décré-
dité. Personne n'a besoin ni envie d'une dette
que l'on ne paie pas. Quand il s'agit des particuliers, la puissance de remplir leurs engagemens est la condition principale, parce que la
loi est plus forte qu'eux. Mais quand il est question des gouvernemens, la condition principale
est la volonté.

Il est un autre genre de banqueroutes sur
lequel plusieurs gouvernemens semblent se faire

encore moins de scrupules. Engagés, soit par ambition, soit par prudence, soit aussi par nécessité dans des entreprises dispendieuses, ils contractent avec des commerçans pour les objets nécessaires à ces entreprises. Leurs traités sont désavantageux, cela doit être ; les intérêts d'un gouvernement ne peuvent jamais être défendus avec autant de zèle que les intérêts des particuliers ; c'est la destinée commune à toutes les transactions sur lesquelles les parties ne peuvent pas veiller elles-mêmes, et c'est une destinée inévitable. Alors l'autorité prend en haine des hommes qui n'ont fait que profiter du bénéfice inhérent à leur situation ; elle encourage contre eux les déclamations et les calomnies ; elle annule ses marchés, elle retarde ou refuse les paiemens qu'elle a promis ; elle prend des mesures générales qui, pour atteindre quelques suspects, enveloppent sans examen toute une classe. Pour pallier cette iniquité, l'on a soin de représenter ces mesures comme frappant exclusivement ceux qui sont à la tête des entreprises dont on leur enlève le salaire ; on excite contre quelques noms odieux ou flétris l'animadversion du peuple ; mais les hommes que l'on dépouille, ne sont pas isolés ; ils n'ont pas tout fait par eux-mêmes ; ils ont employé des artisans, des manufacturiers qui leur ont fourni des valeurs réelles. C'est sur ces derniers que retombe la spoliation que l'on semble n'exercer que contre les autres, et ce même peuple qui, toujours crédule, applaudit à la destruction de quelques fortunes, dont l'énormité prétendue l'irrite, ne calcule pas que toutes ces fortunes, reposant sur des travaux dont il avait été l'instrument, tendaient à refluer jusqu'à lui, tandis que leur destruction lui dérobe à lui-même le prix de ses propres travaux.

Les gouvernemens ont toujours un besoin plus ou moins grand d'hommes qui traitent avec eux. Un gouvernement ne peut acheter au comptant comme un particulier : il faut ou qu'il paie d'avance, ce qui est impraticable, ou qu'on lui fournisse à crédit les objets dont il a besoin. S'il maltraite et avilit ceux qui les lui livrent, qu'arrive-t-il ? Les hommes honnêtes se retirent, ne voulant pas faire un métier honteux ; les hommes dégradés se présentent seuls ; ils évaluent le prix de leur honte, et, prévoyant de plus qu'on les paiera mal, ils se paient par leurs propres mains. Un gouvernement est trop lent, trop entravé, trop embarrassé dans ses mouvemens, pour suivre les calculs déliés et les manœuvres rapides de l'intérêt individuel. Quand il veut lutter de corruption avec les particuliers, celle de ces derniers est toujours la plus habile. La seule politique de la force, c'est la loyauté.

Le premier effet d'une défaveur jetée sur un genre de commerce, c'est d'en écarter tous les commerçans que l'avidité ne séduit pas. Le pre-

mier effet d'un système arbitraire, c'est d'inspirer à tous les hommes intègres le désir de ne
pas rencontrer cet arbitraire, et d'éviter les transactions qui pourraient les mettre en rapport avec
cette terrible puissance (1).

Les économies fondées sur la violation de la
foi publique, ont trouvé dans tous les pays leur
châtiment infaillible dans les transactions qui
les ont suivies. L'intérêt de l'iniquité, malgré
ses réductions arbitraires et ses lois violentes,
s'est payé toujours au centuple de ce qu'aurait
coûté la fidélité.

J'aurais dû, peut-être, mettre au nombre des
atteintes portées à la propriété, l'établissement
de tout impôt inutile ou excessif. Tout ce qui
excède les besoins réels, dit un écrivain dont on
ne contestera pas l'autorité sur cette matière (2),
cesse d'être légitime. Il n'y a d'autre différence
entre les usurpations particulières et celle de
l'autorité, sinon que l'injustice des unes tient à
des idées simples, et que chacun peut aisément
concevoir, tandis que les autres étant liées à des
combinaisons compliquées, personne ne peut
en juger autrement que par conjecture.

Tout impôt inutile est une atteinte contre la
propriété, d'autant plus odieuse, qu'elle s'exé-

---

(1) *Voy.* sur les résultats des révocations et annulations des traités, l'ex-
cellent ouvrage sur le revenu public, par M. Ganilh. I. 303.

(2) Administration des finances. I. 2.

cuté avec toute la solennité de la loi; d'autant plus révoltante que c'est le riche qui l'exerce contre le pauvre, l'autorité en armes contre l'individu désarmé.

Tout impôt, de quelque espèce qu'il soit, a toujours une influence plus ou moins fâcheuse (1): c'est un mal nécessaire; mais, comme tous les maux nécessaires, il faut le rendre le moins grand qu'il est possible. Plus on laisse de moyens à la disposition de l'industrie des particuliers, plus un état prospère. L'impôt, par cela seul qu'il enlève une portion quelconque de ces moyens à cette industrie, est infailliblement nuisible.

Rousseau, qui en finances n'avait aucune lumière, a répété, avec beaucoup d'autres, que dans les pays monarchiques il fallait consommer par le luxe du prince l'excès du superflu des sujets, parce qu'il valait mieux que cet excédant fût absorbé par le gouvernement que dissipé par les particuliers (2). On reconnaît dans cette doctrine un mélange absurde de préjugés monarchiques et d'idées républicaines. Le luxe du prince, loin de décourager celui des individus, lui sert d'encouragement et d'exemples. Il ne faut pas croire qu'en les dépouillant il les ré-

---

(1) *Voy*. Smith, liv. V, pour l'application de cette vérité générale à chaque impôt en particulier.

(2) Contrat social, liv. III.

forme. Il peut les précipiter dans la misère, mais il ne peut les retenir dans la simplicité; seulement la misère des uns se combine avec le luxe des autres, et c'est de toutes les combinaisons la plus déplorable.

L'excès des impôts conduit à la subversion de la justice, à la détérioration de la morale, à la destruction de la liberté individuelle. Ni l'autorité qui enlève aux classes laborieuses leur subsistance péniblement acquise, ni ces classes opprimées qui voient cette subsistance arrachée de leurs mains pour enrichir des maîtres avides, ne peuvent, dans cette lutte de la faiblesse contre la violence, de la pauvreté contre l'avarice, du dénûment contre la spoliation, rester fidèles aux lois de l'équité.

Et l'on se tromperait en supposant que l'inconvénient des impôts excessifs se borne à la misère et à la privation du peuple. Il en résulte un autre mal non moins grand, que l'on ne paraît pas jusqu'à présent avoir suffisamment remarqué.

La possession d'une très-grande fortune inspire même aux particuliers des désirs, des caprices, des fantaisies désordonnées qu'ils n'auraient pas conçues dans une situation plus restreinte. Il en est de même des hommes en pouvoir. Ce qui a suggéré aux ministères anglais, depuis cinquante ans, des prétentions si exagérées et si insolentes, c'est la trop grande facilité qu'ils ont trouvée à se procurer d'immenses trésors par des taxes énormes. Le superflu de l'opulence enivre comme le superflu de la force, parce que l'opulence est une force, et de toutes, la plus réelle; de là des plans, des ambitions, des projets, qu'un ministère qui n'aurait possédé que le nécessaire n'eût jamais formés. Ainsi, le peuple n'est pas misérable seulement parce qu'il paie au-delà de ses moyens, mais il est misérable encore par l'usage que l'on fait de ce qu'il paie. Ses sacrifices tournent contre lui; il ne paie plus des impôts pour avoir la paix assurée par un bon système de défense : il en paie pour avoir la guerre, parce que l'autorité, fière de ses trésors, veut les dépenser glorieusement. Le peuple paie, non pour que le bon ordre soit maintenu dans l'intérieur, mais pour que des favoris enrichis de ses dépouilles troublent au contraire l'ordre public par des vexations impunies. De la sorte, une nation achète par ses privations les malheurs et les dangers ; et, dans cet état de choses, le gouvernement se corrompt par sa richesse, et le peuple par sa pauvreté.

CHAPITRE XXVI.

DE LA SUSPENSION ET DE LA VIOLATION DES CONSTITUTIONS.

« Les pouvoirs constitutionnels n'existant que
» par la constitution, ne peuvent la suspendre. »
Un homme qui n'aurait jamais ouï parler de
constitution et qui se ferait expliquer ce que cette
expression signifie, ne concevrait probablement
pas la nécessité de cet article. Il y a des vérités
tellement évidentes qu'elles semblent n'avoir nul
besoin d'être fortifiées par des déclarations ex-
presses ; malheureusement l'expérience nous
apprend que l'évidence n'est pas toujours une
garantie.

Durant le cours de notre révolution, nos gouvernemens ont fréquemment prétendu qu'ils
avaient le droit de violer la constitution pour
la sauver. Le dépôt constitutionnel, ont-ils dit,
nous est confié ; notre devoir est de prévenir
toutes les atteintes qui pourraient lui être portées : et, comme le prétexte de prévenir quoi

que ce soit permet tout, nos autorités, dans
leur prévoyance préservatrice, démélant toujours, au fond de toutes les réclamations et de
toutes les résistances, de secrets desseins et des
intentions perfides, ont généreusement pris sur
elles de faire un mal certain pour éviter un mal
présumé.

Je ne parle pas ici des lois d'exception partielles, contre lesquelles je me suis élevé plus
d'une fois dans cet ouvrage; je parle des mesures
plus générales que les lois d'exception ont à la
vérité l'inconvénient d'entraîner à leur suite,
parce qu'en rendant les constitutions qu'elles
mutilent des objets de mépris et de dérision pour
le peuple, elles amènent des momens de crise,
où les gouvernemens ne savent plus comment
administrer avec la constitution; alors ces gouvernemens s'écrient que les constitutions, qui
sont le boulevart des états, ne doivent pas servir
de refuge aux ennemis de l'état; qu'une constitution est une citadelle, et que lorsqu'une citadelle est bloquée, la garnison peut en sortir pour
disperser les assiégeans qui la bloquent.

C'est ainsi que le directoire, après avoir commencé par la loi d'exception du 3 brumaire, a
été conduit jusqu'au 18 fructidor. C'est ainsi
que Bonaparte, après avoir commencé par la
mesure d'exception qui éliminait le tribunat, a
fini par l'empire : et déjà, sous le règne de la
charte, on a insinué que son 14ᵉ article donnait

au gouvernement le droit de tout faire. Cette logique ressemble assez à celle du berger dans l'*Avocat Patelin*. Mais, comme ici le ridicule est sans préjudice de l'odieux, il est bon de réfuter sérieusement ce système.

Un gouvernement constitutionnel cesse de droit d'exister aussitôt que la constitution n'existe plus, et une constitution n'existe plus dès qu'elle est violée : le gouvernement qui la viole déchire son titre : à dater de cet instant même, il peut bien subsister par la force, mais il ne subsiste plus par la constitution.

Eh quoi ! répondent ceux qui détruisent les constitutions pour les préserver d'être détruites par d'autres, faut-il les livrer sans défense à leurs ennemis ? faut-il permettre que ces ennemis s'en servent comme d'une arme ?

Je demande d'abord si, lorsqu'on viole la constitution, c'est bien réellement la constitution que l'on conserve : je réponds que non ; ce que l'on conserve, c'est le pouvoir de quelques hommes qui règnent au nom d'une constitution qu'ils ont anéantie. Remarquez-le bien, étudiez les faits, vous verrez que toutes les fois que des constitutions ont été violées, ce ne sont pas les constitutions, mais les gouvernemens que l'on a sauvés.

Soit, me dira-t-on : mais n'est-ce pas un bien que de sauver le gouvernement ? le gouvernement n'est-il pas de première nécessité parmi les

hommes ? et si une constitution est devenue inexé-
cutable, soit par ses défauts intrinsèques, soit
par un enchaînement malheureux de circonstances, n'est-il pas salutaire qu'au moins le
gouvernement soit en sûreté ?

S'il était prouvé que, par des mesures pareilles, le gouvernement fût en sûreté, j'hésite-
rais peut-être dans ma réponse.

Je suis enclin moins que personne à désirer
le bouleversement des formes établies : j'aime
presque toujours mieux ce qui existe que ce qui
viendrait, parce qu'il y a presque toujours dans
ce qui existe des garanties pour la liberté et pour
le repos ; mais, précisément parce que je désire
le maintien de ces formes comme garantie du
repos et de la liberté, je ne puis consentir à ce
que, sous prétexte de les conserver, on prenne
des moyens qui détruisent l'une et troublent
l'autre ; je n'y puis consentir, parce qu'on marche contre le but qu'on allègue, qu'on sacrifie
le fond sans sauver les formes. Car, il ne faut
pas s'y tromper, lorsqu'un gouvernement n'a
de ressource, pour prolonger sa durée, que dans
les mesures illégales, ces mesures ne retardent
sa perte que peu d'instans, et le renversement
qu'il voulait prévenir s'opère ensuite avec plus
de malheurs et de honte.

L'on est convenu d'admirer de siècle en siècle
certains exemples d'une rapidité extra-constitu-
tionnelle, extra-judiciaire, qui, dit-on, sauve

les états en ne laissant pas aux séditieux le temps
de se reconnaître; et, lorsqu'on raconte ces attentats politiques, on les considère isolément,
comme si les faits qui les ont suivis ne faisaient
pas partie de leurs conséquences.

Les Gracques, s'écrie-t-on, mettaient en danger la république romaine; toutes les formes
étaient impuissantes; le sénat invoqua deux fois
la terrible loi de la nécessité, et la république
fut sauvée. La république fut sauvée, c'est-à-
dire que de cette époque il faut dater sa chute;
tous les droits furent méconnus, toute constitution renversée : le peuple n'avait demandé que
l'égalité : il jura la vengeance; Marius vint accomplir ce serment.

Les complices de Catilina étaient dans les fers,
l'on craignait que d'autres complices ne les délivrassent : Cicéron les fit mettre à mort sans jugement, et l'on exalte encore la prudence de
Cicéron. Les fruits de sa prudence et de ses mesures rapides et illégales ne furent pas au moins
d'une durée longue. César réunit autour de lui
les partisans de Catilina, et Rome périt avant le
consul qui croyait l'avoir sauvée (1).

_____

(1) Il est curieux de remarquer combien les mesures de ce genre paraissent odieuses à ceux mêmes qui s'en servent, quand ce sont d'autres qui les
emploient pour d'autres causes. *Lucius Flaccus interrex*, dit Cicéron
lui-même, *de Sullâ legem tulit, ut omnia, quæcumque ille fecerit, essent rata.... nihilò credo magis, illa justa esse, ut dictator quem vellet
civium, indictâ causâ, impunè posset occidere*. Et les complices de Catilina n'avaient-ils pas été mis à mort, *indictâ causâ*? Un écrivain mo-

L'ambition des Guises agitait le règne de Henri III. Il semblait impossible de juger les Guises ; Henri III recourut au meurtre : son règne en devint-il plus tranquille ? Vingt années

---

derne, dont on recommande les ouvrages, qu'il est plus facile en effet de louer que de lire, nous offre un exemple plus récent de cette double manière de raisonner. « Les Gracques voulaient une révolution, dit l'auteur de l'*Esprit de l'Histoire*, tome I, page 262, ce que personne n'a le droit de vouloir, ce qui, dans un état constitué, est un arrêt de mort ; le leur était prononcé par la loi, par le bien, par l'ordre public. Il ne fût pas exécuté par des moyens légaux, parce qu'eux-mêmes avaient rendu ces moyens impossibles, parce qu'en troublant la société, ils s'étaient mis en état de guerre. Vous trouverez quelques écrivains qui ont reproché au sénat la mort des Gracques comme ils ont reproché à Cicéron la mort des conjurés de Catilina, à Henri III celle des Guises. Dans la circonstance où ces événemens ont eu lieu, ils dérivaient du droit de sûreté qui, étant celui de tout individu, est, à plus forte raison, celui de toute société. Un souverain, un état quelconque fait une faute sans doute, lorsqu'il se laisse réduire à cette nécessité par des mouvemens qu'il eût pu arrêter ; mais il en fait une bien plus grande, si, appliquant encore les principes de la société à ce qui les renverse, il n'exécute pas la première des lois, *salus populi*. Lorsqu'il n'y a qu'un moyen de sauver l'état, la première de toutes les lois est de l'employer. » Voilà les principes de l'auteur, quand il s'agit des hommes qui veulent ou qui sont soupçonnés de vouloir ébranler l'aristocratie ou la royauté, parce que ce sont les gouvernemens que l'auteur préfère : mais est-il question des gouvernemens populaires, la thèse est différente. « Les lois de proscription, dit-il alors, n'ont jamais sauvé le peuple. » Mais une condamnation à mort sans jugement n'est-elle pas une loi de proscription ? « Tout homme vivant dans une société a acquis trois droits que personne ne peut lui ôter, et qu'il ne peut perdre que par sa faute ou par sa propre volonté : ces droits sont sa liberté personnelle, sa propriété, sa vie. » (*ibid.*, p. 307 et suiv.) Mais si vous condamnez un homme sans jugement et sans formes, comment savez-vous s'il a *mérité par sa faute* de perdre les droits que vous déclarez devoir être respectés en lui tant qu'il ne mérite pas de les perdre ? « Ce n'est pas à force d'injustices qu'on peut réorganiser un état. » Mais n'y a-t-il pas injustice légale dans toute mesure illégale ? et quand vous supprimez les formes, comment savez-vous qu'il n'y a pas aussi injustice pour le fond ? fauteurs de l'arbitraire, vous n'y voyez jamais qu'une arme et ne songez qu'à vous en servir.

de guerres civiles agitèrent l'empire français, et peut-être le bon Henri IV porta-t-il, vingt ans plus tard, la peine du dernier Valois.

Dans les crises de cette nature, les coupables que l'on immole ne sont jamais qu'en petit nombre. D'autres se taisent, se cachent, attendent ; ils profitent de l'indignation que la violence a refoulée dans les ames ; ils profitent de la consternation que l'apparence de l'injustice répand dans l'esprit des hommes scrupuleux. Le pouvoir, en s'affranchissant des lois, a perdu son caractère distinctif et sa plus heureuse prééminence. Lorsque les factieux l'attaquent avec des armes pareilles aux siennes, la foule des citoyens peut être partagée, car il lui paraît qu'elle n'a que le choix entre deux factions.

Quand les ennemis présumés de l'état ne peuvent être jugés sans qu'il soit à craindre que le peuple ne les délivre, cette disposition du peuple est telle que les coups d'état les plus violens deviennent inutiles. Un peuple ainsi disposé ne manquera jamais de chefs.

Sans doute il y a, pour les sociétés politiques, des momens de danger que toute la prudence humaine a peine à conjurer ; mais il est des actions que l'amour de la vie ne légitime pas dans les individus : il en est de même pour les gouvernemens ; et si l'on veut prendre conseil de l'expérience et de l'histoire de tous les

peuples, on cessera de qualifier cette règle de
morale niaise. Si la chute est inévitable, pourquoi joindre au malheur certain le crime inutile?
Si le péril peut se conjurer, ce ne sera point par
la violence, par la suppression de la justice,
mais en adhérant plus scrupuleusement que jamais aux lois établies, aux formes tutélaires,
aux garanties préservatrices.

Deux avantages résulteront de cette coura-
geuse persistance dans ce qui est juste et légal.
Les gouvernemens laisseront à leurs ennemis l'o-
dieux de la violation des lois les plus saintes; et
de plus, ils obtiendront, par le calme et par la
sécurité dont leurs actes seront empreints, la
confiance de cette masse timide qui resterait au
moins indécise, si des mesures extraordinaires
prouvaient, dans les dépositaires de l'autorité, le
sentiment d'un péril pressant.

Les annales de l'Arabie nous racontent qu'un
calife, attaqué d'une maladie incurable, se laissa
persuader par un giaour, que les entrailles pal-
pitantes d'enfans égorgés soulageraient ses maux.
Beaucoup d'innocens périrent : le calife ne gué-
rit point; il ne vécut pas un jour de plus. Une
horreur éternelle entoure sa mémoire. Soyez
justes, dirai-je toujours aux dépositaires de l'autorité; car si l'existence de votre pouvoir n'est
pas compatible avec la justice, votre pouvoir
ne vaut pas la peine d'être conservé. Soyez jus-

tes; car si vous ne pouvez pas exister en étant justes, avec l'injustice même vous n'existerez pas long-temps.

Ceci ne s'applique, j'en conviens, qu'aux gouvernemens, soit républicains, soit monarchiques, qui prétendent reposer sur des principes raisonnables, et se décorer des apparences de la modération. Un despotisme comme celui de Constantinople peut gagner à la violation des formes. Son existence même en est la violation permanente. Il est forcé perpétuellement de tomber à coups de hache sur l'innocent et sur le coupable : il se condamne à trembler devant ses complices qu'il enrégimente, qu'il flatte et qu'il enrichit. Il vit de coups d'état jusqu'à ce qu'un coup d'état le fasse périr lui-même de la main de ses suppôts. Mais tout gouvernement modéré, tout gouvernement qui s'appuie sur la régularité et sur la justice, se perd par toute interruption de la justice, par toute déviation de la régularité. Comme il est dans sa nature de s'adoucir tôt ou tard, ses ennemis attendent cette époque pour se prévaloir des souvenirs armés contre lui. La violence a paru le sauver un instant, mais elle a rendu sa chute plus inévitable; car elle a généralisé la haine que ses adversaires lui portaient.

Même, en mettant à part la moralité, il faudrait y penser encore sérieusement avant d'entrer dans la route de la tyrannie. Un moment de faiblesse ou de pitié, ou d'incertitude, ou de remords, et tout est perdu.

Durant notre longue et triste révolution, beaucoup d'hommes s'obstinaient à ne voir la cause des événemens du jour que dans les actes de la veille. Lorsque la violence, après avoir produit une stupeur momentanée, était suivie d'une réaction qui en détruisait l'effet, ils attribuaient cette réaction à trop de parcimonie dans les proscriptions ou au relâchement de l'autorité (1). Mais il est dans la nature des décrets iniques de tomber en désuétude; il est dans la nature de l'autorité de s'adoucir même à son insu. Les précautions devenues odieuses se négligent; l'opinion pèse malgré son silence; la puissance fléchit : mais, comme elle fléchit de faiblesse, elle ne se concilie pas les cœurs. Les trames se renouent, les haines se développent. Les innocens, frappés par l'arbitraire, reparaissent plus forts. Les coupables qu'on a condamnés sans les entendre semblent innocens, et le mal qu'on a retardé de quelques heures, revient plus terrible, aggravé du mal qu'on a fait.

---

(1) Les auteurs des dragonnades faisaient le même raisonnement sous Louis XIV. « Lors de l'insurrection des Cévennes, dit M. de Rhulières, *Éclaircissemens sur la révocation de l'édit de Nantes*, II, 278, le parti qui avait sollicité la persécution des religionnaires prétendait que la révolte des camisards n'avait pour cause que le relâchement des mesures de rigueur; si l'oppression avait continué, disaient-ils, il n'y aurait point eu de soulèvement; si l'oppression n'avait point commencé, disaient ceux qui s'étaient opposés à ces violences, il n'y aurait point eu de mécontens. »

Il n'y a point d'excuse pour des moyens qui servent également à toutes les intentions et à tous les buts, et qui, invoqués par les hommes honnêtes contre les brigands, se retrouvent dans la bouche des brigands avec l'autorité des hommes honnêtes, avec la même apologie de la nécessité, avec le même prétexte du salut public. La loi de Valérius Publicola, qui permettait de tuer sans formalité quiconque aspirait à la tyrannie, servait alternativement les fureurs aristocratiques et populaires, et perdit la république romaine.

Que reste-t-il après une constitution violée? La sécurité, la confiance sont détruites. Les gouvernans ont le sentiment de l'usurpation; les gouvernés ont la conviction qu'ils sont à la merci d'un pouvoir qui s'est affranchi des lois. Toute protestation de respect pour la constitution paraît, dans les uns, une dérision; tout appel à cette constitution paraît, dans les autres, une hostilité. En vain ceux qui, dans leur zèle imprévoyant, ont concouru à ce mouvement désordonné, veulent-ils l'arrêter dans ses déplorables conséquences; ils ne trouvent plus de point d'appui; ce remède est hors de la portée des hommes; la digue est rompue; l'arbitraire est déchaîné. En admettant les intentions les p us pures, tous les efforts seront infructueux. Les dépositaires de l'autorité savent qu'ils ont préparé un glaive qui n'attend qu'un bras assez fort pour le diriger contre eux. Le peuple oublierait peut-être que le gouvernement s'est établi sur la violation des règles qui le rendaient légitime; mais le gouvernement ne l'oublie pas : il y pense, et pour regarder toujours comme en péril un pouvoir devenu coupable, et pour avoir sans cesse en arrière-pensée la possibilité d'un coup d'état pareil au premier; il suit avec effort, en aveugle, au jour le jour, une route sillonnée par l'injustice; il ne dépend pas de lui d'en suivre une meilleure. Il subit la destinée de tout gouvernement sorti de ses bornes.

Et qu'on n'espère pas rentrer dans une constitution après l'avoir violée.

Toute constitution qui a été violée est prouvée mauvaise. Car, de trois choses, une est démontrée : ou il était impossible aux pouvoirs constitutionnels de gouverner avec la constitution, ou il n'y avait pas dans tous ces pouvoirs un intérêt égal à maintenir cette constitution; ou, enfin, il n'existait pas dans les pouvoirs opposés au pouvoir usurpateur des moyens suffisans de la défendre. Mais, lors même qu'on supposerait que cette constitution eût été bonne, sa puissance est détruite sur l'esprit des peuples; elle a perdu tout ce qui la rendait respectable, tout ce qui formait son culte, par cela seul qu'on a porté atteinte à sa légalité.

J'aime à m'étendre sur ce sujet, et à le présenter sous toutes ses faces, parce qu'il est bon

que les écrivains réparent le mal que des écrivains ont fait. La manie de la plupart des hommes, c'est de se prétendre au-dessus de ce qu'ils
sont. La manie des écrivains, c'est de se prétendre des hommes d'état. En conséquence, ils racontent presque tous avec respect, ils décrivent
avec complaisance tous les grands développemens de force, tous les recours aux mesures illégales, dans les circonstances périlleuses ; ils
réchauffent leur vie spéculative de toutes les démonstrations de puissance dont ils décorent leurs
phrases ; ils cherchent à mettre dans leur style
la rapidité qu'ils recommandent ; ils lancent de
tous côtés l'arbitraire ; ils se croient pour un
moment revêtus du pouvoir, parce qu'ils en prê-
chent l'abus ; ils se donnent ainsi quelque chose
du plaisir de l'autorité : ils répètent à tue-tête
les grands mots de salut du peuple, de loi suprême, d'intérêt public ; ils sont en admiration
de leur profondeur, et s'émerveillent de leur
énergie. Pauvres imbéciles ! ils parlent à des
hommes qui ne demandent pas mieux que de
les écouter, et qui, à la première occasion, feront sur eux-mêmes l'expérience de leur théorie.

Cette vanité, qui a faussé le jugement de tant
d'écrivains, a eu plus d'inconvéniens qu'on ne
pense, pendant nos dissensions civiles. Tous les
esprits médiocres, conquérans passagers d'une
portion de l'autorité, étaient remplis de toutes
ces maximes, d'autant plus agréables à la sot-

tise, qu'elles lui servent à trancher les nœuds qu'elles ne peut délier. Ils ne rêvaient que mesures de salut public, grandes mesures, coups d'état. Ils se croyaient des génies extraordinaires, parce qu'ils s'écartaient à chaque instant des moyens ordinaires. Ils se proclamaient des têtes vastes, parce que la justice leur paraissait une chose étroite. A chaque crime politique qu'ils commettaient, on les entendait s'écrier : Nous avons encore une fois sauvé la patrie. Certes, nous devons en être suffisamment convaincus; c'est une patrie bientôt perdue, qu'une patrie sauvée ainsi chaque jour (1).

---

(1) *De l'esprit de conquête*, p. 168 et 175.

CHAPITRE XXVII.

—

DE L'EXIL.

Je ne sépare point, dans mes réflexions, les exils d'avec les arrestations et les emprisonne-mens arbitraires. Car c'est à tort que l'on considère l'exil comme une peine plus douce. Nous sommes trompés par les traditions de l'ancienne monarchie. L'exil de quelques hommes distingués nous fait illusion. Notre mémoire nous retrace M. de Choiseul environné des hommages d'amis généreux, et l'exil nous semble une pompe triomphale. Mais descendons dans des rangs plus obscurs, et transportons-nous à d'autres époques. Nous verrons, dans ces rangs obscurs, l'exil arrachant le père à ses enfans, l'époux à sa femme, le commerçant à ses entreprises, forçant les parens à interrompre l'éducation de leur famille ou à la confier à des mains mercenaires, séparant les amis de leurs amis, troublant

le vieillard dans ses habitudes, l'homme indus-
trieux dans ses spéculations, le talent dans ses
travaux. Nous verrons l'exil uni à la pauvreté,
le dénument poursuivant la victime sur une
terre inconnue, les premiers besoins difficiles à
satisfaire, les moindres jouissances impossibles.
Nous verrons l'exil uni à la défaveur, entou-
rant ceux qu'il frappe de soupçons et de défian-
ces, les précipitant dans une atmosphère de
proscription, les livrant tour à tour à la froi-
deur du premier étranger, à l'insolence du dernier agent. Nous verrons l'exil glaçant toutes les
affections dans leur source, la fatigue enlevant
à l'exilé l'ami qui le suivait, l'oubli lui disputant
les autres amis dont le souvenir représentait à
ses yeux sa patrie absente, l'égoïsme adoptant les
accusations pour apologies de l'indifférence, et
le proscrit délaissé s'efforçant en vain de retenir,
au fond de son ame solitaire, quelque imparfait
vestige de sa vie passée : et le pouvoir d'infliger
un tel supplice, sans examen judiciaire, sans
preuves publiques, sans jugement légal, serait
confié à l'autorité, c'est-à-dire aux agens innombrables assez adroits pour surprendre ses arrêts!
et l'on assimilerait le droit d'exil à celui de grace,
l'affreux privilége de faire le mal à l'auguste
prérogative de faire le bien! parce que le roi
peut être le sauveur d'un criminel excusable,
on en ferait le fléau de l'innocent! Le visage du
roi, dit un publiciste anglais, doit porter dans

l'âme de tous ses sujets la sécurité et la joie! Et ce serait au nom du roi qu'on lancerait sur les citoyens des rigueurs illégales et par conséquent injustes! Toutes les constitutions de la terre, écrites ou non écrites, ont voulu que le monarque fût plus clément que la loi, pour faire d'autant plus chérir sa puissance : et l'on rendrait cette puissance un instrument de désolation, d'arbitraire et de terreur (1)!

Que nous importe que de petites républiques de la Grèce, dans leur envieuse démocratie, aient consacré l'ostracisme, cette grande iniquité populaire! Les exemples de l'antiquité si différente de nos temps modernes, peuvent-ils aujourd'hui motiver des proscriptions, et recueillerons-nous les injustices de tous les siècles pour les fondre ensemble et les imiter (2)?

---

(1) Je suis loin d'inculper les intentions de plusieurs de ceux qui pensent qu'on pourrait sans danger attribuer au gouvernement une action plus ou moins arbitraire sur la liberté individuelle. Je connais parmi eux des hommes que j'aime, que j'estime, et qui réunissent à beaucoup de lumières un caractère très-noble; mais leur opinion sur ce point me paraît fausse. Je ne suis point rassuré par les palliatifs qu'ils proposent, et l'assentiment que leur système rencontre dans un parti qui ne veut ni constitution, ni liberté, doit, j'ose l'affirmer, leur être plus pénible que la réfutation que je me suis permise contre eux.

(2) En combattant ici l'idée de rétablir sous un autre nom les lettres de cachet, qui, après avoir fait le malheur des individus, ont causé la perte de la monarchie, je me trouve d'accord avec nos lois les plus positives et les plus formelles. D'après le texte clair et précis des articles 44, 46, 47, 48, 49 et 50 du Code pénal, nulle autorité n'a le droit d'exiler un citoyen, ou de l'éloigner de son domicile. Je rapporte ces articles en entier

pour que l'évidence de mon assertion résulte de leur ensemble. Art. 11. « Le renvoi sous la surveillance spéciale de la haute police, l'amende, etc., » sont des *peines* communes aux matières criminelles et correctionnelles. » Art. 44. « L'effet du renvoi sous la surveillance de la haute police de l'état » sera de donner au gouvernement ainsi qu'à la partie intéressée, le droit » d'exiger, soit de l'individu placé dans cet état, *après qu'il aura subi sa* » *peine*, soit de ses père et mère, tuteur ou curateur, s'il est en âge de » minorité, une caution solvable de bonne conduite, jusqu'à la somme qui » sera fixée par l'arrêt ou le jugement. *Toute personne pourra être admise* » *à fournir caution. Faute de fournir ce cautionnment*, le condamné » demeure à la disposition du gouvernement, qui a le droit d'ordonner, » soit l'éloignement de l'individu d'un certain lieu, soit sa résidence con- » tinue dans un lieu déterminé de l'un des départemens de l'empire. » Art. 47. « Les coupables *condamnés* aux travaux forcés à temps et à la ré- » clusion, seront de plein droit, *après qu'ils auront subi leurs peines*, » et pendant toute leur vie, sous la surveillance de la haute police de l'état. » Art. 48. « Les coupables *condamnés* au bannissement seront de plein » droit sous la même surveillance, pendant un temps égal à la durée de la » *peine* qu'ils auront subie. » Art. 49. « Devront être renvoyés sous la » même surveillance, ceux qui auront été *condamnés* pour crimes ou dé- » lits qui intéressent la sûreté intérieure ou extérieure de l'état. » Art. 50. « *Hors les cas déterminés par les articles précédens*, les condamnés ne » seront placés sous la surveillance de la haute police de l'état, que *dans* » *les cas* où une disposition particulière *de la loi* l'aura permis. »

On voit donc, 1° que la faculté attribuée au gouvernement d'ordonner, soit l'éloignement d'un individu de tel ou tel lieu, soit sa résidence dans un lieu déterminé, n'est jamais que l'effet du renvoi sous la surveillance de la haute police; 2° que ce renvoi lui-même ne donne cette faculté au gouvernement, que faute d'une caution que l'individu est toujours admis à four- nir, et par conséquent que le gouvernement ne peut refuser; 3° que ce renvoi n'est jamais que la suite d'une *peine prononcée par un jugement légal;* 4° qu'il n'est jamais prononcé que contre des *condamnés;* 5° que, *hors des cas déterminés* par ce chapitre du Code, nul ne peut être placé sous la surveillance de la haute police, ni par conséquent soumis à ce que le gouvernement lui ordonne de s'éloigner de tel lieu, ou de résider dans tel autre, que *dans le cas où une disposition particulière de la loi* l'au- rait permis. Loin qu'il y ait une exception pour les délits qui intéressent la sûreté de l'état, les personnes accusées de ces délits ne peuvent, non plus que les autres, être mises sous la surveillance de la haute police, qu'après avoir été jugées, puisqu'il est dit que cette surveillance les atteindra, après qu'elles auront été condamnées.

Ainsi donc, toutes les fois que, durant l'empire, l'autorité s'arrogeait l droit d'éloigner un individu de la résidence de son choix, ou de lui en désigner une contre son choix, si cet individu, 1° n'avait pas été condamné à une peine qui impliquât, d'après la disposition formelle de la loi, le renvoi sous la surveillance de la haute police, et, 2°, s'il n'avait pas refusé ou ne s'était pas trouvé hors d'état de fournir une caution solvable de bonne conduite, l'autorité violait les lois qu'elle avait dictées. Même alors, aucun ministre n'avait le droit de prononcer un ordre d'exil, aucun fonctionnaire civil ni militaire n'avait le droit de faire exécuter un tel ordre, aucun citoyen n'était tenu d'y obéir, et toutes les lois relatives à cet objet sont encore dans toute leur force.

SUJETS DIVERS.

DE LA LIBERTÉ

DES BROCHURES,

DES PAMPHLETS ET DES JOURNAUX.

Tous les hommes éclairés semblent être convaincus qu'il faut accorder une liberté entière et l'exception de toute censure aux ouvrages d'une certaine étendue. Leur composition exigeant du temps, leur achat de l'aisance, leur lecture de l'attention, ils ne sauraient produire ces effets populaires qu'on redoute, à cause de leur rapidité et de leur violence. Mais les *Pamphlets*, les *Brochures*, les *Journaux* surtout, se rédigent plus vite : on se les procure à moins de frais ; ils sont d'un effet plus immédiat ; on croit cet effet plus formidable. Je me propose de démontrer qu'il est de l'intérêt du gouvernement de laisser même aux écrits de cette nature une liberté complète : j'entends par ce mot la faculté accordée aux écrivains de faire imprimer leurs écrits sans aucune censure préalable. Cette faculté n'exclut point la répression des délits

dont la presse peut être l'instrument. Les lois
doivent prononcer des peines contre la calomnie, la provocation à la révolte, en un mot,
tous les abus qui peuvent résulter de la manifestation des opinions. Ces lois ne nuisent point
à la liberté; elles la garantissent au contraire.
Sans elles, aucune liberté ne peut exister.

J'avais envie de restreindre mes observations
aux journaux seuls, et de ne point parler des
pamphlets; car la force des choses plaidera bientôt en faveur de ces derniers plus éloquemment
que je ne pourrais le faire. On ne veut assurément pas renouveler un espionnage qui excéde-
rait les pouvoirs, compromettrait la dignité,
contrarierait les intentions équitables d'un gouvernement sage et éclairé. On veut encore moins
faire succéder à cet espionnage des actes de rigueur, qui, disproportionnés aux délits, révol-
teraient tout sentiment de justice, et entoure-
raient d'un intérêt général les plus coupables
comme les plus innocens. Il est également impossible, aujourd'hui que le système continental
est détruit et que la France a cessé d'être une
île inabordable aux autres peuples européens,
d'empêcher que les brochures dont on interdirait
l'impression en France n'y pénétrassent de l'étranger. La grande confraternité de la civilisation est
rétablie; des voyageurs nombreux accourent déjà
pour jouir de la liberté, de la sûreté, des avantages
de tout genre qui nous sont rendus. Les arts

tera-t-on sur la frontière? Mettra-t-on sous le sé-
questre les livres qu'ils auront apportés pour
leur usage? Sans ces précautions, toutes les autres seront inutiles. Les livres ainsi apportés seront à la disposition des amis du propriétaire, et
des amis de ses amis. Or, l'intérêt spéculera bientôt sur la curiosité générale. Des colporteurs de
brochures interdites se glisseront en France sous
le costume de voyageurs. Des communications
secrètes s'établiront. Toutes les fois qu'une
chance de gain se présente, l'industrie s'en empare, et, sous tout gouvernement qui n'est pas
une tyrannie complète, l'industrie est invincible.

On se flatterait en vain de voir les brochures
moins multipliées et moins répandues, parce
qu'elles n'arriveraient que par occasion, et par
là même à un plus petit nombre d'exemplaires
et à plus de frais. Nous devrons sûrement bientôt aux mesures du gouvernement et à la coopération de ces corps qui ont repris une noble
et nécessaire indépendance, un accroissement
d'aisance pour toutes les classes. Celle qui a l'habitude et le besoin de lire pourra consacrer une
plus grande partie de son superflu à satisfaire sa
curiosité. La prospérité même de la France
tournera ainsi contre les mesures prohibitives,
si l'on veut persister dans le système prohibitif.
A mesure que le gouvernement parviendra, par
ses efforts soutenus, à réparer les maux de nos
agitations prolongées, l'on se trouvera, pour la

richesse individuelle, plus voisin de la situation où l'on était en 1788. Or, à cette époque, malgré la censure et toutes les surveillances, la France était inondée de brochures prohibées. Comment la même chose n'arriverait-elle pas aujourd'hui ? Certainement les restrictions qu'on veut imposer à la liberté de la presse ne seront pas, après les promesses du monarque, plus sévères qu'elles ne l'étaient quand on proscrivait Bélisaire et qu'on décrétait l'abbé Raynal de prise de corps ; et si le gouvernement ancien, avec l'usage autorisé de l'arbitraire, n'a rien pu empêcher, notre gouvernement constitutionnel, scrupuleux observateur des engagemens qu'il a contractés, n'atteindrait pas, avec des moyens cent fois plus restreints, un but que des moyens illimités n'ont jamais pu atteindre. On se tromperait également, si l'on espérait que les brochures illicites, étant imprimées dans l'étranger, n'arriveraient la plupart du temps en France, qu'après l'époque où elles auraient pu faire du mal. Il y aurait des imprimeries clandestines au sein de Paris même. Il y en avait jadis : elles n'ont cessé que sous le despotisme qui s'est exercé successivement au nom de tous et au nom d'un seul : sous une autorité limitée, elles renaîtront. Des peines modérées seront impuissantes, des peines excessives impossibles.

J'invoquerais avec confiance le témoignage de ceux qui, depuis deux mois, sont chargés de cette partie de l'administration, qu'on rend si épineuse, quand elle pourrait être si simple; je l'invoquerais, dis-je, avec confiance, si ces dépositaires de l'autorité pouvaient s'expliquer dans leur propre cause. Ils diraient tous, d'après leur expérience, qu'en fait de liberté de la presse, il faut permettre ou fusiller. Un gouvernement constitutionnel ne pourrait pas fusiller quand il le voudrait; il ne le voudrait pas, sans doute, quand il le pourrait; il vaut donc mieux permettre.

Il faut remarquer que les lois par lesquelles on veut prévenir, ne sont dans le fond que des lois qui punissent. Vous défendez d'imprimer sans une censure préalable. Mais, si un écrivain veut braver votre défense, comment l'empêcherez-vous? Il faudra placer des gardes autour de toutes les imprimeries connues, et faire de plus des visites domiciliaires pour découvrir les imprimeries secrètes. C'est l'inquisition dans toute sa force. D'un autre côté, si vous n'adoptez pas cette mesure, vous ne prévenez plus, vous punissez; seulement vous punissez un autre délit, celui qui consiste à imprimer sans permission; au lieu que vous auriez puni le délit consistant à imprimer des choses condamnables. Mais l'écrit n'en aura pas moins été imprimé. Le grand argument qu'on allègue sans cesse est erroné. Il faut une censure, dit on, car s'il n'y a que des lois pénales, l'auteur pourra être puni, mais le mal aura été fait. Mais si l'écrivain ne se soumet pas à votre censure, s'il imprime clandestinement, il pourra bien être puni de cette infraction à votre loi, mais le mal aura aussi été fait. Vous aurez deux délits à punir au lieu d'un, mais vous n'aurez rien prévenu. Si vous croyez que les écrivains ne se mettront pas en peine du châtiment qui pourra les frapper, pour le contenu de leurs écrits, comment croyez-vous qu'ils se mettront en peine du châtiment attaché au mode de publication?

Vous allez même contre votre but. Tel homme que le désir de faire connaître sa pensée, entraîne à une première désobéissance, mais qui, s'il avait pu la manifester innocemment, n'aurait pas franchi les bornes légitimes, n'ayant maintenant plus rien à risquer, dépassera ces bornes, pour donner à son écrit plus de vogue, et parce qu'il sera aigri ou troublé par le danger même qu'il affronte. L'écrivain qui s'est une fois résigné à braver la loi, en s'affranchissant de la censure, n'a aucun intérêt ultérieur à respecter cette loi dans ses autres dispositions. L'auteur qui écrit publiquement est toujours plus prudent que celui qui se cache. L'auteur résidant à Paris est plus réservé que celui qui se réfugie à Amsterdam ou à Neufchatel.

Le gouvernement se convaincra donc, j'en suis sûr, de la nécessité de laisser une liberté entière aux brochures et aux pamphlets, sauf la responsabilité des auteurs et imprimeurs, parce qu'il verra que cette liberté est le seul moyen de nous préserver de la licence des libelles imprimés dans l'étranger ou sous une rubrique étrangère : et il accordera encore cette liberté, parce que la réflexion lui démontrera que toute censure, quelque indulgente ou légère qu'elle soit, ravit à l'autorité, ainsi qu'au peuple, un avantage important, surtout dans un pays où tout est à faire, ou à modifier, et où les lois pour être efficaces, doivent non-seulement être bonnes, mais conformes au vœu général.

C'est quand une loi est proposée, quand ses dispositions se discutent, que les ouvrages qui ont rapport à cette loi peuvent être utiles. Les pamphlets, en Angleterre, accompagnent chaque question politique jusque dans le sein du parlement (1). Toute la partie pensante de la nation intervient de la sorte dans la question qui l'intéresse. Les représentans du peuple et le gouvernement voient à la fois et tous les côtés de chaque question présentés, et toutes les opinions attaquées et défendues. Ils apprennent non-seulement toute la vérité, mais, ce qui est aussi important que la vérité abstraite, ils apprennent comment la majorité qui écrit et qui parle con-

---

(1) Voyez à ce sujet l'excellente brochure que vient de publier un académicien, dont les écrits sont toujours remplis d'idées justes et applicables, et dont la conduite, pendant sa longue et noble carrière, est un rare modèle de sagesse et d'élévation, de mesure et de dignité (feu M. Suard).

sidère la loi qu'ils vont faire, la mesure qu'ils vont adopter. Ils sont instruits de ce qui convient à la disposition générale, et l'accord des lois avec cette disposition compose leur perfection relative, souvent plus essentielle à atteindre que la perfection absolue. Or, la censure est au moins un retard. Ce retard vous enlève tous ces avantages. La loi se décrète, et les écrits qui auraient éclairé les législateurs deviennent inutiles : tandis qu'une semaine plus tôt ils auraient indiqué ce qu'il fallait faire, ils provoquent seulement la désapprobation contre ce qui est fait. Cette désapprobation paraît alors une chose dangereuse. On la considère comme un commencement de provocation à la désobéissance.

Aussi savez-vous ce qui arrive toujours, quand il y a une censure préalable? Avant qu'une loi ne soit faite, on suspend la publication des écrits qui lui seraient contraires, parce qu'il ne faut pas décréditer d'avance ce qu'on veut essayer. La suspension paraît un moyen simple et doux, une mesure passagère. Quand la loi est faite, on interdit la publication, parce qu'il ne faut pas écrire contre les lois.

Il faudrait ne point connaître la nature humaine pour ne pas prévoir que cet inconvénient se reproduira sans cesse. Je veux supposer tous les ministres toujours animés de l'amour du bien public : plus leur zèle sera vif et pur, plus ils désireront écarter ce qui pourrait nuire à l'établissement de ce qui leur semble bienfaisant, nécessaire, admirable.

Je ne suis pas sûr que, si l'on nous confiait, à nous autres défenseurs de la liberté de la presse, la publication des écrits dirigés contre elle, nous n'y apportassions assez de lenteur (1).

---

(1) Quelques règles que l'on établisse et quelque libéralité de vues que l'on professe, il y aura toujours, dans la censure, un arbitraire que la loi ne pourra ni prévenir, ni limiter, ni punir. Le censeur étant responsable de ce qu'il permet, on ne peut lui prescrire ce qu'il doit permettre. Sa situation, comme on l'a fort bien dit, est en sens inverse de celle des juges et des jurés dans les tribunaux. Ceux-ci se félicitent d'absoudre : le censeur qui condamne est seul en repos. Retrancher est pour lui le parti le plus sûr. S'il laisse passer une phrase déplacée, on l'accuse de négligence : s'il en efface dix qui ne le méritent point, on trouve son zèle excessif ; mais on est toujours disposé à pardonner l'excès de ce zèle.

La manière dont la censure a été organisée jusqu'ici ; ajoute à ces inconvéniens. Je déclare que toute censure me paraît funeste, et autant je réclame, comme on le verra plus loin, des lois sévères, efficaces et promptes, après les délits, autant je désire l'absence de toute mesure prohibitive, avant que les délits aient été constatés. Mais j'ai de plus toujours été frappé de ce que personne n'avait réfléchi encore au danger de laisser les censeurs, si l'on veut des censeurs, dans la dépendance absolue de l'autorité ; tandis que tout le monde sent l'importance de rendre les juges indépendans. Pour prononcer sur un droit de gouttière, un mur mitoyen, ou la propriété d'un demi-arpent, on crée des juges inamovibles, et, l'on consent à confier le droit de juger les opinions qui, en définitif, décident des progrès de l'espèce humaine et de la stabilité des institutions ; l'on consent, dis-je, à confier ce droit à des hommes nommés par le pouvoir exécutif, c'est-à-dire par les ministres, et révocables à leur volonté !

Je ne veux pas m'étendre sur ce sujet, parce que l'inamovibilité des censeurs ne remédierait pas, à beaucoup près, au mal de la censure ; mais il est certain qu'elle accroît au moins cet avantage, qu'elle donnerait aux hommes chargés de l'exercer un plus haut degré de considération, et que, par conséquent, ils mettraient plus de mesure et plus de sagesse dans leurs actes ; qu'au lieu de compter au jour le jour avec la puissance, ils compte-

Comme je ne considère la question que dans l'intérêt du gouvernement, je ne parle point de la bizarrerie qu'il y aurait à fixer le nombre des pages qui doivent constituer un livre pour qu'il soit libre de paraître. Ce serait obliger l'homme qui n'a qu'une vérité à dire, à lui adjoindre un cortége de développemens inutiles ou de divagations étrangères. Ce serait condamner celui qui a une idée neuve à produire, à la noyer dans un certain nombre d'idées communes. On ferait de la diffusion une sauvegarde, et du superflu une nécessité.

---

raient avec l'opinion d'une manière plus large et plus libérale ; qu'ils prendraient quelque chose de la dignité, et par là même de l'impartialité d'un tribunal ; que la crainte de perdre leur place ne les poursuivrait pas à chaque ligne sur laquelle ils seraient appelés à prononcer, et qu'en multipliant leur nombre, et en laissant à chaque auteur la faculté de choisir dans ce nombre, il y aurait quelque chance de plus en faveur des idées utiles, et quelques chances de moins pour le caprice : l'arbitraire et la pusillanimité. Mais, encore une fois, ce moyen ne me rassurerait point. Il soumettrait la pensée à une aristocratie redoutable, qui vaudrait mieux sans doute que la censure actuelle, comme les tribunaux réguliers valent mieux que les commissions temporaires, mais qui pourrait néanmoins être fort oppressive, et qui, n'étant point indispensable, ne doit point être établie.

« Il est impossible, dit Bentham, d'évaluer le mal qui peut résulter de la » censure, car il est impossible de dire où ce mal s'arrête. Ce n'est rien » moins que le danger de mettre obstacle à tous les progrès de l'esprit hu-» main, dans toutes les carrières. Si la chose n'avait tenu qu'aux hommes » constitués en autorité, où en serions-nous aujourd'hui ? Religion, légis-» lation, physique, morale, tout serait encore dans les ténèbres. La véri-» table censure, continue-t-il, est celle d'un public éclairé, qui flétrit les » opinions dangereuses, et qui encourage les découvertes utiles. L'audace » d'un libelle, dans un pays libre, ne le sauve pas du mépris général ; mais, » par une contradiction facile à expliquer, l'indulgence du public à cet » égard se proportionne toujours à la rigueur du gouvernement. »

. L'expérience et la force des choses décideront donc bientôt cette question à l'avantage de la liberté, qui est l'avantage du gouvernement lui-même. On organisera une responsabilité claire et suffisante contre les auteurs et les imprimeurs; on assurera au gouvernement les moyens de faire juger ceux qui auraient abusé du droit qui sera garanti à tous; on assurera aux individus les moyens de faire juger ceux qui les auront diffamés; mais tous les ouvrages, de quelque étendue qu'ils puissent être, jouiront des mêmes droits. •

Une certitude pareille n'existe pas pour les journaux. D'une part, leur effet peut être représenté comme plus terrible encore que celui des livres et même des brochures. Ils agissent perpétuellement et à coups redoublés sur l'opinion. Leur action est universelle et simultanée. Ils sont transportés rapidement d'une extrémité du royaume à l'autre. Souvent ils composent la seule lecture de leurs abonnés. Le poison, s'ils en renferment, est sans antidote. D'un autre côté, leur répression est facile : les lieux où ils s'impriment sont connus officiellement; les presses peuvent à chaque instant être brisées ou mises sous le scellé, les exemplaires saisis. Ils sont de plus sous la main de l'autorité par le seul fait de la distribution et de l'envoi journalier. •

Toutefois, bien que le danger paraisse plus

grand et les précautions moins vexatoires, j'ose affirmer qu'en tenant les journaux sous une autre dépendance que celle qui résulte de la responsabilité légale à laquelle tout écrit doit soumettre son auteur , le gouvernement se fait un mal que le succès même de ses précautions aggrave.

Premièrement , en assujétissant les journaux à une gêne particulière, le gouvernement se rend de fait, malgré lui, responsable de tout ce que disent les journaux. C'est en vain qu'il proteste contre cette responsabilité : elle existe moralement dans tous les esprits. Le gouvernement pouvant tout empêcher, on s'en prend à lui de tout ce qu'il permet. Les journaux prennent une importance exagérée et nuisible. On les lit comme symptômes de la volonté du maître, et comme on chercherait à étudier sa physionomie si l'on avait l'honneur d'être en sa présence. Au premier mot , à l'insinuation la plus indirecte, toutes les inquiétudes s'éveillent. On croit voir le gouvernement derrière le journaliste; et quelque erronée que soit la supposition , une ligne aventurée par un simple écrivain, semble une déclaration , ou , ce qui est tout aussi fâcheux , un tâtonnement de l'autorité.

A cet inconvénient s'en joint un autre. Comme tout ce que disent les journaux peut être attribué au gouvernement, chaque indiscrétion d'un journaliste oblige l'autorité à des déclarations qui ressemblent à des désaveux. Des articles officiels répondent à des paragraphes hasardés. Ainsi, par exemple, une ligne sur la Légion-d'Honneur a nécessité une déclaration formelle (r). Parce que les journaux sont subordonnés à une gêne particulière, il a fallu une explication particulière. Une assertion pareille dans les journaux anglais n'aurait alarmé aucun des ordres qui existent en Angleterre. C'est que les journaux y sont libres et qu'aucune intervention de la police ne rend le gouvernement solidaire de ce qu'ils publient.

Il en est de même pour ce qui concerne les individus. Quand les journaux ne sont pas libres, le gouvernement pouvant empêcher qu'on ne dise du mal de personne, ceux dont on dit le plus léger mal semblent être livrés aux journalistes par l'autorité. Le public ignore si tel article a été ordonné ou toléré, et le blâme prend un caractère semi-officiel qui le rend plus douloureux aussi bien que plus nuisible : ceux qui en sont les objets en accusent le gouvernement. Or, quelques précautions qu'entasse l'autorité, tout ce qui ressemble à des attaques indivi-

---

(1) Au moment où cette brochure a paru, l'on venait d'imprimer dans un journal que l'intention du gouvernement était de faire de la Légion-d'Honneur un ordre civil. Nos guerriers, couverts de blessures, et qui avaient consumé leur vie dans les combats, étaient très-surpris qu'un ordre civil fût la récompense de leurs exploits militaires.

duelles ne saurait être prévenu. Les précautions de ce genre ne font, chez un peuple spirituel et malin, qu'inviter la dextérité à les surmonter. Si les journaux sont sous l'influence de la police, déconcerter la police par quelques phrases qu'elle ne saisit pas tout de suite, sera une preuve d'esprit. Or, qui est-ce qui se refuse parmi nous à donner une preuve d'esprit, s'il n'y a pas peine de mort?

Un gouvernement qui ne veut pas être tyrannique ne doit pas tenter la vanité, en attachant un succès à s'affranchir de sa dépendance.

La censure des journaux fait donc ce premier mal, qu'elle donne plus d'influence à ce qu'ils peuvent dire de faux et de déplacé ; elle nécessite dans l'administration un mouvement inquiet et minutieux qui n'est pas conforme à sa dignité. Il faut, pour ainsi dire, que l'autorité coure après chaque paragraphe, pour l'invalider, de peur qu'il ne semble sanctionné par elle. Si, dans un pays, on ne pouvait parler sans la permission du gouvernement, chaque parole serait officielle, et chaque fois qu'une imprudence échapperait à quelque interlocuteur, il faudrait la contredire. Faites les journaux libres, leurs assertions ne seront plus que de la causerie individuelle : faites-les dépendans, on croira toujours apercevoir dans cette causerie la préparation ou le préambule de quelque mesure ou de quelque loi.

En même temps les journaux ont un autre inconvénient qu'on dirait ne pouvoir exister à côté de celui que nous venons d'indiquer. Si tout ce qu'ils contiennent d'équivoque et de fâcheux est un sujet d'alarme, ce qu'ils contiennent d'utile, de raisonnable, de favorable au gouvernement, paraît dicté et perd son effet.

Quand des raisonnemens quelconques ne sont développés que par des journaux sous l'influence du gouvernement, c'est toujours comme si le gouvernement seul parlait. On ne voit pas là de l'assentiment, mais des répétitions commandées. Pour qu'un homme obtienne de la confiance, quand il dit une chose, il faut qu'on lui connaisse la faculté de dire le contraire, si le contraire était sa pensée. L'unanimité inspire toujours une prévention défavorable, et avec raison; car il n'y a jamais eu, sur des questions importantes et compliquées, d'unanimité sans servitude. En Angleterre, toutes les fois qu'un traité de paix est publié, il y a des journalistes qui l'attaquent, qui peignent l'Angleterre comme trahie, comme poussée à sa perte et sur le bord d'un abîme. Mais le peuple, accoutumé à ces exagérations, ne s'en émeut pas : il n'examine que le fond des choses ; et comme d'autres journalistes défendent la paix qu'on vient de conclure, l'opinion se forme ; elle se calme par la discussion, au lieu de s'aigrir par la contrainte, et la nation est d'autant plus rassurée sur ses intérêts qu'elle les voit bien approfondis, discutés sous toutes leurs faces, et qu'on ne l'a pas condamnée à s'agiter au milieu d'objections que personne ne réfute, parce que personne n'a osé les proposer.

En second lieu, quand le gouvernement n'a que des défenseurs privilégiés, il n'a qu'un nombre limité de défenseurs, et le hasard peut faire qu'il n'ait pas choisi les plus habiles. Il y a d'ailleurs des hommes, et ces hommes ont bien autant de valeur que d'autres, il y a des hommes qui défendraient volontiers ce qui leur paraît bon, mais qui ne veulent pas s'engager à ne rien blâmer. Quand le droit d'écrire dans les journaux n'est accordé qu'à cette condition, ces hommes se taisent. Que le gouvernement ouvre la lice, ils y entreront pour tout ce qu'il fera de juste et de sage. S'il a des adversaires, il aura des soutiens. Ces soutiens le serviront avec d'autant plus de zèle, qu'ils seront plus volontaires, avec d'autant plus de franchise, qu'ils seront plus désintéressés, et ils auront d'autant plus d'influence, qu'ils seront plus indépendans.

Mais cet avantage est inconciliable avec une censure quelle qu'elle soit. Car, dès que les journaux ne sont publiés qu'avec l'autorisation du gouvernement, il y a de l'inconvenance et du ridicule à ce que le gouvernement fasse écrire contre ses propres mesures. Si le blâme allégué contre elles paraît fondé, on se demande pourquoi le gouvernement les a prises, puisqu'il en connaissait d'avance les imperfections. Si les raisonnemens sont faibles ou faux, on soupçonne l'autorité de les avoir affaiblis pour les réfuter.

Je passe à une troisième considération, beaucoup plus importante que toutes les précédentes. Mais je dois prier le lecteur de ne former aucun jugement, avant de m'avoir lu jusqu'au bout; car les premières lignes pourront lui suggérer des argumens plausibles en apparence, pour le système qui veut mettre les journaux sous l'empire de l'autorité. Ce n'est que lorsque j'aurai développé les résultats de ce système que ses inconvéniens seront manifestes.

Il ne faut pas se le dissimuler, les journaux agissent aujourd'hui exclusivement sur l'opinion de la France. La grande majorité de la classe éclairée lit beaucoup moins qu'avant la révolution. Elle ne lit presque point d'ouvrage d'une certaine étendue. Pour réparer ses pertes, chacun soigne ses affaires : pour se reposer de ses affaires, chacun soigne ses plaisirs. L'égoïsme actif et l'égoïsme paresseux se divisent notre vie. Les journaux qui se présentent d'eux-mêmes, sans qu'on ait la peine de les chercher ; qui séduisent un instant l'homme occupé, parce qu'ils sont courts, l'homme frivole, parce qu'ils n'exigent point d'attention; qui sollicitent le lecteur sans le contraindre, qui le captivent, précisément parce qu'ils n'ont pas la prétention de l'assujétir, enfin qui saiissent chacun avant qu'il soit absorbé ou fatigué par les intérêts de la journée, sont à peu près la seule lecture. Cette assertion, vraie pour Paris, l'est encore bien plus pour les départemens. Les ouvrages dont les journaux ne rendent pas compte restent inconnus; ceux qu'ils condamnent sont rejetés.

Au premier coup d'œil, cette influence des journaux paraît inviter l'autorité à les tenir sous sa dépendance. Si rien ne circule que ce qu'ils insèrent, elle peut, en les subjuguant, empêcher la circulation de tout ce qui lui déplaît. On peut donc voir dans cette action de l'autorité un préservatif efficace.

Mais il en résulte que l'opinion de toute la France est le reflet de l'opinion de Paris.

Durant la révolution, Paris a tout fait, ou, pour parler plus exactement, tout s'est fait au nom de Paris, par des hommes souvent étrangers à cette capitale, et contre lesquels la majorité de ses habitans était déclarée, mais qui toutefois, s'étant rendus maîtres du centre de l'empire, étaient forts du prestige que ce poste leur prêtait. De la sorte, à plus d'une reprise, et dans plus d'une journée, Paris a décidé des destinées de la France, soit en bien, soit en mal. Au 31 mai, Paris a semblé prendre le parti du comité de salut public, et le comité de salut public a établi sans obstacle son épouvantable tyrannie. Au 18 brumaire, Paris s'est soumis à Bonaparte, et Bonaparte a régné de Genève à Perpignan, et de Bruxelles à Toulon. Au 32 mars, Paris s'est déclaré contre Bonaparte, et Bonaparte est tombé. Tous les Français éclairés l'avaient prévu et l'avaient affirmé. Les étrangers seuls ne voulaient pas le croire, parce que nulle autre capitale n'exerce une influence aussi illimitée et aussi rapide. Durant toute la révolution, il a suffi d'un décret, revêtu n'importe de quelles signatures, pourvu qu'il émanât de Paris et qu'il fût constaté que Paris s'y conformait; il a suffi, dis-je, d'un pareil décret, pour que l'obéissance, et ce qui est plus, le concours des Français fût immédiat et entier. Un état de choses qui enlève à trente millions d'hommes toute vie politique, toute activité spontanée, tout jugement propre, peut-il être désiré ou consacré en principe?

Nous ne voyons rien de pareil en Angleterre. Les agitations qui peuvent se faire sentir à Londres, troublent sans doute sa tranquillité, mais ne sont nullement dangereuses pour la constitution même. Quand lord George Gordon, en 1780, souleva la populace, et, à la tête de plus de vingt mille factieux, remporta sur la force publique une victoire momentanée, on craignit pour la banque, pour la vie des ministres, pour cette partie de la prospérité anglaise qui tient aux établissemens de la capitale; mais il ne vint dans la tête de personne que le gouvernement fût menacé. Le roi et le parlement, à vingt milles

de Londres, ou même, en supposant (ce qui
n'était pas) qu'une portion du parlement eût
trempé dans la sédition, la portion saine de cette
assemblée avec le roi se seraient retrouvés en
pleine sûreté.

D'où vient cette différence ? De ce qu'une
opinion nationale indépendante du mouvement
donné à la capitale, existe en Angleterre d'un
bout de l'île à l'autre, et jusque dans le plus
petit bourg des Hébrides. Or, quand un gouvernement repose sur une opinion répandue
dans tout l'empire, et qu'aucune secousse par-
tielle ne peut ébranler, sa base est dans l'empire
entier. Cette base est large, et rien ne peut le
mettre en péril. Mais, quand l'opinion de tout
l'empire est soumise à l'opinion apparente de la
capitale, ce gouvernement n'a sa base que dans
cette capitale. Il est, pour ainsi dire, sur une
pyramide, et la chute de la pyramide entraîne
le renversement universel.

Certes, il n'est pas désirable pour une autorité qui ne veut ni ne peut être tyrannique,
pour une autorité qui ne veut ni ne peut gouverner à coups de hache ; il n'est pas désirable,
dis-je, pour une telle autorité, que toute la
force morale de trente millions d'hommes soit
l'instrument aveugle d'une seule ville, dont les
véritables citoyens sont très-bien disposés sans
doute, mais où viennent affluer de toutes parts
tous les hommes sans ressource, tous les auda-

cieux, tous les mécontens, tous ceux que leurs habitudes rendent immoraux, ou que leur situation rend téméraires.

Il est donc essentiel pour le gouvernement qu'on puisse créer dans toutes les parties de la France une opinion juste, forte, indépendante de celle de Paris sans lui être opposée, et qui, d'accord avec les véritables sentimens de ses habitans, ne se laisse jamais aveugler par une opinion factice. Cela est désirable pour Paris même.

Si une telle opinion eût existé en France, les Parisiens, au 31 mai, n'auraient été asservis que passagèrement, et bientôt leurs concitoyens des provinces les auraient délivrés.

Mais comment créer une opinion pareille? je l'ai déjà dit, les journaux seuls la créent. Les citoyens des départemens ne sont assurément ni moins susceptibles de lumières, ni moins remplis de bonnes intentions que les Parisiens. Mais, pour que leurs lumières soient applicables, et que leurs bonnes intentions ne soient pas stériles; ils doivent connaître l'état des choses. Or, les journaux seuls le leur font connaître.

Mais, pour que les journaux produisent cet effet noble et salutaire, il faut qu'ils soient libres. Quand ils ne le sont pas, ils empêchent bien l'opinion de se former, mais ils ne forment pas l'opinion. On lit leurs raisonnemens avec dédain, et leurs récits avec défiance. On voit dans les premiers, non des argumens, mais des volontés ; on voit dans les seconds, non pas des faits, mais des intentions secrètes. On ne dit point, voici qui est vrai ou faux, juste ou erroné ; on dit : voilà ce que le gouvernement pense, ou plutôt encore ce qu'il veut faire penser.

La liberté des journaux donnerait à la France une existence nouvelle ; elle l'identifierait avec sa constitution, son gouvernement et ses intérêts publics. Elle ferait naître une confiance qui n'a existé dans aucun temps. Elle établirait cette correspondance de pensées, de réflexions, de connaissances politiques, qui fait que Manchester, York, Liverpool, Darby, Birmingham, sont des foyers de lumières aussi bien que d'industrie. En disséminant ces lumières, elle empêcherait qu'une agitation passagère, au centre du royaume, ne devînt une calamité pour l'ensemble jusque dans ses parties les plus éloignées. L'indépendance des journaux, loin d'être dangereuse aux gouvernemens justes et libres, leur prépare sur tous les points de leur territoire des défenseurs fidèles, parce qu'ils sont éclairés, forts, parce qu'ils ont des opinions et des sentimens à eux.

Je prévois deux objections, l'une destinée à nous effrayer sur l'avenir, l'autre qui s'appuie sur l'exemple du passé.

Vous ouvrez, dira-t-on, une carrière immense à la diffamation, à la calomnie, à une persécution journalière, qui, pénétrant dans

les relations les plus intimes, ou rappelant les
faits les plus oubliés, devient, pour ceux qu'elle
frappe ainsi sans relâche, un véritable supplice.

Je réponds d'abord avec Delolme : « Bien loin
» que la liberté de la presse soit une chose fu-
» neste à la réputation des particuliers, elle en
» est le plus sûr rempart. Lorsqu'il n'existe au-
» cun moyen de communiquer avec le public,
» chacun est exposé sans défense aux coups se-
» crets de la malignité et de l'envie. L'homme
» en place perd son honneur, le négociant son
» crédit, le particulier sa réputation de probité,
» sans connaître ses ennemis, ni leur marche.
» Mais lorsqu'il existe une presse libre, l'homme
» innocent met tout de suite les choses au grand
» jour, et confond tous ses accusateurs à la fois. »

Je réponds ensuite que la calomnie est un délit qui doit être puni par les lois, et ne peut
être puni que par elles; qu'imposer silence aux
citoyens de peur qu'ils ne le commettent, c'est
les empêcher de sortir, de peur qu'ils ne troublent la tranquillité des rues ou des grandes
routes; c'est les empêcher de parler de peur
qu'ils n'injurient; c'est violer un droit certain
et incontestable pour prévenir un mal incertain
et présumé (1).

---

(1) L'on a en général parmi nous une propension remarquable à jeter
loin de soi tout ce qui entraîne le plus petit inconvénient, sans examiner
si cette renonciation précipitée n'entraîne pas un inconvénient durable. Un
jugement qui paraît défectueux est-il prononcé par des jurés? on demande

Considérez de plus que, de tous les auteurs, les journalistes seront nécessairement les plus réservés sur la calomnie, si les lois sont bien faites, et si leur application est prompte et assurée.

---

la suppression des jurés. Un libelle circule-t-il? on demande la suppression de la liberté de la presse. Une proposition hasardée est-elle émise à la tribune? on demande la suppression de toute discussion ou proposition publique. Il est certain que ce système bien exécuté, atteindrait son but. S'il n'y avait pas de jurés, les jurés ne se tromperaient pas; s'il n'y avait pas de livres, il n'y aurait pas de libelles; s'il n'y avait pas de tribune, on ne serait pas exposé à s'égarer à la tribune. Mais on pourrait perfectionner encore cette théorie. Les tribunaux, quelle que fût leur forme, ont parfois condamné des innocens; on pourrait supprimer les tribunaux. Les armées ont souvent commis de très-grands désordres, on pourrait supprimer les armées. La religion a causé la Saint-Barthélemy, on pourrait supprimer la religion. Chacune de ces suppressions nous délivrerait des inconvéniens que la chose entraîne; il n'y a que deux difficultés : c'est que dans plusieurs cas la suppression est impossible, et que, dans ceux où elle est possible, la privation qui en résulte est un mal qui l'emporte sur le bien. On peut supprimer les jurés; mais on renonce à la sauvegarde la plus assurée de l'innocence. On peut supprimer les discussions publiques; mais on ôte aux nations leurs organes, on les détache de leurs intérêts, on frappe de stupeur le corps politique. Quant à la liberté de la presse, la suppression n'en est possible qu'en apparence. On l'a dit mille fois, et il est triste qu'il faille le répéter : en gênant la publication des écrits, vous favorisez la circulation des libelles; vous entourez de contrainte ce qui peut être utile; mais votre filet ne sera jamais assez fort pour arrêter ce qui est dangereux. Il faut prendre garde de se faire illusion sur l'effet des lois : en les proposant, on suppose qu'elles seront obéies, et l'on appelle factieux ceux qui ont le malheur de prévoir la désobéissance. On les accuse d'une intention : ils ne disent qu'un fait, et on est tout surpris quand le fait se réalise. Ces lois prohibitives ont de plus un vice que j'ai déjà remarqué : elles créent des délits factices qui se placent à côté des délits naturels et qui obscurcissent les idées morales. La calomnie, la diffamation, les provocations à la révolte, sont des actions coupables par leur nature. La publication d'un livre qui n'a pas subi l'examen de la censure, c'est-à-dire, l'action de manifester son opinion sans l'avoir soumise à l'opinion d'un autre, n'est un délit que parce que la loi l'a créé tel. Mais beaucoup d'hommes qui n'auraient pas commis le premier délit, entraînés à commettre le se

Les journaux ne peuvent pas s'imprimer clandes-tinement. Les propriétaires et les rédacteurs sont connus du gouvernement et du public. Ils offrent plus de prise à la responsabilité qu'aucune autre classe d'écrivains, car ils ne peuvent jamais se soustraire à l'action légale de l'autorité.

Voilà ma réponse pour ce qui constitue la calomnie et la diffamation proprement dites (1).

---

cond par un sentiment d'indépendance ou par cet amour-propre inhérent aux écrivains et qui répugne à des retranchemens nuisibles aux succès dont ils se flattent, seront inquiets, irrités par l'inquiétude, et commettront les deux délits à la fois. Il faut ne créer dans la société, des délits factices, que le plus rarement qu'il est possible. Il faut observer cette règle envers les écrivains comme envers toutes les autres classes, et se garder surtout, le plus qu'on le peut, de leur donner le sentiment pénible qu'ils sont garrottés par d'inutiles entraves. Décrétez la liberté de la presse ; tous les écrivains verront, dans la constitution qui leur garantit leurs droits, un pouvoir protecteur. Il n'y a pas d'exemple en Angleterre qu'un homme qui n'est pas un fou, ait écrit contre la constitution. Restreignez la liberté de la presse ; les écrivains verront dans la constitution un pouvoir hostile, et, si par hasard la constitution consacre la liberté, et que la loi l'anéantisse, ils ne verront dans la constitution que de l'impuissance, et dans la loi que de l'arbitraire. Dira-t-on que j'attache une trop grande importance aux écrivains ? on se trompe. Mais il serait pourtant nécessaire de décider sous quel point de vue on veut les considérer. S'ils forment une classe tellement insignifiante, pourquoi tant de précautions ? s'ils ont quelque importance, pourquoi la puissance ne veut-elle pas les attacher à sa cause en ne séparant pas toujours sa cause de celle de la liberté ? Et vraiment les prétentions des écrivains ne sont pas excessives : ils demandent à être traités comme tous les autres citoyens, à être responsables de leurs actes, à être jugés d'après leur conduite, mais à n'être pas gênés arbitrairement avant le délit.

(1) On regarde une loi précise contre la calomnie comme très-difficile à rédiger. Je crois que le problème peut se résoudre d'un mot. Les actions des particuliers n'appartiennent point au public. L'homme auquel les ac-

Quant aux attaques qui sont moins graves, il vaut mieux s'habituer aux intempéries de l'air que de vivre dans un souterrain. Quand les journaux sont libres comme en Angleterre, les ci-

---

tions d'un autre ne nuisent pas, n'a pas le droit de les publier. Ordonnez que tout homme qui insérera dans un journal, dans un pamphlet, dans un livre, le nom d'un individu, et racontera ses actions privées, quelles qu'elles soient, lors même qu'elles paraîtraient indifférentes, sera condamné à une amende, qui deviendra plus forte, en raison du dommage que l'individu nommé sera exposé à éprouver. Un journaliste ou un écrivain qui déroberait les livres de compte d'un banquier et les publierait, serait certainement coupable, et je crois que tout juge devrait le condamner. La vie privée d'un homme, d'une femme, d'une jeune fille leur appartiennent, et sont leur propriété particulière, comme les comptes d'un banquier sont sa propriété. Nul n'a le droit d'y toucher. On n'oblige un négociant à soumettre ses livres à des étrangers que lorsqu'il est en faillite. De même, on ne doit exposer au public la vie privée d'un individu que lorsqu'il a commis quelque faute qui rend l'examen de cette vie privée nécessaire. Tant qu'un homme n'est traduit devant aucun tribunal, ses secrets sont à lui, et quand il est traduit devant un tribunal, toutes les circonstances de sa vie qui sont étrangères à la cause pour laquelle il est en jugement sont encore à lui, et ne doivent pas être divulguées.

Étendez cette règle aux fonctionnaires publics, dans tout ce qui tient à leur existence privée. Les lois et les actes ministériels doivent, dans un pays libre, pouvoir être examinés sans réserve, mais les ministres comme individus doivent jouir des mêmes droits que tous les individus. Ainsi, lorsqu'une loi est proposée, liberté entière sur cette loi. Lorsqu'un acte qu'on peut soupçonner d'être arbitraire, a été commis, liberté entière pour faire connaître cet acte : car un acte arbitraire ne nuit pas seulement à celui qui en est victime, il nuit à tous les citoyens qui peuvent être victimes à leur tour. Mais si dans l'examen de la loi, ou en faisant connaître l'acte arbitraire, l'écrivain cite des faits relatifs au ministre, et qui soient étrangers aux propositions qu'il appuie ou aux actes de son administration, qu'il soit puni pour cette mention seule, sans même que l'on examine si les faits sont faux ou s'ils sont injurieux.

Cette mesure purement répressive répond à la plupart des objections qu'on allègue contre la liberté de la presse. « Si ma femme ou ma fille sont calomniées, a-t-on dit, les ferai-je sortir de leur modeste obscurité, pour poursuivre le calomniateur devant un tribunal? Parlerai-je de leur

toyens s'aguerrissent. La moindre désapprobation, le moindre sarcasme ne leur font pas des
blessures mortelles. Pour repousser des accusations odieuses, ils ont les tribunaux : pour garantir leur amour-propre, ils ont l'indifférence ;

honneur outragé, devant ce public léger et frivole qui rit toujours de ces
sortes d'accusations, et qui répète sans cesse que les femmes les plus ver-
tueuses sont celles qu'il ne connait pas? Si je suis calomnié moi-même,
irai-je me plaindre, pendant six mois, devant des juges qui ne me connaissent point, et courir le risque de perdre mon procès, après avoir
perdu beaucoup de temps et dépensé beaucoup d'argent pour payer des
avocats? Il est beaucoup de gens qui aimeront mieux supporter la calomnie que de poursuivre une procédure dispendieuse. On nous aura délivrés
des censeurs pour nous renvoyer à des juges ; nous aurons toujours affaire
à des hommes dont les jugemens sont incertains, et qui pourront, au gré
de leurs passions, décider de notre réputation, de notre repos et du bonheur de notre vie. »

Rien de tout cela n'existera. Il n'y aura point de longueurs dans une
procédure qui ne consistera que dans la vérification de l'identité, seule
question soumise aux tribunaux, qui, l'identité constatée, n'auront qu'à
appliquer la loi. Il n'y aura point d'examen de la vérité du fait. On ne des-
cendra point dans l'intérieur des familles. Les citoyens n'auront point à
craindre d'être désolés par des demi-preuves, par des insinuations, par
des rapprochemens perfides. Le nom du plaignant se trouvant dans l'écrit
même, servira de pièce de conviction. L'auteur ou l'imprimeur étant connus, le tribunal appliquera les peines immédiatement; et ces peines, infli-
gées tout de suite et rigoureusement exécutées, mettront bien vite un terme
à ce genre d'agression. Assurément, si l'on condamnait un journaliste à
mille francs d'amende pour chaque nom propre inséré dans son journal,
de manière à mettre en scène un individu dans sa vie privée, il ne renou-
vellerait guère un amusement aussi cher. Qu'on empêche les délits futurs
en punissant les délits passés : c'est le châtiment d'un assassin qui nous
garantit de l'assassinat.

On objecte la facilité de désigner les individus sans les nommer ou par
des initiales. Je distingue ces deux moyens.

Il est certain que le retranchement d'une ou de deux lettres dans un
nom propre est un ménagement dérisoire. Mettez des obstacles à cette manière de désigner, en soumettant l'auteur à la même peine que s'il avait

celle du public d'abord, qui est très-grande, beaucoup plus qu'ils ne le croient, et ensuite la leur, qui leur vient par l'habitude. Ce n'est que quand la publicité est gênée que chacun se montre d'autant plus susceptible qu'il se croyait plus à l'abri. La peau devient si fine sous cette cuirasse, que le sang coule à la première égratignure faite par une main adroite au défaut de la cuirasse.

Je sais que maintenant on appelle cette irritabilité délicatesse, et qu'on veut transformer une faiblesse en vertu. On nous dit que nous perdrons par la liberté de la presse cette fleur de politesse et cette sensibilité exquise qui nous distinguent. En lisant ces raisonnemens, je n'ai pu m'empêcher de me demander si, en réalité, cette protection que la censure accorde à toutes les susceptibilités individuelles avait eu l'effet

---

imprimé le nom en entier. Ce mode détourné de désignation ne peut jamais avoir un but légitime : il n'est que la ressource de la malignité. La liberté de la presse ne souffre en rien de la loi qui le punit.

Quant à la désignation des individus par périphrases, elle est impossible à empêcher ; mais elle fait beaucoup moins de mal que les noms propres. C'est une malignité de coterie dont l'effet est restreint et passager. Ce sont les noms propres qui laissent des traces, qui plaisent à la haine, qui frappent la grande masse des lecteurs.

Nous ne voulons point, par la liberté de la presse, ouvrir la carrière aux passions haineuses ou à la diffamation. Nous désirons que la pensée soit libre et que les individus soient en repos. Le moyen proposé atteint ce but. Les particuliers sont à l'abri. Le public et ses écrivains y gagneront, parce qu'il y aura dans les journaux des idées au lieu d'anecdotes, et des discussions sages au lieu de faits inutiles et défigurés.

qu'on lui attribue. A plusieurs époques, certes, la liberté de la presse et des journaux a été suffisamment restreinte. Les hommes ainsi protégés ont-ils été plus purs, plus délicats, plus irréprochables ? Il me semble que les mœurs et les vertus n'ont pas beaucoup gagné à ce silence universel. De ce qu'on ne prononçait pas les mots, il ne s'en est pas suivi que les choses aient moins existé; et toutes ces femmes de César me paraissent ne pas vouloir être soupçonnées pour être plus commodément coupables.

J'ajouterai que la véritable délicatesse consiste à ne pas attaquer les hommes, en leur refusant la faculté de répondre, et cette délicatesse, au moins, ce n'est pas celle que l'asservissement des journaux nourrit et encourage. J'aime à reconnaître que, dans le moment actuel, les dépositaires de l'autorité ont le mérite d'empêcher que l'on n'attaque leurs ennemis. C'est un ménagement qui leur fait honneur; mais ce n'est pas une garantie durable, puisque ce ménagement est un pur effet de leur volonté. A d'autres époques les journaux esclaves ont servi d'artillerie contre les vaincus, et ce qu'on appelait délicatesse aboutissait à ne pas se permettre un mot contre le pouvoir.

Quand j'étais en Angleterre, je parcourais avec plaisir les journaux qui attaquaient les ministres disgraciés, parce que je savais que d'au-

tres journaux pouvaient les défendre. Je m'amu-
sais des caricatures contre M. Fox renvoyé du
ministère, parce que les amis de M. Fox faisaient
des caricatures contre M. Pitt, premier ministre.
Mais la gaieté contre les faibles me semble une
triste gaieté. Mon ame se refuse à remarquer
le ridicule, quand ceux qu'on raille sont désar-
més, et je ne sais pas écouter l'accusation, quand
l'accusé doit se taire. Cette habitude corrompt
un peuple; elle détruit toute délicatesse réelle,
et cette considération pourrait bien être un peu
plus importante que la conservation intacte de
ce qu'on appelle la fleur de la politesse et de la
tenue française.

La seconde objection se tire des exemples de
notre révolution. La liberté des journaux a
existé, dit-on, à une époque célèbre, et le gouvernement d'alors, pour n'être pas renversé, a
été contraint de recourir à la force. Il est difficile de réfuter cette objection sans réveiller des
souvenirs que je voudrais ne pas agiter. Je dirai
donc seulement qu'il est vrai que, durant quelques mois, la liberté des journaux a existé, mais
qu'en même temps elle était toujours menacée;
que le directoire demandait des lois prohibitives;
que les conseils étaient sans cesse au moment de
les décréter; qu'en conséquence, ces menaces,
ces annonces de prohibitions, jetaient dans les
esprits une inquiétude, qui, en les troublant
dans la jouissance, les excitait à l'abus. Ils atta-

quaient, pour se défendre, sachant qu'on se préparait à les attaquer.

Je dirai ensuite qu'à cette époque il existait beaucoup de lois injustes, beaucoup de lois vexatoires, beaucoup de restes de proscriptions, et que la liberté des journaux pouvait être redoutable pour un gouvernement qui croyait nécessaire de conserver ce triste héritage. En général, quand j'affirme que la liberté des journaux est utile au gouvernement, c'est en le supposant juste dans le principe, sincère dans ses intentions, et placé dans une situation où il n'ait pas à maintenir des mesures iniques de bannissement, d'exil, de déportation.

D'ailleurs, l'exemple même, suivi jusqu'au bout, n'invite guère, ce me semble, à l'imitation. Le directoire s'est alarmé de la liberté des journaux, il a employé la force pour l'étouffer, il y est parvenu; mais qu'est-il résulté de son triomphe?

Dans toutes les réflexions que l'on vient de lire, je n'ai considéré ce sujet que sous le rapport de l'intérêt du gouvernement; que n'aurais-je pas à dire si je traitais de l'intérêt de la liberté, de la sûreté individuelle? L'unique garantie des citoyens contre l'arbitraire, c'est la publicité, et la publicité la plus facile et la plus régulière est celle que procurent les journaux. Des arrestations illégales, des exils non moins illégaux, peuvent avoir lieu, malgré la constitution la mieux rédigée, et contre l'intention du monarque. Qui les connaîtra, si la presse est comprimée ? Le roi lui même peut les ignorer. Or, si vous convenez qu'il est utile qu'on les connaisse, pourquoi mettez-vous un obstacle au moyen le plus sûr et le plus rapide de les dénoncer ?

J'ai cru ces observations dignes de l'attention des hommes éclairés, dans un moment où l'opinion réclame également et des lois suffisantes et une liberté indispensable.

Jamais aucune époque n'offrit plus de chances pour le triomphe de la raison, jamais aucun peuple n'a manifesté un désir plus sincère et plus raisonnable de jouir en paix d'une constitution libre. J'ai donc pensé qu'il était utile de prouver que tous les genres de liberté tourneraient à l'avantage du gouvernement, s'il était loyal et juste.

Je ne me suis point laissé arrêter par une difficulté bizarre qu'on ne cesse d'opposer à ceux qui veulent appuyer leurs raisonnemens des exemples que nous avons sous les yeux. J'ai cité l'Angleterre, faute de pouvoir citer un autre pays qui nous présentât des leçons pareilles (1).

---

(1) Dans la première édition de cet ouvrage, j'étais tombé dans une erreur grave, en indiquant l'Angleterre comme le seul pays où l'on eût joui de la liberté de la presse. J'avais oublié, je ne sais comment, la Suède, le Danemarck, la Prusse, et tous les autres états protestans de l'Allemagne. En Suède, la liberté de la presse est illimitée, et dans cette liberté on a

Certes, je voudrais bien avoir pu varier mes citations, et avoir trouvé en Europe plusieurs pays à citer de même. J'ai cité l'Angleterre, malgré les hommes qui prétendent qu'il est in-

---

long-temps compris celle des journaux. Ce n'est que depuis peu d'années, depuis 1810, si je ne me trompe, que de légères restrictions ont été établies pour les feuilles périodiques, et ces restrictions n'ont point été l'effet des inconvéniens que la liberté avait entraînés. Elles ont eu lieu dans un moment où la Suède n'avait pas encore rompu ses relations avec Bonaparte, et craignait de l'irriter. La liberté des journaux n'a jamais produit en Suède aucun désordre intérieur; elle n'a été limité que pour complaire à l'homme tout puissant que l'Europe entière était obligée de ménager. La guerre qui vient de se terminer a détourné l'attention du gouvernement de cet objet; il n'a pu songer à révoquer une loi qui s'exécute à peine; mais je tiens de la personne même qui a exercé cette censure avec une liberalité digne d'éloges, que l'une des premières opérations de la diète qui doit se réunir incessamment, sera de l'abroger. En Danemarck, sous le glorieux ministère du comte Bernstorff, la liberté de la presse était tellement illimitée que les libraires de plusieurs pays avaient des établissemens à Copenhague, pour y faire imprimer tout ce qu'ils ne pouvaient publier eux-mêmes. Il n'y a eu de prohibitions en Danemarck, à cet égard, que depuis le règne de Bonaparte; et elles ont été motivées sur sa demande. En Prusse, comme je l'ai dit ailleurs, durant tout le règne de Frédéric-le-Grand, depuis 1740 jusqu'en 1786, il y eut, pour toutes les publications, liberté entière. Jamais règne ne fut plus illustre et plus tranquille. Des théologiens voulurent, après la mort de ce prince, établir une censure, et la lutte de l'opinion contre cette tentative est encore fameuse dans les annales de l'Allemagne littéraire. La censure n'a pas été abolie de droit, mais elle a complétement cessé de fait, et aujourd'hui chacun imprime à Berlin ce qui lui plaît, sauf à en répondre. Dans des états d'une moindre étendue, cette liberté n'était pas moins grande. En 1789, des hommes de lettres du petit pays de Brunswick, ne sachant s'ils oseraient parler de notre révolution, demandèrent à leur souverain l'établissement d'une censure. Il la refusa, ne voulant pas blesser, par cette mesure, l'opinion publique en Allemagne. On imprima donc à Brunswick toutes sortes d'ouvrages depuis cette époque comme auparavant; et tandis que le duc de Brunswick était en Champagne, on publiait toutes les semaines, dans sa capitale, un journal destiné à défendre la cause française. Il n'y a cependant pas eu dans toute l'Allemagne, au moment où l'Europe était en feu, une seule

digne de nous d'imiter nos voisins, et d'être libres et heureux à leur manière.

Il me semble que nous n'avons pas eu assez
à nous louer de l'originalité de nos tentatives
pour redouter à ce point l'imitation, ou plutôt
je dirai que n'ayant fait qu'imiter dans nos erreurs, tantôt de petites démocraties orageuses,
sans égard aux différences des temps et des lieux,
tantôt un despotisme grossier, sans respect pour
la civilisation contemporaine, nous n'aurions
pas à rougir d'une imitation de plus qui conci-

---

sédition ; car on ne peut appeler ainsi l'adhésion forcée donnée postérieu-
rement par des vaincus aux proclamations de leurs vainqueurs. Je m'appuie de ces exemples avec d'autant plus d'empressement, que je me suis
vu accusé de partialité pour l'Angleterre. Assurément j'admire et je respecte les institutions d'un peuple qui, soutenu par elles, a résisté seul à
l'envahissement universel; mais ce respect pour des institutions ne m'inspire point de prévention exclusive, et je suis heureux de reconnaître les
avantages dont les autres peuples peuvent se féliciter. Si j'ai souvent rendu
hommage à la forme du gouvernement anglais, si j'ai paru désirer que la
monarchie constitutionnelle de la France s'élevât sur les mêmes bases,
c'est que l'expérience d'un siècle et demi de bonheur est pour moi d'un
grand poids. J'ai recommandé, non pas l'imitation servile, mais l'étude
approfondie de la constitution anglaise, et son application parmi nous
dans tout ce qui peut nous convenir ; je l'ai recommandée par amour pour
la France, pour cette France que ma famille n'avait quittée que parce
qu'elle avait été poursuivie par une intolérance barbare; pour cette France
où une loi formelle nous a rappelés, où mon père est venu finir ses jours,
où nous avons retrouvé nos droits, en renonçant, comme la loi l'exigeait,
à tout droit quelconque dans un autre pays; pour cette France, enfin, notre
seule patrie : car cette renonciation voulue par la loi, et condition expresse,
prescrite en échange de son bénéfice, cette renonciation consommée depuis
vingt-quatre ans, et suivie de vingt années de jouissance des droits de cité
en France, nous rendrait étrangers sur toute la terre, si nous n'étions pas
Français.

lierait nos habitudes avec nos droits, nos souvenirs avec nos lumières, et tout ce que nous pouvons conserver du passé avec les besoins invincibles et impérieux du présent, besoins invincibles et impérieux, dis-je, car il est manifeste pour tout homme qui ne veut pas se tromper ou tromper les autres, que ce que la nation voulait en 1789, c'est-à-dire une liberté raisonnable, elle le veut encore aujourd'hui; et je conclus de cette persistance, qui, malgré tant de malheurs, se reproduit depuis vingt-cinq ans, chaque fois que l'opinion ressaisit la faculté de se faire entendre, que la nation ne peut pas cesser de vouloir cette liberté raisonnable et de la chercher.

DE LA RESPONSABILITÉ

DES MINISTRES.

—

CHAPITRE PREMIER.

Définition exacte de la Responsabilité..

La responsabilité des ministres est la condition indispensable de toute monarchie constitutionnelle.

Mais qu'est-ce précisément que la responsabilité ? quelle est sa sphère ? quelles sont ses bornes ? sur quels délits des ministres s'étend sa compétence et quels délits ne sont pas de son ressort ?

Porte-t-elle sur les actes illégaux, c'est-à-dire sur l'usurpation et l'exercice d'une puissance que la loi ne confère pas, ou ne porte-t-elle que sur le mauvais usage de la puissance que la loi confère, et sur les actes qu'elle autorise ?

Si la responsabilité portait sur les actes illégaux, il s'ensuivrait que tous les délits privés des ministres rentreraient dans la sphère de la responsabilité. Il faudrait une accusation intentée par les assemblées représentatives, pour punir l'homicide, le rapt ou tel autre crime, bien que ce crime n'eût aucun rapport avec les fonctions ministérielles. Cette hypothèse est trop absurde pour nous arrêter.

Mais si la responsabilité ne porte que sur le mauvais usage d'un pouvoir autorisé par la loi, il en résulte que plusieurs des délits que nous considérons en France comme du ressort de la responsabilité, sont des délits privés, pour lesquels les ministres ne doivent pas être distingués du reste des citoyens.

Pour tout ce qui est hors des fonctions ministérielles, les ministres ne sont pas responsables, mais soumis à la justice ordinaire, comme tout autre individu. Or, tous les actes illégaux sont hors des fonctions ministérielles. Car les fonctions ministérielles ne confèrent qu'un pouvoir légal.

Hâtons-nous de prouver que c'est ainsi que la responsabilité se conçoit en Angleterre, et prenons pour exemple une des parties de la constitution anglaise que nous connaissons le mieux, l'*habeas corpus*.

Quand l'*habeas corpus* n'est pas suspendu, un ministre qui se permet un acte contraire à ce boulevart de la liberté, n'est pas responsable comme ministre, c'est-à-dire, il n'est pas nécessaire que les représentans de la nation l'attaquent. Coupable envers la loi, il est justiciable des tribunaux ordinaires, devant lesquels l'indi-

vidu lésé ou ses ayant-cause peuvent le traduire.
Mais un ministre qui se permet un acte contraire
à l'*habeas corpus*, quand l'*habeas corpus* est suspendu, n'est pas justiciable devant les tribunaux,
et ne peut être poursuivi par l'individu lésé :
car il n'a fait qu'user d'un pouvoir autorisé par
la loi. Il est responsable, devant les représentans de la nation, de l'emploi du pouvoir légal
qui lui a été confié. Ils peuvent lui demander
compte de l'usage qu'il a fait de ce pouvoir, et
l'accuser, si cet usage leur paraît avoir été préjudiciable ou seulement inutile.

Ainsi, lorsqu'en 1763, les ministres se permi-
rent des actes arbitraires contre M. Wilkes, il
les traduisit devant les tribunaux avec leurs
agens ; et les tribunaux les condamnèrent à des
amendes considérables. Il ne fut question ni de
responsabilité, ni d'accusation par la chambre
des communes , ni de jugement par la chambre
des pairs. C'est que les vexations dont se plai-
gnait M. Wilkes n'étaient point le mauvais usage
d'un pouvoir légal, mais l'exercice non autorisé
d'une force illégitime. Les actes arbitraires des
ministres furent donc envisagés comme des délits privés, et les ministres jugés comme des hommes privés.

Au contraire, durant toute l'époque de la
suspension de l'*habeas corpus*, ceux qui repro-
chaient aux ministres des arrestations ou des
détentions injustes, ne parlaient point de lés

poursuivre devant les tribunaux, mais de les accuser devant la chambre haute. C'est que ces
arrestations et ces détentions étant permises par
la loi, n'étaient plus l'exercice non autorisé
d'une force illégitime, mais l'usage d'un pouvoir
légal : et pour décider si cet usage avait été bon
ou mauvais, il fallait d'autres formes, d'autres
juges.

Dans l'affaire de M. Wilkes, les ministres,
agissant contre la loi, étaient justiciables comme
des coupables ordinaires. Mais s'ils avaient pu
motiver leurs actes sur une loi, ils n'auraient
plus été que responsables comme des fonctionnaires publics.

L'expression même de responsabilité indique
cette distinction. Si je confie à un homme la ges-
tion de ma fortune, et qu'il abuse de ma confiance, pour faire des opérations évidemment
contraires à mes volontés et à mes intérêts, il en
est responsable : mais si ce même homme force
mon coffre-fort pour m'enlever une somme que
je ne lui aurais pas confiée, on ne dira pas qu'il
est responsable comme mon agent, mais il sera
punissable pour atteinte portée à ma propriété.
Dans le premier cas, il aurait abusé d'une autorisation légale que je lui aurais donnée, et la
responsabilité s'ensuivrait. Dans la seconde hypothèse, il aurait agi sans autorisation, et son
délit n'aurait rien de commun avec la responsabilité.

CHAPITRE II.

Dispositions de la charte constitutionnelle relativement à la responsabilité.

La charte dit que les ministres ne pourront être accusés par la chambre des députés que pour fait de trahison et de concussion. C'est qu'en effet la trahison qui comprend la mauvaise direction de la guerre, la mauvaise direction des négociations à l'extérieur, l'introduction d'un système de formes judiciaires destructives de l'indépendance des juges ou des jurés, et toutes les autres mesures générales, préjudiciables à l'État ; et la concussion qui implique le mauvais emploi des deniers publics, sont les deux seuls crimes qui soient dans la sphère de la responsabilité, parce que ce sont les deux seuls par lesquels les ministres puissent prévariquer comme ministres, c'est-à-dire en mésusant du pouvoir que la loi leur a transmis. Dans les actes illégaux, comme ils ne tiennent aucun pouvoir de la loi, ce n'est pas comme ministres qu'ils pèchent : ils sont des individus coupables, et doivent être traités comme tels.

Il est clair que l'intention de la charte, en prononçant que les ministres ne pourront être accusés par la chambre des députés que pour concussion et trahison, a été qu'ils pussent être poursuivis devant les tribunaux ordinaires pour tous les autres crimes, par les individus que ces crimes auraient lésés (1). L'extravagance de la supposition contraire le prouve de reste.

Si un ministre, dans un accès de passion, enlevait une femme, ou si, dans un accès de colère, il tuait un homme, prétendrait-on, parce que la Charte dit que les ministres ne pourront être accusés que pour concussion et pour trahison, que le ministre coupable de rapt ou de meurtre ne pourrait pas être poursuivi? Non, sans doute: mais les auteurs de la Charte ont senti que, dans ce cas, le coupable n'ayant pas agi en sa qualité de ministre, il ne devait pas être accusé comme tel, d'une manière particulière, mais subir, comme violateur des lois communes, les poursuites auxquelles son crime est soumis par les lois communes, dans les formes prescrites par elles, et devant les tribunaux ordinaires.

Or, il en est de tous les actes que la loi réprouve, comme de l'enlèvement et de l'homi-

(1) Il est impossible de donner une autre interprétation aux articles 55 et 56 de la Charte constitutionnelle de 1814. La Chambre des députés, dit l'article 55, a le droit d'accuser les ministres et de les traduire devant la chambre des pairs, qui seule a le droit de les juger. Ils ne peuvent être accusés, dit l'article 56, que pour trahison et concussion. Si l'on en tirait l'induction que les ministres ne peuvent être accusés que par la chambre des députés, comme elle ne peut les accuser que pour concussion et trahison, il s'ensuivrait que pour tout autre crime ils ne pourraient point être accusés.

cide. Un ministre qui attente illégalement à la liberté ou à la propriété d'un citoyen, ne pèche pas comme ministre : car aucune de ses attributions ministérielles ne lui donne le droit d'attenter illégalement à la liberté ou à la propriété d'un individu. Ces attributions peuvent, dans certains cas, lui donner le droit d'y porter atteinte légalement, comme, par exemple, en Angleterre, lorsque l'*habeas corpus* est suspendu, ainsi que nous l'avons dit plus haut. Alors, si l'usage qu'il fait de ce pouvoir légal est mauvais ou inutile, il est responsable. Mais quand l'atteinte qu'il porte à la liberté est illégale, il rentre dans la classe des autres coupables, et doit être poursuivi et puni comme eux.

Il faut remarquer qu'il dépend de chacun de nous d'attenter à la liberté individuelle. Ce n'est point un privilége particulier aux ministres. Je puis, si je veux, soudoyer quatre hommes pour attendre mon ennemi au coin d'une rue, et l'entraîner dans quelque réduit obscur, où je le tienne renfermé, à l'insu de tout le monde. Le ministre qui fait enlever un citoyen, sans y être autorisé par la loi, commet le même crime. Sa qualité de ministre est étrangère à cet acte, et n'en change point la nature. Car, encore une fois, cette qualité ne lui donnant pas le droit de faire arrêter les citoyens au mépris de la loi et contre ses dispositions formelles, le délit qu'il

commet rentre dans la même classe que l'homicide, le rapt, ou tout autre crime privé.

Sans doute, la puissance légitime du ministre
lui facilite les moyens de commettre des actes illégitimes. Mais cet emploi de sa puissance n'est
qu'un délit de plus. C'est comme si un individu
forgeait une nomination de ministre, pour en
imposer à ses agens. Cet individu supposerait
une mission, et s'arrogerait un pouvoir dont il
ne serait pas investi. Le ministre qui ordonne
un acte illégal, se prétend de même revêtu d'une
autorité qui ne lui a pas été conférée.

La charte a laissé à chacun le libre exercice
de ses droits, et le soin de sa défense. Si elle eût
confié la garde de la liberté individuelle aux
chambres représentatives, elle aurait mis la liberté et la sûreté des citoyens à la merci de la
négligence, de la corruption, ou de la servilité
possible de ces assemblées; et ces deux biens inap-
préciables, pour lesquels l'homme a institué
l'état social, auraient été menacés et compromis
par la coalition, toujours à craindre, du pouvoir
représentatif et de l'autorité ministérielle.

Ce n'est pas, assurément, que les représentans n'aient le droit et le devoir de s'élever contre les atteintes que les ministres peuvent porter à la liberté, si les citoyens qui en sont
victimes n'osent pas faire entendre leurs réclamations. Mais les dénonciations qui, dans ce
cas, partiront de la tribune, n'auront pas pour

résultat la mise en accusation du ministre pré-
varicateur devant la chambre des pairs. Elles seront un avertissement aux opprimés qu'on veille
pour eux, et aux tribunaux ordinaires, une
invitation de poursuivre les-perturbateurs de la
paix publique, perturbateurs d'autant plus coupables, qu'ils tournent contre elle un pouvoir
qu'ils avaient reçu pour la préserver.

CHAPITRE III.

Avantages de cette définition de la responsabilité,
pour les mesures à prendre envers les agens
subalternes de l'autorité.

Nous trouvons, dans cette définition exacte de
la responsabilité, la solution d'un problème qui,
jusqu'à présent, a paru insoluble. Les agens
inférieurs doivent-ils être considérés comme responsables ? Si vous étendez la responsabilité aux
actes illégaux, vous ne pouvez refuser de résoudre cette question par l'affirmative. La négative anéantirait toutes les garanties de la
sécurité individuelle. Si vous ne punissiez que
le ministre qui donne un ordre illégal, et non les
agens qui l'exécutent, vous placeriez la réparation si haut que souvent on ne pourrait l'atteindre. Ce serait comme si vous prescriviez à un
homme attaqué par un autre de ne diriger ses

coups que sur la tête et non sur les bras de son
agresseur, sous le prétexte que le bras n'est
qu'un instrument aveugle, et que dans la tête
est la volonté et par conséquent le crime. Mais
si, de la nécessité de soumettre de la sorte les
agens inférieurs à des châtimens, quand ils
exécutent des ordres coupables, vous infériez
que, pour les objets qui sont dans la véritable
sphère de la responsabilité, ils peuvent aussi
être poursuivis, vous jetteriez dans les idées une
confusion qui entraverait toutes les mesures du
gouvernement, et qui rendrait sa marche impossible. Si le général et l'officier étaient responsables de la légitimité d'une guerre, ou l'ambassadeur du contenu d'un traité qu'il a reçu
l'ordre de signer, aucune guerre, aucune négo-
ciation ne pourraient être dirigées avec succès.
La distinction que j'ai établie lève seule la difficulté. Il est évident que la responsabilité
proprement dite ne pèse point sur les agens inférieurs, c'est-à-dire que ces agens ne sont responsables que de l'exécution stricte des ordres
qu'ils reçoivent. Quand il s'agit d'attentats contre la sûreté, la liberté, la propriété individuelle,
comme ces attentats sont des délits, ceux qui
prêtent leur coopération à ces délits ne peuvent
être mis à couvert par aucune autorité supérieure. Mais dans ce qui a rapport à l'usage bon
ou mauvais d'un pouvoir légal ; comme les ministres seuls peuvent connaître si l'usage qu'ils

font de ce pouvoir est bon ou mauvais, ils sont seuls responsables. Ainsi, le gendarme ou l'officier qui a concouru à l'arrestation illégale d'un citoyen, n'est pas justifié par l'ordre d'un ministre, parce que celui-ci n'avait pas le droit de donner cet ordre. Mais s'il s'agit d'une guerre injuste ou funeste, d'un traité de paix désavantageux ou déshonorant, tout le monde sent que ni l'ambassadeur qui a signé le traité, s'il s'est conformé en tout aux instructions qu'il avait reçues, ni le général qui a commandé, ni le soldat qui a servi dans la guerre, ne peuvent être recherchés.

CHAPITRE IV.

Réponse à une objection.

La difficulté, dira-t-on, n'est qu'éludée. Il importe peu que vous appeliez les agens inférieurs justiciables ou responsables. S'ils peuvent être punis, dans une circonstance quelconque, de leur obéissance, vous les autorisez à juger les mesures du gouvernement avant d'y concourir. Par cela seul toute son action est entravée. Où trouvera-t-il des agens, si l'obéissance est dangereuse ? Dans quelle impuissance vous placez tous ceux qui sont investis du commandement ! Dans quelle incertitude vous jetez tous ceux qui sont chargés de l'exécution !

Je réponds d'abord : si vous prescrivez aux agens de l'autorité le devoir absolu d'une obéissance implicite et passive, vous lancez sur la société humaine des instrumens d'arbitraire et d'oppression, que le pouvoir aveugle ou furieux peut déchaîner à volonté. Lequel des deux maux est le plus grand ?

Mais je crois devoir remonter ici à quelques principes plus généraux sur la nature et la possibilité de l'obéissance passive. Depuis la révolution, l'on s'extasie plus que jamais sur les avantages de ce genre d'obéissance. S'il n'y a pas obéissance passive dans l'armée, dit-on, il n'y aura plus d'armée; s'il n'y a pas dans l'administration obéissance passive, il n'y aura plus d'administration. Je ne serais pas étonné que ces raisonneurs, que les fureurs de la démagogie ont d'autant mieux façonnés au despotisme, ne blâmassent les commandans et les gouverneurs de provinces, que l'histoire loue, depuis près de trois siècles, de n'avoir pas obéi à Charles IX, lors du massacre de la Saint-Barthélemy.

Il est bizarre que les faits dont nous avons été témoins et victimes n'aient pas découragé les partisans d'un pareil système. Ce n'est pas faute d'obéissance dans les agens inférieurs de nos diverses tyrannies, que la France a tant souffert de ces tyrannies. Tout le monde, au contraire, n'a que trop obéi; et si quelques malheureux ont échappé, si quelques injustices ont été

adoucies, si le gouvernement de Robespierre a
été renversé, c'est qu'on s'est écarté quelquefois
de la doctrine de l'obéissance.

Mais les dépositaires du pouvoir, convaincus,
malgré les exemples, de l'éternelle durée de leur
autorité, ne cherchent que des instrumens do-
ciles, qui servent sans examen : ils ne voient
dans l'intelligence humaine qu'une cause de résistance qui les importune.

Plus les soldats, en leur qualité d'instrumens
aveugles, ont fusillé leurs concitoyens, plus on
a répété que l'armée devait être purement et
passivement obéissante. Plus les agens de l'administration ont déployé de zèle sans examen,
pour faire incarcérer, détenir et traduire devant
les tribunaux de sang leurs administrés, plus on a
prétendu que l'examen était le fléau, et le zèle implicite le ressort nécessaire de toute administration. On ne réfléchit pas que les instrumens trop
passifs peuvent être saisis par toutes les mains, et
retournés contre leurs premiers maîtres, et que
l'intelligence qui porte l'homme à l'examen, lui
sert aussi à distinguer le droit d'avec la force,
et celui à qui appartient le commandement de
celui qui l'usurpe.

L'obéissance passive, telle qu'on nous la
vante et qu'on nous la recommande, est, grace
au ciel, complétement impossible. Même dans
la discipline militaire, cette obéissance passive
a des bornes que la nature des choses lui trace,

en dépit de tous les sophismes. On a beau dire que les armées doivent être des machines, et que l'intelligence du soldat est dans l'ordre de son caporal. Un soldat devrait-il, sur l'ordre de son caporal ivre, tirer un coup de fusil à son capitaine ? Il doit donc distinguer si son caporal est ivre ou non. Il doit réfléchir que le capitaine est une autorité supérieure au caporal. Voilà de l'intelligence et de l'examen requis dans le soldat. Un capitaine devrait-il, sur l'ordre de son colonel, aller, avec sa compagnie, aussi obéissante que lui, arrêter le ministre de la guerre ? Voilà donc de l'intelligence, de l'examen requis dans le capitaine. Un colonel devrait-il, sur l'ordre du ministre de la guerre, porter une main attentatoire sur la personne sacrée du roi ? Voilà donc de l'intelligence et de l'examen requis dans le colonel. N'a-t-on pas, naguère, comblé d'éloges, avec beaucoup de justice, l'officier qui, recevant l'ordre de faire sauter un magasin à poudre au centre de Paris, s'est servi de son jugement et de sa conscience pour se démontrer que la désobéissance était son devoir ?

Il y a donc des circonstances où l'examen reprend ses droits, où il devient une obligation et une nécessité, et où l'instrument passif et aveugle peut être punissable et doit être puni.

Qu'en thèse générale, la discipline soit la base indispensable de toute organisation militaire, que la ponctualité, dans l'exécution des ordres reçus, soit le ressort nécessaire de toute administration civile, nul doute. Mais cette règle a des limites. Ces limites ne se laissent pas décrire, parce qu'il est impossible de prévoir tous les cas qui peuvent se présenter : mais elles se sentent. La raison de chacun l'en avertit. Il en est juge, et il en est nécessairement le seul juge : il en est le juge à ses risques et périls. S'il se trompe, il en porte la peine. Mais on ne fera jamais que l'homme puisse devenir totalement étranger à l'examen, et se passer de l'intelligence que la nature lui a donnée pour se conduire, et dont aucune profession ne peut le dispenser de faire usage.

Je pourrais tirer de ces principes des conséquences générales d'une grande importance, pour l'obéissance que les citoyens doivent aux lois mêmes ; mais je ne veux pas m'écarter de mon sujet.

Oui sans doute la chance d'une punition pour avoir obéi jettera quelquefois les agens subalternes dans une incertitude pénible. Il serait plus commode pour eux d'être des automates zélés ou des dogues intelligens. Mais il y a incertitude dans toutes les choses humaines. Pour se délivrer de toute incertitude, l'homme devrait cesser d'être un être moral. Le raisonnement n'est qu'une comparaison des argumens, des probabilités et des chances. Qui dit comparaison, dit possibilité d'erreur, et par conséquent incertitude. Mais à cette incertitude, il y a, dans une organisation politique bien constituée, un remède qui non-seulement répare les méprises du jugement individuel, mais qui met l'homme à l'abri des suites trop funestes de ces méprises lorsqu'elles sont innocentes. Ce remède, dont il faut assurer la jouissance aux agens de l'administration comme à tous les citoyens, c'est le jugement par jurés. Quand il faut décider si tel agent subordonné à un ministre, et qui lui a prêté ou refusé son obéissance, a bien ou mal agi, la loi écrite est très-insuffisante. C'est la raison commune qui doit prononcer. Il est donc nécessaire de recourir dans ce cas à des jurés, ses seuls interprètes. Eux seuls peuvent évaluer les motifs qui ont dirigé ces agens, et le degré d'innocence, de mérite ou de culpabilité de leur résistance ou de leur concours.

Qu'on ne craigne pas que les instrumens de l'autorité, comptant, pour justifier leur désobéissance, sur l'indulgence des jurés, soient trop enclins à désobéir. Leur tendance naturelle, favorisée encore par leur intérêt et leur amour-propre, est toujours l'obéissance. Les faveurs de l'autorité sont à ce prix. Elle a tant de moyens secrets pour les dédommager des inconvéniens de leur zèle! Si le contrepoids avait un défaut, ce serait plutôt d'être inefficace : mais ce n'est au moins pas une raison pour le retrancher. Les jurés eux-mêmes ne prendront point avec exa-

gération le parti de l'indépendance dans les
agens du pouvoir. Le besoin de l'ordre est inhérent à l'homme; et dans tous ceux qui sont revêtus d'une mission, ce penchant se fortifie du sentiment de l'importance et de la considération
dont ils s'entourent, en se montrant scrupuleux
et sévères. Le bon sens des jurés concevra facilement qu'en général la subordination est nécessaire, et leurs décisions seront d'ordinaire en
faveur de la subordination.

Une réflexion me frappe. L'on dira que je mets
l'arbitraire dans les jurés : mais vous le mettez
dans les ministres. Il est impossible, je le répète,
de tout régler, de tout écrire, et de faire de la
vie et des relations des hommes entre eux un
procès-verbal rédigé d'avance, où les noms seuls
restent en blanc, et qui dispense à l'avenir les
générations qui se succèdent de tout examen,
de toute pensée, de tout recours à l'intelligence.
Or, si, quoi qu'on fasse, il reste toujours dans
les affaires humaines quelque chose de discrétionnaire, je le demande, ne vaut-il pas mieux
que l'exercice du pouvoir que cette portion discrétionnaire exige soit confié à des hommes qui
ne l'exercent que dans une seule circonstance,
qui ne se corrompent ni ne s'aveuglent par l'habitude de l'autorité, et qui soient également intéressés à la liberté et au bon ordre, que si vous
la confiez à des hommes qui ont pour intérêt
permanent leurs prérogatives particulières?

Encore une fois, vous ne pouvez pas maintenir sans restriction votre principe d'obéissance
passive. Il mettrait en danger tout ce que vous
voulez conserver ; il menacerait non-seulement
la liberté, mais l'autorité; non-seulement ceux
qui doivent obéir, mais ceux qui commandent;
non-seulement le peuple, mais le monarque.
Vous ne pouvez pas non plus indiquer avec précision chaque circonstance où l'obéissance cesse
d'être un devoir et devient un crime. Direz-vous
que tout ordre contraire à la constitution établie
ne doit pas être exécuté? Vous êtes malgré vous
reporté vers l'examen de ce qui est contraire à
la constitution établie. L'examen est pour vous
ce palais de Strigiline, où les chevaliers reve-
naient sans cesse, malgré leurs efforts pour s'en
éloigner. Or, qui sera chargé de cet examen? ce
ne sera pas, je le pense, l'autorité qui a donné
l'ordre que vous voulez faire examiner. Il faudra
donc toujours que vous organisiez un moyen de
prononcer dans chaque circonstance, et le meilleur de tous les moyens, c'est de confier le droit
de prononcer aux hommes les plus impartiaux,
les plus identifiés aux intérêts publics. Ces
hommes sont les jurés.

La responsabilité des agens, pour employer
encore une fois ce mot, dans l'acception fautive
qui lui a été donnée, la responsabilité des agens,
dis-je, est reconnue en Angleterre, depuis le dernier échelon jusqu'au degré le plus élevé, de ma-

nière à ne laisser aucun doute. Un fait très-cu-
rieux le prouve, et je le cite d'autant plus volontiers, que l'homme qui se prévalut, dans cette
circonstance, du principe de la responsabilité de
tous les agens, ayant eu évidemment tort dans
la question particulière, l'hommage rendu au
principe général n'en fut que plus manifeste.

Lors de l'élection contestée de M. Wilkes, un
des magistrats de Londres, concevant que la
chambre des communes avait, dans quelques-
unes de ses résolutions, excédé ses pouvoirs, dé-
clara que, vu qu'il n'existait plus de chambre
des communes légitime en Angleterre, le paiement des taxes exigé désormais en vertu de lois
émanées d'une autorité devenue illégale n'était
plus obligatoire. Il refusa en conséquence le paiement de tous les impôts, laissa saisir ses meubles
par le collecteur des taxes, et attaqua ensuite ce
collecteur pour violation de domicile et saisie
arbitraire. La question fut portée devant les tribunaux. L'on ne mit point en doute que le collecteur ne fût punissable, si l'autorité au nom de
laquelle il agissait n'était pas une autorité légale
et le président du tribunal, lord Mansfield, s'atta-
cha uniquement à prouver aux jurés que la
chambre des communes n'avait pas perdu son
caractère de légitimité; d'où il résulte que si le
collecteur avait été convaincu d'avoir exécuté
des ordres illégaux ou émanés d'une source illégitime, il eût été puni, bien qu'il ne fût qu'un ins-

trument soumis au ministre des finances , et ré-
vocable par ce ministre (1).

CHAPITRE V.

*De quelques opinions émises dans la Chambre
des Députés en 1814.*

On a paru disposé, dans la chambre de nos
députés, à ne permettre, contre les ministres
et leurs agens, s'ils se rendaient coupables d'attentats envers les individus, qu'une action civile, et même on a voulu que cette action
civile ne pût avoir lieu qu'en vertu d'une décision du conseil des ministres. D'après les principes que j'ai énoncés, et suivant lesquels les
attentats de cette nature ne sont que des délits

(1) J'aurais pu citer un autre fait, plus décisif encore, dans la même
affaire. L'un des principaux commis des ministres qui poursuivaient
M. Wilkes, ayant, avec quatre messagers d'état, saisi ses papiers, et ar-
rêté cinq à six personnes, considérées comme ses complices, M. Wilkes
obtint mille livres sterling de dommages contre cet agent, qui n'avait agi
toutefois que d'après des ordres ministériels. Cet agent fut condamné en
son propre et privé nom à payer cette somme. Les quatre messagers d'état
furent attaqués également devant la cour des plaids communs, par les autres personnes arrêtées, et condamnés à deux mille livres sterling d'a-
mende. Au reste, j'ai prouvé, dans une note précédente, que nous avons
en France des lois du même genre contre les exécuteurs d'ordres illégaux,
tels que les gendarmes et les geôliers, en matière de liberté personnelle, et
tels que les percepteurs des revenus publics en matière d'imposition. Ceux
qui ont cru écrire contre moi, ont écrit en réalité contre notre Code, tel
qu'il est en vigueur, et tel qu'il doit être observé journellement.

privés, le genre et la gravité du délit doivent,
je le pense, décider de l'espèce d'action qu'il
peut autoriser, et lorsqu'il participe du crime,
comme dans les rigueurs illégales contre des détenus, rigueurs que leur atrocité peut placer au
rang des actes les plus coupables, l'action civile
ne suffit pas.

Il est utile de remarquer que cette sorte de
délits sera le plus souvent le fait des agens subordonnés, et qu'en conséquence sa poursuite
et son châtiment n'interrompront point, comme
on semble le craindre, la marche du gouvernement. Qu'un gendarme soit poursuivi pour
avoir commis un crime, reste d'autres gendarmes qui rempliront leurs devoirs; qu'un
commissaire de police soit mis en jugement pour
avoir attenté à la sûreté individuelle, il reste
d'autres commissaires de police pour veiller à
l'ordre public : il en résultera seulement que
les uns et les autres seront plus attentifs à ne
pas-s'écarter de ce que les lois prescrivent, et
la marche du gouvernement ne sera que plus
assurée, puisqu'elle n'en sera que plus régulière. Que si des outrages à l'humanité et à la
justice étaient ordonnés par un ministre même;
si, par exemple (comme au milieu du dernier
siècle, un homme puissant, célèbre à la fois
par son despotisme et son génie, dans un
royaume voisin), un ministre faisait périr lente-
ment, dans un cachot rempli d'une eau glacée,

les prisonniers objets de sa vengeance, certes, on conviendrait de l'insuffisance de l'action civile.

J'ai questionné des Anglais très-versés dans la jurisprudence de leur pays, sur l'action qui fut dirigée par M. Wilkes contre les ministres. Ils m'ont répondu que dans cette circonstance l'action fut en effet purement civile, parce que l'on inculpait uniquement la légalité des actes, et non les intentions des ministres ou de leurs agens ; mais si l'intention avait été attaquée comme criminelle, l'action criminelle aurait eu lieu.

Quant à la nécessité d'une permission de l'autorité, afin de poursuivre les agens de l'autorité, elle me frappe, je l'avoue, comme une telle pétition de principe, et un cercle tellement vicieux que je conçois à peine qu'on puisse l'admettre. Cette disposition existait dans la constitution de l'an 8 ; aussi refusait-on à tous les individus le droit de se pourvoir en réparation, et les vexations les plus scandaleuses restaient impunies.

D'autres députés ont voulu disputer aux tribunaux ordinaires le droit de juger des actions intentées pour délits privés, par des individus, contre les ministres. Ils ont argué tour à tour de la faiblesse des tribunaux, qui craindraient de prononcer contre des hommes puissans, et de l'inconvénient de confier à ces tribunaux ce qu'ils ont nommé les secrets de l'état.

Cette dernière objection tient à d'anciennes idées. C'est un reste du système dans lequel on admettait que la sûreté de l'état pouvait exiger des actes arbitraires. Alors, comme l'arbitraire ne peut se motiver, puisqu'il suppose l'absence des faits et des preuves qui auraient rendu la loi suffisante, on prétend que le secret est indispensable. Quand un ministre a fait arrêter et détenir illégalement un citoyen, il est tout simple que ses apologistes attribuent cette vexation à des raisons secrètes, qui sont à la connaissance du ministre seul, et qu'il ne peut révéler sans compromettre la sûreté publique. Quant à moi, je ne connais pas de sûreté publique sans garantie individuelle. Je crois que la sûreté publique est surtout compromise, quand les citoyens voient dans l'autorité un péril au lieu d'une sauvegarde. Je crois que l'arbitraire est le véritable ennemi de la sûreté publique; que les ténèbres dont l'arbitraire s'enveloppe ne font qu'aggraver ses dangers, qu'il n'y a de sûreté publique que dans la justice, de justice que dans les lois, de lois que par les formes. Je crois que la liberté d'un seul citoyen intéresse assez le corps social pour que la cause de toute rigueur exercée contre lui doive être connue par ses juges naturels. Je crois que tel est le but principal, le but sacré de toute institution politique, et que comme aucune constitution ne peut trouver ailleurs une légitimité complète, ce serait en vain qu'elle chercherait ailleurs une force et une durée certaines.

Que si l'on prétend que les tribunaux seront trop faibles contre les agens coupables, c'est qu'on se représente ces tribunaux dans l'état d'incertitude, de dépendance et de terreur dans lequel la révolution les avait placés. Des gouvernemens inquiets sur leurs droits, menacés dans leurs intérêts, produits malheureux des factions, et déplorables héritiers de la haine que ces factions avaient inspirée, ne pouvaient ni créer ni souffrir des tribunaux indépendans. Toutes ces choses sont ou seront changées. Nos tribunaux pourront être forts contre les agens de l'autorité, par cela même que l'autorité sera respectée. La constitution déclarant le monarque inviolable, l'a mis dans l'heureuse et noble impuissance de faire le mal; il ne sera point solidaire du mal qui se serait fait; il ne gagnerait rien à ce que des crimes qu'il n'aurait pu commander restassent impunis. Les tribunaux sauront qu'en sévissant contre ces crimes, ils ne peuvent encourir aucune animadversion constitutionnelle, qu'ils ne bravent aucun danger : et de leur sécurité naîtra tout à la fois l'impartialité, la modération et le courage. Ce n'est pas que les représentans de la nation n'aient aussi le droit et le devoir de s'élever contre les attentats que les ministres peuvent porter à la liberté, si les citoyens qui en sont victimes n'osent faire entendre leurs réclamations. L'on ne peut refuser au citoyen le droit d'exiger la réparation du tort qu'il éprouve ; mais il faut aussi que les hommes investis de sa confiance puissent prendre sa cause en main. Cette double garantie est indispensable. Seulement, il faut la concilier par la législation avec la garantie qu'on doit aux ministres, qui, plus exposés que de simples particuliers, au dépit des passions blessées, doivent trouver dans les lois et dans les formes une protection équitable et suffisante. Il y a beaucoup d'actes illégaux qui ne mettent en péril que l'intérêt général. Il est clair que ces actes ne peuvent être dénoncés que par les assemblées représentatives. Aucun individu n'a l'intérêt ni le droit de s'en attribuer la poursuite. Quant à l'abus du pouvoir légal dont les ministres sont revêtus, il est plus clair encore que les représentans du peuple sont seuls en état de juger si l'abus existe.

CHAPITRE VI.

De la Responsabilité proprement dite.

La question de la responsabilité me paraît déjà fort simplifiée. Elle est affranchie d'une première difficulté, et cette difficulté était la plus grande. Les actes illégaux ou arbitraires dont les ministres peuvent se rendre coupables ne sont point compris dans la sphère de la responsabilité. Ces actes sont des délits privés, et doivent être jugés par les mêmes tribunaux et suivant les mêmes formes que les délits de tous les individus. La responsabilité ne porte que sur le mauvais usage d'un pouvoir légal.

Ainsi, une guerre injuste, ou une guerre mal dirigée, un traité de paix dont les sacrifices n'auraient pas été commandés impérieusement par les circonstances, de mauvaises opérations de finances, l'introduction de formes défectueuses ou dangereuses dans l'administration de la justice, enfin tout emploi du pouvoir qui, bien qu'autorisé par la loi, serait funeste à la nation ou vexatoire pour les citoyens, sans être exigé par l'intérêt public; tels sont les objets sur lesquels la responsabilité étend son empire.

On voit par cette définition abrégée combien sera toujours illusoire toute tentative de rédiger sur la responsabilité une loi précise et détaillée, comme doivent l'être les lois criminelles.

Il y a mille manières d'entreprendre injustement ou inutilement une guerre, de diriger avec trop de précipitation, ou trop de lenteur, ou trop de négligence la guerre entreprise; d'apporter trop d'inflexibilité ou trop de faiblesse dans les négociations, d'ébranler le crédit, soit par des opérations hasardées, soit par des économies mal conçues, soit par des infidélités déguisées sous différens noms. Si chacune de ces manières de nuire à l'État devait être indiquée et spécifiée par une loi, le code de la responsabilité deviendrait un traité d'histoire et de politique, et encore ses dispositions n'atteindraient que le passé. Les ministres trouveraient facilement de nouveaux moyens de les éluder pour l'avenir.

Aussi les Anglais, si scrupuleusement attachés d'ailleurs, dans les objets qu'embrasse la loi commune, à l'application littérale de la loi, ne désignent-ils les délits qui appellent sur les ministres la responsabilité, que par les mots très-vagues de *high crimes and misdemeanours*, mots qui ne précisent ni le degré ni la nature du crime : et si nous conservons dans notre Charte constitutionnelle les expressions consacrées de concussion et de trahison, il faudra, de toute nécessité, leur donner le sens le plus large et la latitude la plus grande. Il faudra établir qu'un ministre trahit l'État toutes les fois qu'il exerce, au détriment de l'État, son autorité légale.

On croira peut-être que je place les ministres dans une situation bien défavorable et bien périlleuse. Tandis que j'exige, pour les simples citoyens, la sauvegarde de la précision la plus exacte, et la garantie de la lettre de la loi, je livre les ministres à une sorte d'arbitraire exercé sur eux, et par leurs accusateurs et par leurs juges. Mais cet arbitraire est dans l'essence de la

chose même. On verra que ses inconvéniens seront adoucis par la solennité des formes, le caractère auguste des juges et la modération des
peines. Ici le principe doit être posé : et je pense
qu'il vaut toujours mieux avouer en théorie ce
qui ne peut être évité dans la pratique.

Un ministre peut faire tant de mal, sans s'é-
carter de la lettre d'aucune loi positive, que si
vous ne préparez pas des moyens constitutionnels de réprimer ce mal et de punir ou d'éloigner le coupable (car je montrerai qu'il s'agit
beaucoup plus d'enlever le pouvoir aux ministres
prévaricateurs, que de les punir), la nécessité
fera trouver ces moyens hors de la constitution
même. Les hommes réduits à chicaner sur les
termes ou à enfreindre les formes, deviendront
haineux, perfides et violens. Ne voyant point de
route tracée, ils s'en fraieront une qui sera plus
courte, mais aussi plus désordonnée et plus dangereuse. Il y a, dans la réalité, une force qu'aucune adresse n'élude long-temps. Si, en ne diri-
geant contre les ministres que des lois précises,
qui n'atteignent jamais l'ensemble de leurs actes
et la tendance de leur administration, vous les
dérobez de fait à toutes les lois, on ne les jugera
plus d'après vos dispositions minutieuses et inapplicables ; on sévira contre eux d'après les inquiétudes qu'ils auront causées, le mal qu'ils
auront fait, et le degré de ressentiment qui en
sera la suite.

Ce qui me persuade que je ne suis point un ami de l'arbitraire, en posant en axiome que la loi sur la responsabilité ne saurait être détaillée, comme les lois communes, et que c'est une loi politique, dont la nature et l'application ont iné-vitablement quelque chose de discrétionnaire, c'est que j'ai pour moi, comme je viens de le dire, l'exemple des Anglais, et que non seule-ment, depuis cent trente-quatre ans, la liberté existe chez eux sans trouble et sans orages, mais que de tous leurs ministres, exposés à une respon-sabilité indéfinie, et perpétuellement dénoncés par l'opposition, un bien petit nombre a été sou-mis à un jugement, aucun n'a subi une peine.

Nos souvenirs ne doivent pas nous tromper. Nous avons été furieux et turbulens, comme des esclaves qui brisaient leurs fers. Mais aujour-d'hui nous sommes devenus un peuple libre; et si nous continuons à l'être, si nous organisons avec hardiesse et franchise des institutions de li-berté, nous serons bientôt calmes et sages comme un peuple libre.

CHAPITRE VII.

De la déclaration que les Ministres sont indignes de la confiance publique.

Dans les discussions qui ont eu lieu dernière-ment sur la responsabilité, l'on a proposé de rem-placer, par un moyen plus doux en apparence, l'accusation formelle, lorsque la mauvaise administration dés ministres aurait compromis la sûreté de l'état, la dignité de la couronne, ou la liberté du peuple, sans néanmoins avoir enfreint d'une manière directe aucune loi positive. On a voulu investir les assemblées représentatives du droit de déclarer les ministres indignes de la confiance publique.

Mais je remarquerai d'abord que cette déclaration existe de fait contre les ministres, toutes les fois qu'ils perdent la majorité dans les assemblées. Lorsque nous aurons ce que nous n'avons point encore, mais ce qui est d'une nécessité indispensable dans toute monarchie constitutionnelle, je veux dire un ministère qui agisse de concert, une majorité stable, et une opposition bien séparée de cette majorité, nul ministre ne pourra se maintenir, s'il n'a pour lui le plus grand nombre des voix, à moins d'en appeler au peuple par des élections nouvelles. Et alors, ces élections nouvelles seront la pierre de touche de la confiance accordée à ce ministre. Je n'aperçois donc, dans la déclaration proposée au lieu de l'accusation, que l'énoncé d'un fait qui se prouve, sans qu'il soit besoin de le déclarer. Mais je vois de plus que cette déclaration, par cela même qu'elle sera moins solennelle et paraîtra moins sévère qu'une accusation formelle, sera de nature à être plus fréquemment prodiguée. Si vous craignez que l'on ne prodigue l'accusation elle-

même, c'est que vous supposez l'assemblée factieuse. Mais si en effet l'assemblée est factieuse,
elle sera plus disposée encore à flétrir les ministres qu'à les accuser, puisqu'elle pourra les flétrir sans se compromettre, par une déclaration
qui ne l'engage à rien, qui, n'appelant aucun
examen, ne requiert aucune preuve, qui n'est
enfin qu'un cri de vengeance. Si l'assemblée n'est
pas factieuse, pourquoi inventer une formule
inutile dans cette hypothèse et dangereuse dans
l'autre?

Secondement, quand les ministres sont accusés, un tribunal dont la composition nous occu-
pera tout à l'heure est chargé de les juger. Ce
tribunal, par son jugement, quel qu'il soit, ré-
tablit l'harmonie entre le gouvernement et les
organes du peuple. Mais aucun tribunal n'existe
pour prononcer sur la déclaration dont il s'agit.
Cette déclaration est un acte d'hostilité d'autant
plus fâcheux dans ses résultats possibles, qu'il
est sans résultat fixe et nécessaire. Le roi et les
mandataires du peuple sont mis en présence, et
vous perdez le grand avantage d'avoir une autorité neutre qui prononce entre eux.

Cette déclaration est en troisième lieu une atteinte directe à la prérogative royale. Elle dispute au roi la liberté de ses choix. Il n'en est pas
de même de l'accusation. Les ministres peuvent
être devenus coupables, sans que le monarque
ait eu tort de les nommer, avant qu'ils le fus-

sent. Quand vous accusez les ministres, ce sont eux seuls que vous attaquez : mais quand vous les déclarez indignes de la confiance publique, le prince est inculpé, ou dans ses intentions ou dans ses lumières, ce qui ne doit jamais arriver dans un gouvernement constitutionnel.

L'essence de la royauté, dans une monarchie représentative, c'est l'indépendance des nominations qui lui sont attribuées. Jamais le roi n'agit en son propre nom. Placé au sommet de tous les pouvoirs, il crée les uns, modère les autres, dirige ainsi l'action politique, en la tempérant sans y participer. C'est de là que résulte son inviolabilité. Il faut donc lui laisser cette prérogative intacte et respectée. Il ne faut jamais lui contester le droit de choisir. Il ne faut pas que les assemblées s'arrogent le droit d'exclure, droit qui, exercé obstinément, implique à la fin celui de nommer.

L'on ne m'accusera pas, je le pense, d'être trop favorable à l'autorité absolue. Mais je veux que la royauté soit investie de toute la force, entourée de toute la vénération qui lui sont nécessaires pour le salut du peuple et la dignité du trône.

Que les délibérations des assemblées soient parfaitement libres ; que les secours de la presse, affranchie de toute entrave, les encouragent et les éclairent ; que l'opposition jouisse des priviléges de la discussion la plus hardie : ne lui refusez aucune ressource constitutionnelle pour enlever au ministère sa majorité. Mais ne lui tracez pas un chemin dans lequel, s'il est une fois ouvert, elle se précipitera sans cesse. La déclaration que l'on propose deviendra tour à tour une formule sans conséquence, ou une arme entre les mains des factions.

J'ajouterai que, pour les ministres mêmes, il vaut mieux qu'ils soient quelquefois accusés légèrement peut-être, que s'ils étaient exposés à chaque instant à une déclaration vague, contre laquelle il serait plus difficile de les garantir. C'est un grand argument dans la bouche des défenseurs d'un ministre que ce simple mot, accusez-le.

Je l'ai déjà dit, et je le répète, la confiance dont un ministre jouit, ou la défiance qu'il inspire, se prouve par la majorité qui le soutient ou qui l'abandonne. C'est le moyen légal, c'est l'expression constitutionnelle. Il est superflu d'en chercher une autre.

CHAPITRE VIII.

Du tribunal qui doit juger les Ministres.

Je reproduis, pour plus de clarté, les expressions que j'ai déjà employées. La loi sur la responsabilité ne saurait être précise ni détaillée, comme les lois communes. C'est une loi politique, dont la nature et l'application ont inévitablement quelque chose de discrétionnaire. Il s'ensuit que l'application de la responsabilité nécessite des règles et des formes différentes de celles qui suffisent lorsque tout peut être ordonné et prévu par la lettre de la loi.

La mauvaise direction de la guerre, ainsi que l'appréciation erronée de sa légitimité, de mauvaises opérations de finances, ou tout autre emploi défectueux d'un pouvoir légal, peuvent être le résultat d'une erreur, d'une incapacité, d'une faiblesse, qui ne supposent point des intentions criminelles. Il faut donc que le tribunal qui doit prononcer sur ces questions compliquées, donne aux accusés, par son organisation, la garantie qu'il fera servir sa puissance, plus ou moins discrétionnaire, à l'évaluation équitable, non-seulement des actes, mais des motifs. Il faut que la position, le caractère, les intérêts des juges constatent bien cette garantie; qu'ils soient investis d'une assez grande latitude; enfin que les peines qu'ils auront à prononcer soient très-modérées.

J'ai dit ailleurs que toutes les fois que les questions avaient une partie morale, et qu'elles étaient d'une nature compliquée, le jugement par jurés était indispensable. J'ai montré de plus auparavant, qu'il n'existait, par exemple, nul autre moyen pour que l'obéissance ou la désobéissance dès agens inférieurs, dans le cas d'attentats contre la liberté et les droit individuels, fût équitablement appréciée. A plus forte raison faut-il, pour juger les ministres, dans des questions plus difficiles encore, et sur lesquelles la loi positive peut encore moins prononcer avec précision, une institution qui participe aux avantages des jurés. Mais de simples jurés seraient insuffisans, lorsqu'il s'agit d'une responsabilité qui porte sur les plus grands problèmes politiques, sur les intérêts à la fois les plus vastes et les plus secrets de la nation.

Les représentans de cette nation, appelés à surveiller l'emploi de la fortune publique, et plus ou moins admis dans les détails des négociations, puisque les ministres leur en doivent un compte lorsqu'elles sont terminées, paraissent d'abord en état de décider si ces ministres méritent l'approbation ou le blâme, l'indulgence ou le châtiment. Mais les représentans de la nation, électifs pour un espace de temps limité, et ayant besoin de plaire à leurs commettans, se ressentent toujours de leur origine populaire, et de leur situation qui redevient précaire à des époques fixes. Cette situation les jette dans une double dépendance, celle de la popularité et celle de la faveur. Ils sont d'ailleurs appelés à se montrer souvent les antagonistes des ministres, et par cela même qu'ils peuvent devenir leurs accusateurs, ils ne sauraient être leurs juges. Cette fonction importante doit être remise à nne autorité dont l'impartialité soit mieux assurée.

La mise en accusation des ministres est, dans le fait, un procès entre le pouvoir exécutif et le pouvoir du peuple. Il faut donc, pour le termiher, recourir à un tribunal qui ait un intérêt distinct à la fois et de celui du peuple et de celui du gouvernement, et qui, néanmoins, soit réuni, par un autre intérêt, à celui du gouvernement et à celui du peuple.

La pairie réunit ces deux conditions. Ses priviléges séparent du peuple les individus qui en sont investis. Ils n'ont plus à rentrer dans la condition commune. Ils ont donc un intérêt distinct de l'intérêt populaire. Mais le nombre des pairs mettant toujours obstacle à ce que la majorité d'entre eux puisse participer au gouvernement, cette majorité a, sous ce rapport, un intérêt distinct de l'intérêt du gouvernement. En même temps, les pairs sont intéressés à la liberté du peuple : car si la liberté du peuple était anéantie, la liberté des pairs et leur dignité disparaîtraient. Ils sont intéressés de même au maintien du gouvernement ; car si le gouvernement était renversé, avec lui s'abîmerait leur institution.

La chambre des pairs est donc, par l'indépendance et la neutralité qui la caractérisent, le juge convenable des ministres, pour tous les dé-

lits qui entrent dans la sphère de la responsabilité.

Voilà déjà, ce me semble, une première garantie, assez rassurante, contre l'espèce d'arbitraire que les ministres pourraient redouter. Les
hommes appelés à prononcer sur leur conduite
sont exempts des passions qui dirigent leurs accusateurs. Placés dans un poste qui inspire naturellement l'esprit conservateur à ceux qui l'occupent, formés par leur éducation à la connaissance des grands intérêts de l'État, initiés par
leurs fonctions dans la plupart des secrets de l'administration, ils reçoivent encore de leur position sociale, une gravité de caractère qui leur
commande la maturité de l'examen, et une douceur de mœurs qui, en les disposant aux ménagemens et aux égards, supplée à la loi positive
par les scrupules délicats de l'équité.

CHAPITRE IX.

De la mise en accusation des Ministres, et de la publicité de la discussion.

J'ai voulu d'abord parler des juges, pour calmer toute inquiétude : parlons maintenant des
accusateurs.

Ces accusateurs ne peuvent se trouver, comme
je l'ai dit plus haut, que dans les assemblées représentatives. Aucun particulier n'a, sur les af-

faires du gouvernement, les connaissances de fait
nécessaires pour décider si un ministre doit être
accusé. Aucun particulier n'a un intérêt assez
pressant pour braver les périls et s'exposer aux
embarras inséparables de l'accusation d'un ministre, si ce ministre n'est coupable qu'envers
le public. S'il l'est envers un individu, j'ai montré que le recours devait être ouvert à cet individu, devant les tribunaux ordinaires. Mais il ne
s'agit pas alors de la responsabilité.

En attribuant aux représentans de la nation
l'accusation exclusive des ministres, considérés
comme responsables, je ne veux pas néanmoins
repousser les dénonciations rédigées sous la forme
de pétitions individuelles. Tout citoyen a le droit
de révéler aux mandataires du peuple les actes
ou les mesures qui lui paraissent condamnables
dans les dépositaires de l'autorité, Le roi seul
est inviolable dans le poste sacré qu'il occupe.
Modérateur auguste de l'action sociale, il n'agit
jamais par lui-même. Mais les dénonciations des
individus contre les ministres, pour les objets
qui sont de la compétence de la responsabilité,
ne prennent un caractère légal que lorsque,
examinées par les assemblées représentatives,
elles sont revêtues de leur sanction.

C'est donc à ces assemblées qu'il appartient de
décider quand l'accusation doit être dirigée
contre un ministre. Mais dans cette délibération
importante, faut-il permettre la publicité?

On allègue, contre cette publicité, trois objections spécieuses. Les secrets de l'état, dit-on,
seront mis à la merci d'un orateur imprudent.
L'honneur des ministres sera compromis par des
accusations hasardées. Enfin, ces accusations,
lors mêmes qu'elles seront prouvées fausses, n'en
auront pas moins donné à l'opinion un ébranlement dangereux.

Les secrets de l'état ne sont pas en aussi grand
nombre qu'aime à l'affirmer le charlatanisme, ou
que l'ignorance aime à le croire. Le secret n'est
guère indispensable que dans quelques circonstances rares et momentanées, pour quelque expédition militaire, par exemple, ou pour quelque alliance décisive à une époque de crise. Dans
tous les autres cas, l'autorité ne veut le secret
que pour agir sans contradiction; et la plupart
du temps, après avoir agi, elle regrette la contradiction qui l'aurait éclairée.

Mais dans les cas où le secret est vraiment nécessaire, les questions qui sont du ressort de la
responsabilité ne tendent point à le divulguer;
car elles ne sont débattues qu'après que l'objet
qui les a fait naître est devenu public.

Le droit de paix et de guerre, la conduite des
opérations militaires, celle des négociations, la
conclusion des traités, appartiennent au pouvoir exécutif. Ce n'est qu'après qu'une guerre
a été entreprise, qu'on peut rendre les ministres responsables de la légitimité de cette

guerre (1) ; ce n'est qu'après qu'une expédition a réussi, qu'on peut en demander compte aux ministres ; ce n'est qu'après qu'un traité a été conclu, qu'on peut examiner le contenu de ce traité.

Les discussions ne s'établissent donc que sur des questions déjà connues. Elles ne divulguent aucun fait. Elles placent seulement des faits publics sous un nouveau point de vue.

L'honneur des ministres, loin d'exiger que les accusations intentées contre eux soient enveloppées de mystère, exige plutôt impérieusement que l'examen se fasse au grand jour. Un ministre justifié dans le secret, n'est jamais complétement justifié: Les accusations ne sauraient être ignorées. Le mouvement qui les dicte porte inévitablement ceux qui les intentent à les révéler. Mais, révélées ainsi dans des conversations vagues, elles prennent toute la gravité que la passion cherche à leur donner. La

(1) Je m'attends que parmi nous, qui avions perdu, depuis l'Assemblée constituante, toute idée d'une discussion libre, et qui considérions une minorité indépendante comme une réunion de révoltés, l'examen de la légitimité ou de la conduite d'une guerre, tandis qu'elle continue, paraîtra fort alarmant. L'ardeur de la nation sera découragée, diront les hommes timides, et les prétentions des ennemis augmentées par la désapprobation jetée sur les causes ou sur la conduite de la guerre. Toutefois l'Angleterre nous a bien prouvé qu'un peuple n'abandonne pas le soin de sa défense parce qu'il recherche les causes qui l'ont rendue nécessaire ; et certes, il eût été heureux pour la France que ses représentans eussent pu examiner la légitimité de l'entreprise d'Espagne ou de celle de Russie, lorsque nos troupes étaient encore à Madrid et à Moscou.

vérité n'est pas admise à les réfuter. Vous n'empêchez pas l'accusateur de parler, vous empêchez seulement qu'on ne lui réponde. Les ennemis du ministre profitent du voile qui couvre ce
qui est, pour accréditer ce qui n'est pas. Une
explication publique et complète, où les organes de la nation auraient éclairé la nation entière
sur la conduite du ministre dénoncé, eût prouvé
peut-être à la fois leur modération et son innocence. Une discussion secrète laisse planer sur
lui l'accusation qui n'est repoussée que par une
enquête mystérieuse, et peser sur eux l'apparence de la connivence, de la faiblesse ou de la
complicité.

Les mêmes raisonnemens s'appliquent à l'é-
branlement que vous craignez de donner à l'o-
pinion. Un homme puissant ne peut être inculpé
sans que cette opinion ne s'éveille, et sans que
la curiosité ne s'agite. Leur échapper est impossible. Ce qu'il faut, c'est rassurer l'une, et vous
ne le pouvez qu'en satisfaisant l'autre.

On ne conjure point les dangers en les déro-
bant aux regards. Ils s'augmentent, au contraire,
de la nuit dont on les entoure. Les objets se
grossissent au sein des ténèbres. Tout paraît, dans
l'ombre, hostile et gigantesque.

C'est faute de bien apprécier notre situation
actuelle que nous nous épouvantons en France
des déclamations inconsidérées, et des accusations sans fondement. Ces choses s'usent d'elles-

mêmes, se décréditent, et cessent enfin par le seul effet de l'opinion qui les juge et les flétrit. Elles ne sont dangereuses que sous le despotisme, ou dans les démagogies, sans contrepoids constitutionnel : sous le despotisme, parce qu'en circulant malgré lui, elles participent de la faveur de tout ce qui lui est opposé ; dans les démagogies, parce que tous les pouvoirs étant réunis et confondus comme sous le despotisme, quiconque s'en empare, en subjuguant la foule par la parole, est maître absolu. C'est le despotisme sous un autre nom. Mais quand les pouvoirs sont balancés, et qu'ils se contiennent l'un par l'autre, la parole n'a point cette influence rapide et immodérée.

Il y a aussi en Angleterre, dans la chambre des communes, des déclamateurs et des hommes turbulens. Qu'arrive-t-il ? Ils parlent ; on ne les écoute pas, et ils se taisent. L'intérêt qu'attache une assemblée à sa propre dignité, lui apprend à réprimer ses membres, sans qu'il soit besoin d'étouffer leur voix. Le public se forme de même à l'appréciation des harangues violentes et des accusations mal fondées. Laissez-lui faire son éducation. Il faut qu'elle se fasse. L'interrompre, ce n'est que la retarder. Veillez, si vous le croyez indispensable, sur les résultats immédiats. Que la loi prévienne les troubles : mais dites-vous bien que la publicité est le moyen le plus infaillible de les prévenir. Elle met de votre parti

la majorité nationale, qu'autrement vous auriez
à réprimer, peut-être à combattre. Cette majorité vous seconde. Vous avez la raison pour auxiliaire. Mais pour obtenir ce puissant auxiliaire,
il ne faut pas le tenir dans l'ignorance, il faut au
contraire l'éclairer.

Voulez-vous être sûr qu'un peuple sera paisible? dites-lui sur ses intérêts tout ce que vous
pouvez lui dire. Plus il en saura, plus il jugera
sainement et avec calme. Il s'effraie de ce qu'on
lui cache, et il s'irrite de son effroi.

CHAPITRE X.

De la poursuite du Procès.

Lorsqu'une assemblée a examiné, discuté,
adopté une accusation contre un ministre, il paraît naturel de confier à cette assemblée la poursuite d'une cause qu'elle doit mieux connaître
que personne. Plusieurs de nos députés ont proposé néanmoins en 1814, de déléguer cette poursuite, soit à un magistrat inamovible nommé
par le roi, et chargé de cette seule fonction, soit
aux procureurs du roi, choisis, suivant un mode
quelconque, dans les différens tribunaux.

Cette dernière proposition ne saurait, ce me
semble, soutenir le moindre examen. Comment
imposer à des hommes dépendans du pouvoir
exécutif, et révocables à volonté, le devoir de

poursuivre ceux entre les mains desquels le pouvoir exécutif a été remis, ceux à qui ces hommes
doivent peut-être leur nomination, ceux qui
peuvent de nouveau se trouver les maîtres de
leur destinée?

Le grand procurateur à vie dont on demande
la création, n'a pas les mêmes inconvéniens.
Mais ne ressemble-t-il pas à ces inquisiteurs d'é-
tat, instrumens d'espionnage et de terreur, dans
quelques aristocraties oppressives? Ne voyez-
vous pas ce grand procurateur indépendant à la
fois du prince et du peuple? Son inactivité
même me semble alarmante. Il surveille les ministres en silence, comme un invisible ennemi.
Il ne peut avoir d'importance qu'en cherchant
les occasions d'exercer ses fonctions austères.
Immobile dans l'enceinte solitaire où vous l'avez
placé, il a quelque chose de mystérieux et
d'hostile.

Cette institution s'adoucirait sans doute parmi
nous, car elle est contraire à nos mœurs et à
l'esprit monarchique. Mais par cela même, ne
s'adoucirait-elle pas trop, et ne deviendrait-elle
pas bientôt illusoire? Placé à peu près au rang
des ministres, le grand procurateur contracte-
rait avec eux des liaisons qui, dans notre état
de société, lui imposeraient des devoirs plus sacrés que les fonctions de sa place : l'opinion le
condamnerait plus sévèrement, s'il poursuivait
avec ardeur un ministre qu'il aurait connu dans

l'intimité, que s'il trahissait la cause de la nation ; et le surveillant ne serait bientôt qu'un allié, un défenseur, quelquefois un complice.

Répondra-t-on que les assemblées qui auraient prononcé la mise en accusation d'un ministre, veilleraient à la conduite du grand procurateur, et ne lui permettraient ni ménagemens ni négligence ? Mais les hommes ne font bien que ce qu'ils font volontiers, et leur répugnance secrète trompe aisément les précautions destinées à la surmonter. D'ailleurs, en supposant le grand procurateur plein de zèle et de courage, les accusateurs du ministre reconnaîtront-ils ce courage et rendront-ils justice à ce zèle ? N'entendez-vous pas les plaintes de l'assemblée ? Ne voyez-vous pas l'accusation se partager entre le ministre et le magistrat qui le poursuit avec lenteur et avec faiblesse ? Ses accusateurs ne prétendront-ils pas qu'il n'a point usé de tous leurs moyens, qu'il n'a pas soutenu leur cause ? N'attribueront-ils pas la sentence qui déclarera l'accusé absous à la perfidie de l'auxiliaire que vous leur aurez donné malgré eux ?

Ce n'est pas tout. Je crains autre chose. Autant, si c'est l'assemblée qui accuse un ministre, je soupçonne l'activité de l'homme public chargé de la poursuite, autant je redoute son acharnement, si c'est le roi ; c'est-à-dire de nouveaux ministres qui se portent accusateurs.

Vous croyez donner une garantie à l'accusé, en lui opposant pour adversaire un homme qui n'a point concouru à l'accusation. Mais la servilité a ses fureurs non moins que la haine. Parmi les ministres condamnés, combien nous en voyons qui le furent à la demande de leurs successeurs ! La passion n'est pas incapable d'être généreuse; et j'aime mieux une assemblée passionnée qu'un seul magistrat dont l'ame peut s'ouvrir à mille calculs, et se laisser sé- duire par mille espérances.

Enfin, les causes qui sont du ressort de la responsabilité, étant, comme je l'ai dit plus d'une fois, politiques bien plutôt que judiciaires, les membres des assemblées représentatives sont beaucoup plus propres à diriger les pour- suites de ce genre que des hommes pris dans le sein des tribunaux, étrangers aux connaissan- ces diplomatiques, aux combinaisons militai- res, aux opérations de finance, ne connaissant qu'imparfaitement l'état de l'Europe, n'ayant étudié que les codes des lois positives, et as- treints, par leurs devoirs habituels, à n'en con- sulter que la lettre morte, et à n'en requérir que l'application stricte. L'esprit subtil de la jurisprudence, esprit que porteraient dans ces grandes causes les procureurs du roi, ou même le grand procurateur à vie, qui serait toujours un jurisconsulte, me semble opposé à la nature de ces questions qui doivent être envisagées sous

le rapport public, national, quelquefois même
européen, et sur lesquelles les pairs doivent
prononcer comme des jurés suprêmes, d'après
leurs lumières, leur honneur et leur conscience.

Suivons toujours les routes naturelles, laissons faire à chacun ce que chacun doit faire.
Ce n'est point dans les accusateurs qu'il faut
placer l'impartialité, c'est dans les juges. Otez
aux ennemis des ministres accusés tout prétexte de jeter du doute sur la manière dont leur
cause s'instruira. Qu'ils déploient toute leur activité : qu'ils fassent entendre toute leur éloquence, et valoir toutes leurs ressources. S'ils
échouent, leur défaite en sera d'autant plus
incontestable. Tout sera plus clair, plus franc,
plus noble dans cette marche ; le crime, s'il
existe, aura moins d'espoir, l'innocence sor-
tira de la lutte avec plus d'éclat, la conviction
sera plus entière, l'opinion plus contente.

CHAPITRE XI.

Des peines à prononcer contre les Ministres.

La nature de la loi sur la responsabilité
implique la nécessité d'investir les juges du
droit d'appliquer et même de choisir la peine.
Les crimes ou les fautes sur lesquelles cette loi
s'exerce ne se composant ni d'un seul acte ni

d'une série d'actes positifs, dont chacun puisse motiver une loi précise, des nuances que la parole ne peut désigner, et qu'à plus forte raison la loi ne peut saisir, aggravent ou atténuent ces délits. La seule conscience des pairs est juge de ces nuances, et cette conscience doit pouvoir prononcer en liberté, sur le châtiment comme sur le crime.

La loi doit tout au plus déterminer entre quelles peines la chambre des pairs aura le droit de choisir. Trois seulement sont admissibles, la mort, l'exil et la détention. Elles ne doivent être accompagnées d'aucune circonstance aggravante. Aucune idée d'opprobre ne doit s'y attacher.

Les peines infamantes ont des inconvéniens généraux qui deviennent plus fâcheux encore, lorsqu'elles atteignent des hommes que le monde a contemplés dans une situation éclatante. Toutes les fois que la loi s'arroge la distribution de l'honneur et de la honte, elle empiète maladroitement sur le domaine de l'opinion, et cette dernière est disposée à réclamer sa suprématie. Il en résulte une lutte qui tourne toujours au détriment de la loi. Cette lutte doit surtout avoir lieu, quand il s'agit de délits politiques, sur lesquels les opinions sont nécessairement partagées. L'on affaiblit le sens moral de l'homme, lorsqu'on lui commande, au nom de l'autorité, l'estime ou le mépris. Ce sens ombrageux et délicat est froissé par la violence qu'on prétend lui faire, et il arrive qu'à la fin un peuple ne sait plus ce qu'est le mépris ou ce qu'est l'estime.

Dirigées, même en perspective, contre des hommes qu'il est utile d'entourer, durant leurs fonctions, de considérations et de respect, les peines infamantes les dégradent en quelque sorte d'avance. L'aspect du ministre qui subirait une punition flétrissante avilirait dans l'esprit du peuple le ministre encore en pouvoir.

Enfin, l'espèce humaine n'a que trop de penchant à fouler aux pieds les grandeurs tombées. Gardons-nous d'encourager ce penchant. Ce qu'après la chute d'un ministre on appellerait haine du crime, ne serait le plus souvent qu'un reste d'envie et du dédain pour le malheur.

Lorsqu'un ministre a été condamné, soit qu'il ait subi la peine prononcée par sa sentence, soit que le monarque lui ait fait grâce, il doit être préservé pour l'avenir de toutes ces persécutions variées que les partis vainqueurs dirigent sous divers prétextes contre les vaincus. Ces partis affectent, pour justifier leurs mesures vexatoires, des craintes excessives. Ils savent bien que ces craintes ne sont pas fondées, et que ce serait faire trop d'honneur à l'homme que de le supposer si ardent à s'attacher au pouvoir déchu. Mais la haine se cache sous les dehors de la pusillanimité, et pour s'acharner avec moins de honte sur un individu sans défense, on le présente comme un objet de terreur. Je voudrais que la loi mît un insurmontable obstacle à toutes ces rigueurs tardives, et qu'après avoir atteint le coupable elle le prît sous sa protection. Je voudrais qu'il fût ordonné qu'aucun ministre, lorsqu'il aura subi sa peine, ne pourra être exilé, détenu, ni éloigné de son domicile. Je ne connais rien de si honteux que ces proscriptions prolongées. Elles indignent les nations ou elles les corrompent. Elles réconcilient avec les victimes toutes les âmes un peu élevées. Tel ministre, dont l'opinion publique aurait applaudi le châtiment, se trouve entouré de la pitié publique lorsque le châtiment légal est aggravé par l'arbitraire.

CHAPITRE XII.

Le droit de grace attribué au roi peut-il être restreint, quand il s'agit des ministres condamnés ?

J'ai supposé, dans le chapitre précédent, que le roi pourrait faire grace à ses ministres quand ils auraient été déclarés coupables. Quelques personnes ont aperçu de l'inconvénient à laisser subsister cette prérogative dans toute son étendue, pour cette circonstance rare et importante. Mais toute limite qui serait assignée à ce droit inséparable de la royauté, porterait atteinte à notre constitution, car notre constitution le consacre sans réserve. Toute limite de cette espèce détruirait de plus l'essence d'une monarchie constitutionnelle; car, dans une telle monarchie, le roi doit être, pour employer l'expression anglaise, la source de toutes les miséricordes, comme celle de tous les honneurs.

Un roi peut, dira-t-on, commander à ses ministres des actes coupables, et leur pardonner ensuite. C'est donc encourager par l'assurance de l'impunité le zèle des ministres serviles, et l'audace des ministres ambitieux.

Pour juger cette objection, il faut remonter au premier principe de la monarchie constitutionnelle, je veux dire à l'inviolabilité. L'inviolabilité suppose que le monarque ne peut pas mal faire. Il est évident que cette hypothèse est une fiction légale, qui n'affranchit pas réellement des affections et des faiblesses de l'humanité, l'individu placé sur le trône. Mais l'on a senti que cette fiction légale était nécessaire, pour l'intérêt de l'ordre et de la liberté même, parce que sans elle tout est désordre et guerre éternelle entre le monarque et les factions. Il faut donc respecter cette fiction dans toute son étendue. Si vous l'abandonnez un instant, vous retombez dans tous les dangers que vous avez tâché d'éviter. Or, vous l'abandonnez, en restreignant les prérogatives du monarque, sous le prétexte de ses intentions. Car c'est admettre que ses intentions peuvent être soupçonnées. C'est donc admettre qu'il peut vouloir le mal, et par conséquent le faire. Dès lors vous avez détruit l'hypothèse sur laquelle son inviolabilité repose dans l'opinion. Dès lors le principe de la monarchie constitutionnelle est attaqué. D'après ce principe, il ne faut jamais envisager dans l'action du pouvoir que les ministres; ils sont là pour en répondre. Le monarque est dans une enceinte à part et sacrée; vos regards, vos soupçons ne doivent jamais l'atteindre. Il n'a point d'intentions, point de faiblesses, point de connivence avec ses ministres, car ce n'est pas un homme (1), c'est un pouvoir neutre et abstrait, au-dessus de la région des orages.

Que si l'on taxe de métaphysique le point de vue constitutionnel sous lequel je considère cette question, je descendrai volontiers sur le terrain de l'application pratique et de la morale, et je dirai encore qu'il y aurait à priver le roi du droit de faire grace aux ministres condamnés, un autre inconvénient qui serait d'autant plus grave que

---

(1) Les partisans du despotisme ont dit aussi que le roi n'était pas un homme; mais ils en ont inféré qu'il pouvait tout faire, et que sa volonté remplaçait les lois. Je dis que le roi constitutionnel n'est pas un homme; mais c'est parce que ses ministres seuls agissent, et qu'ils ne peuvent rien faire que par les lois.

le motif même par lequel on limiterait sa prérogative serait plus fondé.

Il se peut en effet qu'un roi, séduit par l'a-
mour d'un pouvoir sans bornes, excite les ministres à des trames coupables contre la constitution de l'état. Ces trames sont découvertes ; les
agens criminels sont accusés, convaincus ; la sentence est portée. Que faites-vous, en disputant
au prince le droit d'arrêter le glaive prêt à frapper les instrumens de ses volontés secrètes, et en
le forçant à autoriser leur châtiment? Vous le
placez entre ses devoirs politiques et les devoirs
plus saints de la reconnaissance et de l'affection.
Car le zèle irrégulier est pourtant du zèle, et les
hommes ne sauraient punir sans ingratitude le
dévouement qu'ils ont accepté. Vous le contrai-
gnez ainsi à un acte de lâcheté et de perfidie ;
vous le livrez aux remords de sa conscience ; vous
l'avilissez à ses propres yeux ; vous le déconsidé-
rez aux yeux de son peuple. C'est ce que firent
les Anglais, en obligeant Charles Ier à signer
l'exécution de Strafford, et le pouvoir royal dé-
gradé fut bientôt détruit.

Si vous voulez conserver à la fois la monarchie
et la liberté, luttez avec courage contre les ministres pour les écarter : mais dans le roi, ména-
gez l'homme en honorant le monarque. Respec-
tez en lui les sentimens du cœur, car les sentimens du cœur sont toujours respectables. Ne le
soupçonnez pas d'erreurs que la constitution

vous ordonne d'ignorer. Ne le réduisez pas surtout à les réparer par des rigueurs qui, dirigées
sur des serviteurs trop aveuglément fidèles, de-
viendraient des crimes.

Et remarquez que si nous sommes une nation,
si nous avons des élections libres, ces erreurs ne
seront pas dangereuses. Les ministres, en de-
meurant impunis, n'en seront pas moins désar-
més. Que le prince exerce en leur faveur sa prérogative, la grace est accordée, mais le délit est
reconnu, et l'autorité échappe au coupable; car
il ne peut ni continuer à gouverner l'état avec
une majorité qui l'accuse, ni se créer, par des
élections nouvelles, une nouvelle majorité, puisque, dans ces élections, l'opinion populaire re-
placerait au sein de l'assemblée la majorité accusatrice.

Que si nous n'étions pas une nation, si nous ne
savions pas avoir des élections libres, toutes nos
précautions seraient vaines. Nous n'emploierions
jamais les moyens constitutionnels que nous pré-
parons. Nous pourrions bien triompher à d'horribles époques par des violences brutales; mais
nous ne surveillerions, nous n'accuserions, nous
ne jugerions jamais les ministres. Nous accou-
rions seulement pour les proscrire lorsqu'ils auraient été renversés.

CHAPITRE XHI.

Résultat des dispositions précédentes, relative-
ment aux effets de la responsabilité.

De la réunion de toutes les dispositions précédentes, il résulte que les ministres seront souvent dénoncés, accusés quelquefois, condamnés
rarement, punis presque jamais.

Ce résultat peut, à la première vue, paraître
insuffisant aux hommes qui pensent que, pour
les délits des ministres, comme pour ceux des
individus, un châtiment positif et sévère est
d'une justice exacte et d'une nécessité absolue.

Je ne partage pas cette opinion.

La responsabilité me semble devoir atteindre
surtout deux buts; celui d'enlever la puissance
aux ministres coupables, et celui d'entretenir
dans la nation, par la vigilance de ses représentans, par la publicité de leurs débats, et par
l'exercice de la liberté de la presse, appliqué à
l'analyse de tous les actes ministériels, un esprit
d'examen, un intérêt habituel au maintien de
la constitution de l'état, une participation constante aux affaires, en un mot un sentiment
animé de vie politique.

Il ne s'agit donc pas, dans ce qui tient à la
responsabilité, comme dans les circonstances ordinaires, de pourvoir à ce que l'innocence ne

soit jamais menacée, et à ce que le crime ne demeure jamais impuni. Dans les questions de cette nature, le crime et l'innocence sont rarement d'une évidence complète. Ce qu'il faut, c'est que la conduite des ministres puisse être facilement soumise à une investigation scrupuleuse, et qu'en même temps beaucoup de ressources leur soient laissées pour échapper aux suites de cette investigation, si leur délit, fût-il prouvé, n'est pas tellement odieux qu'il ne mérite aucune grace, non-seulement d'après les lois positives, mais aux yeux de la conscience et de l'équité universelle, plus indulgentes que les lois écrites.

Cette douceur dans l'application pratique de la responsabilité n'est qu'une conséquence nécessaire et juste du principe sur lequel toute sa théorie repose.

J'ai montré qu'elle n'est jamais exempte d'un certain degré d'arbitraire : or l'arbitraire est dans toute circonstance un grave inconvénient; s'il atteignait les simples citoyens, rien ne pourrait le légitimer. Le traité des citoyens avec la société est clair et formel. Ils ont promis de respecter ses lois, elle a promis de les leur faire connaître. S'ils restent fidèles à leurs engagemens, elle ne peut rien exiger de plus. Ils ont le droit de savoir clairement quelle sera la suite de leurs actions, dont chacune doit être prise à part et jugée d'après un texte précis.

Les ministres ont fait avec la société un autre pacte. Ils ont accepté volontairement, dans l'espoir de la gloire, de la puissance ou de la fortune, des fonctions vastes et compliquées qui forment un tout compact et indivisible. Aucune de leurs actions ministérielles ne peut être prise isolément. Ils ont donc consenti à ce que leur conduite fût jugée dans son ensemble. Or c'est ce que ne peut faire aucune loi précise. De là le pouvoir discrétionnaire qui doit être exercé sur eux.

Mais il est de l'équité scrupuleuse, il est du devoir strict de la société, d'apporter à l'exercice de ce pouvoir tous les adoucissemens que la sûreté de l'état comporte. De là ce tribunal particulier, composé de manière à ce que ses membres soient préservés de toutes les passions populaires. De là cette faculté donnée à ce tribunal de ne prononcer que d'après sa conscience, et de choisir ou de mitiger la peine. De là enfin ce recours à la clémence du roi, recours assuré à tous ses sujets, mais plus favorable aux ministres qu'à tout autre, d'après leur position et leurs relations personnelles.

Oui, les ministres seront rarement punis. Mais si la constitution est libre, et si la nation est énergique, qu'importe la punition d'un ministre, lorsque, frappé d'un jugement solennel, il est rentré dans la classe vulgaire, plus impuissant que le dernier citoyen, puisque la désapprobation l'accompagne et le poursuit? La liberté n'en a pas moins été préservée de ses attaques, l'esprit public n'en a pas moins reçu l'ébranlement salutaire qui le ranime et le purifie, la morale sociale n'en a pas moins obtenu l'hommage éclatant du pouvoir traduit à sa barre et flétri par sa sentence.

M. Hastings n'a pas été puni : mais cet oppresseur de l'Inde a paru à genoux devant la chambre des pairs, et la voix de Fox, de Sheridan et de Burke, vengeresse de l'humanité longtemps foulée aux pieds, a réveillé dans l'ame du peuple anglais les émotions de la générosité et les sentimens de la justice, et forcé le calcul mercantile à pallier son avidité et à suspendre ses violences.

Lord Melville n'a pas été puni, et je ne veux point contester son innocence. Mais l'exemple d'un homme vieilli dans la routine de la dextérité et dans l'habileté des spéculations, et dénoncé néanmoins malgré son adresse, accusé malgré ses nombreux appuis, a rappelé à ceux qui suivaient la même carrière, qu'il y a de l'utilité dans le désintéressement et de la sûreté dans la rectitude.

Lord North n'a pas même été accusé. Mais en le menaçant d'une accusation, ses antagonistes ont reproduit les principes de la liberté constitutionnelle, et proclamé le droit de chaque fraction

d'un état, à ne supporter que les charges qu'elle
a consenties.

Enfin, plus anciennement encore, les ministres qui avaient persécuté M. Wilkes n'ont
été punis que par des amendes ; mais la poursuite et le jugement ont fortifié les garanties de
la liberté individuelle, et consacré l'axiome que
la maison de chaque Anglais est son asile et son
château fort.

Tels sont les avantages de la responsabilité,
et non pas quelques détentions et quelques supplices.

La mort ni même la captivité d'un homme
n'ont jamais été nécessaires au salut d'un peuple ;
car le salut d'un peuple doit être en lui-même.
Une nation qui craindrait la vie ou la liberté d'un
ministre dépouillé de sa puissance, serait une
nation misérable. Elle ressemblerait à ces esclaves
qui tuaient leurs maîtres, de peur qu'ils ne repa-
russent le fouet à la main.

Si c'est pour l'exemple des ministres à venir
qu'on veut diriger la rigueur sur les ministres
déclarés coupables, je dirai que la douleur d'une
accusation qui retentit dans l'Europe, la honte
d'un jugement, la privation d'une place émi-
nente, la solitude qui suit la disgrace et que trouble le remords, sont pour l'ambition et pour
l'orgueil des châtimens suffisamment sévères, des
leçons suffisamment instructives.

Il faut observer que cette indulgence pour les ministres, dans ce qui regarde la responsabilité, ne compromet en rien les droits et la sûreté des individus ; car les délits qui attentent à ces droits et qui menacent cette sûreté, sont hors de la sphère de la responsabilité proprement dite. Un ministre peut se tromper dans son jugement sur la légitimité ou sur l'utilité d'une guerre ; il peut se tromper sur la nécessité d'une cession, dans un traité ; il peut se tromper dans une opération de finance. Il faut donc que ses juges soient investis de la puissance discrétionnaire d'apprécier ses motifs, c'est-à-dire de peser des probabilités toujours incertaines. Mais un ministre ne peut pas se tromper quand il attente illégalement à la liberté d'un citoyen. Il sait qu'il commet un crime. Il le sait aussi bien que tout individu qui se rendrait coupable de la même violence. Aussi l'indulgence qui est une justice dans l'examen des questions de responsabilité, doit disparaître quand il s'agit d'actes illégaux ou arbitraires. Alors les lois communes reprennent leur force, les tribunaux ordinaires doivent prononcer, les peines doivent être précises, et leur application littérale.

Sans doute le roi peut faire grace de la peine. Il le peut dans ce cas comme dans tous les autres. Mais sa clémence envers le coupable ne prive point l'individu lésé de la réparation que les tribunaux lui ont accordée.

On voit maintenant combien une définition exacte de la responsabilité est utile. Elle nous met à même d'apporter dans les procédures, contre la conduite publique des ministres, tous les adoucissemens que l'équité réclame, et laisse aux citoyens toutes leurs sauves-gardes contre ces ministres, lorsqu'ils sortent des fonctions ministérielles, et se prévalent du pouvoir qu'ils ont pour usurper celui qu'ils n'ont pas.

DE LA DOCTRINE

POLITIQUE

QUI PEUT RÉUNIR LES PARTIS EN FRANCE.

—

Un parti (je ne donne point ici à ce mot une acception défavorable, je m'en sers pour désigner une réunion d'hommes qui professent la même doctrine politique), un parti existe en France, qui s'annonce comme ayant adopté récemment des principes qu'il a long-temps repoussés : sa conversion à ces principes serait une chose importante et heureuse, elle mettrait un terme aux maux intérieurs de notre patrie, et dès lors tous nos autres maux seraient plus faciles à guérir.

Mais ce parti inspire une grande méfiance au reste de la nation, et cette défiance diminue ou détruit les avantages qui devraient être le résultat naturel de sa conversion, si elle est sincère, et si elle était reconnue pour telle.

Je ne trouve, pour ma part, aucune jouis-

sance à supposer que des hommes honorables,
et intéressés au salut de la France, ne soient
pas de bonne-foi. Je suis d'avis, plus qu'un autre, qu'il ne faut pas croire à l'éternité des préjugés ; qu'il faut pardonner aux prétentions,
pour les rendre passagères ; qu'il faut laisser
les menaces s'évaporer, et ne pas enregistrer
les engagemens de l'amour-propre.

Je ne jugeais pas même ces hommes avec rigueur, lorsque je les regardais, dans leur puissance, comme les ennemis les plus acharnés
des idées que je chéris. Je me disais qu'ils
étaient effrayés par des souvenirs dont nous fré-
missons nous-mêmes ; qu'ils se croyaient, envers le roi, le devoir spécial de lui conserver ou
de lui rendre, fût-ce malgré lui, une autorité
illimitée. Les opinions ne sont jamais coupables.
Personne ne sait par quelle route elles ont pénétré dans les esprits. Personne ne peut calcu-
ler l'effet des impressions de l'enfance, des leçons reçues, des doctrines écoutées avec respect,
des traditions paternelles gravées dans le cœur
comme dans la mémoire. Ces choses agissent
indépendamment du raisonnement, et modi-
fient ensuite le raisonnement même. Elles dé-
guisent l'intérêt personnel à ses propres yeux ;
et tel contre-révolutionnaire, travaillant à reconquérir ses priviléges, sa suprématie et ses
richesses, a pu se croire, de bonne-foi, un hé-
ros de patriotisme et un citoyen désintéressé.

Il n'en est pas moins vrai que la défiance que ces hommes inspirent à plusieurs est naturelle. Avant même que la révolution eût dévié des voies de la morale et de la justice, ils s'étaient pour la plupart déclarés contre toute innovation. Ils n'ont, durant vingt-cinq ans, pas fait un mouvement, pas prononcé une parole, pas écrit une ligne, sans exprimer leur haine contre des principes qu'ils appelaient alors révolutionnaires, c'est-à-dire contre la division des pouvoirs, contre la participation du peuple à la puissance législative, contre l'abolition des priviléges et l'égalité des citoyens. Or, tous ces principes servent de base à notre gouvernement actuel.

Sous Bonaparte, ceux d'entre ces hommes qui s'étaient rapprochés de lui, ont applaudi à son pouvoir sans bornes. Ils recommandaient le despotisme comme la législation primitive. Ils proscrivaient la liberté religieuse, proposant aux princes d'imiter l'Être souverainement bon, qui, par-là même, était souverainement intolérant. Ils posaient en axiome, et ils l'ont répété sous Louis XVIII, que, lorsque le peuple désirait qu'une chose ne se fît pas, c'était précisément alors qu'il fallait la faire.

Quand les événemens de 1814 rendirent aux Français la faculté d'exprimer leurs sentimens et leurs vœux sur les affaires publiques, ces hommes manifestèrent encore des opinions en opposition directe avec leurs nouvelles théories. Ils écrivirent des brochures contre la liberté de la presse, des articles de journaux pour que le droit d'exil fût accordé au gouvernement. Si, par hasard (ce qui serait un malheur et une faute, mais ce qui pourrait arriver, parce que nous sommes dans un temps de parti); si, dis-je, on croyait nécessaire de nous disputer quelqu'une des libertés qu'ils réclament, la collection de leurs ouvrages serait l'arsenal le plus complet de sophismes contre chacune de ces libertés.

Je ne parlerai pas de ce qu'ils ont fait en 1815. Je dirai seulement que leurs phrases sur la nécessité des coups d'état, sur l'urgence d'abréger ou de supprimer les formes, sur la justice et la convenance des arrestations sans terme, et des exils sans motifs légaux, retentissaient encore autour d'eux, quand ils ont commencé à prononcer les phrases contraires.

Je n'attache point une importance exagérée à ces discours de tribune, destinés à produire un effet momentané, et dont la violence s'accroît, contre l'intention de l'orateur, par les applaudissemens qui l'enivrent. Tel homme n'a paru implacable dans une assemblée, que parce qu'il était entraîné par ses paroles. Il n'était plus lui : rendu à lui-même, il serait tout autre. D'ailleurs, les défaites sont de bons instituteurs.

Je pense donc que l'expérience, la réflexion, l'influence des idées du siècle, la connaissance plus exacte de l'état et des dispositions de la France, ont éclairé plusieurs de ces hommes. Ils ont senti que nulle puissance humaine ne relèverait ce qui était détruit, n'anéantirait ce que deux générations ont consacré, non-seulement par leurs vœux et par leur adhésion, mais, ce qui est plus fort, par leurs transactions et leurs habitudes ; et, convaincus enfin de la nécessité de céder aux temps, ils entrent avec franchise dans la carrière constitutionnelle.

Malheureusement ils ont eu jusqu'ici de fâcheux interprètes. Eloquens plus qu'habiles, ces interprètes, dans les manifestes qui suivent leurs conversions, semblent ne proclamer des axiomes que pour proscrire des hommes, et ne commencer par des abstractions que pour finir par des anathèmes. Cette méthode d'annoncer qu'on est revenu de ses erreurs a beaucoup d'inconvéniens. Ceux qui l'emploient irritent la majorité qu'ils veulent persuader, et rendent suspecte la minorité qu'ils croient servir.

Si l'on veut conclure entre les partis un traité loyal et durable, que faut-il faire ? Prouver que, le crime excepté, l'on ne repousse aucun auxiliaire, et qu'on voit dans la révolution autre chose qu'un long crime ; ne pas flétrir

toutes les époques de cette révolution par des
dénominations odieuses ; ne pas se montrer à
la fois néophytes et persécuteurs ; convaincre
enfin la France qu'on veut la liberté pour toutes
les classes.

Il ne faut pas établir, sur les intérêts qu'on
nomme révolutionnaires, une doctrine propre
à soulever tous les hommes qui ne veulent pas
seulement conserver quelques propriétés, éta-
ler quelques décorations, se pavaner de quelques titres, mais jouir de ces biens, comme ils
en ont le droit, sans être entourés d'un éternel
et injuste opprobre. Il ne faut pas déshonorer
vingt-sept années de notre histoire, vingt-sept
années durant lesquelles quelques misérables
ont commis des crimes, mais durant lesquelles
aussi, au milieu des troubles et des calamités
qui bouleversaient toutes les existences, on a
vu des hommes de tous les partis donner de su-
blimes exemples de courage, de désintéressement, de fidélité à leurs opinions, de dévouement à leurs amis, et de sacrifice à leur patrie.
Il ne faut pas présenter la nation, à ses propres yeux, et ce qui, dans nos circonstances, est bien pis encore, aux yeux de l'Europe,
comme une race servile et parjure, coupable
d'avoir joué tous les rôles, prêté tous les ser-
mens. Il ne faut pas quinze mois après la dis-
persion de notre malheureuse armée, en faute
un jour, admirable vingt-ans, rappeler, en

termes amers le souvenir de ses erreurs, et blâmer le gouvernement d'oublier ses torts.

Il ne faut pas prononcer une excommunication politique contre tous ceux qui ont servi ou Bonaparte ou la république, les déclarer ennemis nés de nos institutions actuelles, et trouvant dans ces institutions tout ce qui leur est antipathique, sans réfléchir que ces hommes sont la France entière; car, parmi eux, on doit compter et ceux qui ont combattu l'étranger, et ceux qui ont administré l'état dans des rangs différens, et ceux qui ont manifesté leur opinion en faveur des réformes, et ceux qui ont mérité l'estime de leurs concitoyens en faisant quelque bien, et ceux qui ont des droits à leur reconnaissance pour avoir empêché ou diminué le mal.

Il ne faut pas pour remplir ce vide, car c'en est un que toute une nation retranchée d'un pays, s'adresser exclusivement à la noblesse, et lui prouver qu'elle pourrait s'emparer de la Charte, en faire son monopole, et que la pairie et la représentation lui vaudraient bien les *garnisons* et les *antichamb es*. Il ne faut pas croire qu'avec quelques restrictions insignifiantes, avec quelques phrases communes, en promettant qu'*un jour* les jalousies entre les ordres de l'état seront éteintes, et le noble et le bourgeois réunis, on engagera la nation à se résigner à la suprématie qu'on veut établir.

Je m'expliquerai plus loin sur la place que la noblesse peut occuper dans notre monarchie représentative ; et l'on verra que je suis loin de vouloir aucune de ses défaveurs sociales, causes d'abord d'injustice, puis de résistance, et enfin de destruction. Quand l'autorité proscrivait les nobles, j'ai combattu ce coupable et dangereux système. Mais, je le demande, montrer à vingt-quatre millions d'hommes que quatre-vingt mille peuvent accaparer leurs institutions, pour s'indemniser de leur suprématie passée, est-ce un moyen de rendre cette minorité populaire? De tels ouvrages ne devraient pas être intitulés *De la Monarchie selon la Charte ;* ils devraient porter pour titre: *De la Charte selon l'Aristocratie,* et ils devraient être écrits, comme les Védes, en langue sacrée, pour n'être lus que par la caste favorisée, et rester ignorés par les profanes. Mais il est malheureusement des dispositions d'esprit où, malgré de grandes et puissantes facultés, on ne voit que soi, son salon, sa coterie : l'on oublie que la nation existe. L'on croit que la grande question est de savoir si l'on consentira à honorer la Charte en en profitant : on l'envisage comme une conquête à faire, quand elle est bien plutôt une égide à conserver.

Enfin, lorsqu'on veut porter le calme dans l'ame d'un peuple, il ne faut pas, en expliquant ce que l'on ferait si l'on était à la tête de l'état, se montrer régénérant l'opinion, par les commandans de la gendarmerie, les chefs de la force armée, les procureurs du roi et les présidens des cours prévôtales, et promettre d'agir sur la morale publique, et de créér des royalistes avec des soldats, des gendarmes, des procès criminels et des tribunaux extraordinaires. Sans doute il faut créér des royalistes constitutionnels, mais par l'affection, par la confiance, par le sentiment du bien-être, par tous les liens de la reconnaissance et de la sécurité : et, sous ce rapport, l'ordonnance du 5 septembre a plus fait en un jour, que les sept hommes qu'on demande par département ne feraient en dix années.

J'ai dit ce qu'il fallait éviter, quand on voulait calmer et réunir les partis. Je vais dire ce qu'il faut faire, quand on veut inspirer quelque confiance.

Il faut, lorsqu'on se déclare le protecteur de la liberté individuelle, réclamer quelquefois en faveur des opprimés d'un parti différent du sien. Il est difficile de croire que, durant la terrible année que nous avons franchie, ceux qu'on nomme à tort exclusivement les royalistes, aient seuls été victimes de dénonciations injustes ou de mesures vexatoires. Il faut admettre que les réclamations des suspects d'une autre classe peuvent aussi être fondées. Il faut les écouter, ne fût-ce que comme preuve d'impartialité, ou l'on court le risque de laisser la nation croire qu'on ne s'élève contre les arrestations illégales que lorsqu'elles frappent quelqu'un du parti.

Il faut, quand on accuse un ministre d'arbitraire, ne pas citer en preuve uniquement des mises en liberté, ne pas crier au scandale parce que des citoyens sont rendus à leurs familles, ne pas répéter ces déclamations usées contre les hommes *dangereux* qu'on ne doit *pas jeter dans la société*, ne pas se plaindre de ce que *des détenus sont devenus libres, tout simplement parce que le temps de leur détention était fini*. Quand on a d'enthousiasme accordé à mille autorités subalternes le droit d'arrêter les suspects, il faut s'excuser de ce vote, au lieu de reprocher au gouvernement de n'en pas faire un assez large usage. Il faut enfin savoir, quand on entre dans la carrière de la liberté, qu'elle doit exister pour tous, si l'on veut qu'elle existe pour quelqu'un, et que le caractère et le mérite de ceux qui la servent est de respecter son culte dans la personne de leurs ennemis.

De même qu'il faut, quand on prétend défendre la liberté individuelle, ne pas s'irriter de ce que le nombre des détenus diminue ; il faut, quand on réclame pour la sainteté du droit d'élection, ne pas s'indigner de ce que des hommes légalement électeurs ont été admis à exercer leurs droits.

Il faut, quand on a du respect pour la justice, ne pas appeler un homme *soupçonné* d'intelligence avec des rebelles, l'*émule* du chef de ces rebelles, et qualifier des *absous* du nom d'*échappés aux tribunaux* (1).

Dans un précédent ouvrage, on avait proposé d'imprimer un nouveau dictionnaire. Auprès du mot *honneur*, avait-on dit, on mettra, il est *vieux* : au mot *fidélité*, on écrira *duperie*. Mettra-t-on aussi au mot *soupçonné*, *émule d'un criminel condamné à mort* : au mot *absous*, *échappé aux tribunaux*?

Des écrivains qu'on a crus les organes du parti converti si nouvellement à la liberté, ont commis toutes ces fautes, et il en est résulté une grande défaveur pour tout le parti. En voyant qu'un changement de principes n'était point un changement de conduite, et qu'on entait de vieilles persécutions sur de nouvelles doctrines, la France s'est crue autorisée a penser que les hommes, au nom desquels on prétendait lui parler, ne saisissaient les maximes de la liberté que pour en imposer à ses amis véritables, qu'ils auraient anéanti cette liberté, si elle n'avait trouvé protection plus haut; et que s'ils invoquaient la constitution, c'est qu'ils n'étaient pas dans le pouvoir.

La nation a remarqué « qu'ils ne savaient

(1) Remarquez que, par cette expression, ce n'est plus seulement la liberté individuelle et la liberté des élections, c'est l'indépendance des tribunaux, l'inviolabilité des jugemens qu'on attaque. S'il y a beaucoup de pareilles conversions à la liberté, je ne sais trop quelle liberté nous restera.

» comment allier leurs vieux principes et leurs
» nouvelles doctrines, embarrassés qu'ils étaient
» dans la théorie qu'ils avouaient et dans la pra-
» tique qu'ils craignaient, et qu'ils auraient
» voulu qu'on nous eût retiré d'une main ce
» qu'on eût semblé nous donner de l'autre (1). »

En effet, la circonstance était malheureuse.
Au moment où un parti était déjà soupçonné de
n'avoir fait que changer de tactique, on accré-
ditait ce soupçon. L'on semblait placer le mot
trop près de l'énigme, et, en montrant le but,
indiquer que la route n'était qu'un détour.

On peut avoir un très-beau talent, on peut
avoir fait dans sa vie des actions très-nobles ;
mais quand on rend suspects ceux pour qui
l'on plaide, quand on aliène ceux que l'on veut
conquérir, on est un mauvais négociateur.

Il est urgent toutefois de trouver des moyens
de paix entre des armées prêtes, peut-être, à
s'entendre. L'instant est favorable ; le gouvernement, les députés, l'opposition, la France
entière, tiennent aujourd'hui le même langage.
Il est impossible que ce langage n'influe pas sur
les hommes qui le parlent. Ils se pénétreront
des principes de la liberté en les répétant. Je
pense donc qu'une profession de foi commune
doit contribuer à les réunir à la nation. J'ose

_____

(1) Propositions à la Chambre des pairs, relativement aux dernières
élections, page 32.

tracer ici l'esquisse de cette profession de foi, je la crois constitutionnelle et populaire.

J'admets que la révolution a créé deux espèces d'intérêts, les uns matériels, les autres moraux; mais il est absurde, et il est dangereux de prétendre que les intérêts moraux soient l'établissement de doctrines anti-religieuses et anti-sociales, le maintien d'opinions impies et sacriléges. Les intérêts moraux de la révolution ne sont point ce qu'ont dit quelques insensés, ce qu'ont fait quelques coupables; ces intérêts sont ce qu'à l'époque de la révolution la nation a voulu, ce qu'elle veut encore, ce qu'elle ne peut cesser de vouloir, l'égalité des citoyens devant la loi, la liberté des consciences, la sûreté des personnes, l'indépendance responsable de la presse. Les intérêts moraux de la révolution, ce sont les principes.

Il ne s'agit pas seulement de garantir les profits de quelques-uns, mais d'assurer les droits de tous. Si l'on ne s'occupe que du premier point, il y aura quelques individus de contens, mais jamais la totalité ne sera tranquille.

Les antagonistes de la liberté, quand ils ont peur, voudraient ouvrir leurs rangs, pour y recevoir n'importe quels auxiliaires, à condition qu'ils feront cause commune avec eux et contre le peuple. C'est inutile. Ceux qui passent à ces ennemis se perdent sans les sauver.

Je crois qu'en respectant les intérêts moraux

de la révolution, c'est-à-dire les principes, il faut protéger les intérêts matériels. Mais je crois de plus, et c'est ce qu'on a feint d'ignorer trop souvent, qu'en protégeant les intérêts, il ne faut pas humilier les hommes.

Je le déclare, si, par quelque ressentiment implacable, indifférent aux conséquences de mes paroles, je voulais bouleverser mon pays, dussé-je périr au milieu des ruines, voici sans hésiter, comment je m'y prendrais : je rechercherais quelle classe est la plus nombreuse, la plus active, la plus industrieuse, la plus identifiée aux institutions existantes, et je lui dirais : « Nous » ne pouvons pas, vu les circonstances, vous » disputer vos propriétés ni vos droits légaux. » Jouissez donc des unes, exercez les autres; » mais nous vous déclarons que nous regardons » ces droits comme usurpés, ces propriétés » comme illégitimes. Nous ne vous proscrivons » pas, mais il n'y a aucune proscription que » vous ne méritiez. Nous ne vous dépouillons » point, mais ne pas vous voir dépouillés est un » scandale. Nous nous résignons à laisser quel- » ques-uns de vous parvenir au pouvoir; mais » tout pouvoir remis en vos mains est une in- » sulte à la morale publique. Vous savez main- » tenant ce que nous pensons, allez en paix et » en sécurité, et, après avoir dévoré nos injures, » croyez à nos promesses de n'attaquer ni vous » ni vos biens. » Tel serait, dis-je, mon langage, si je voulais bouleverser mon pays. Car je calculerais que les hommes ne veulent pas plus être méprisés que dépouillés, qu'on ne les réduira jamais à supporter patiemment l'opprobre, et que les protestations qu'on place à côté des outrages ne servent de rien, parce que ceux qu'on a outragés voient avec raison dans les outrages une preuve de la fausseté des protestations. Je serais sûr qu'en irritant un nombre immense de citoyens sans les désarmer, en les aigrissant sans les affaiblir, j'exciterais leur indignation, puis leur résistance. Or, ce que je ferais si je voulais bouleverser mon pays, on le fait depuis trois années, on le fait encore aujourd'hui. Je ne dis point qu'on ait le dessein d'attirer sur notre patrie des calamités nouvelles. Je parle du terme où l'on ne peut manquer d'arriver par cette route, et non du but vers lequel les projets se dirigent.

Je crois que les amis de la liberté doivent accueillir les conversions; mais je pense que les convertis ne doivent point partir d'un changement tardif et soudain pour exiger incontinent le pouvoir. La nation trouverait leur dialectique étrange. Ils se sont trompés vingt-sept fois, ils le confessent, et c'est en vertu de cette longue erreur qu'ils lui proposent de s'en remettre à leurs lumières! Elle leur répondrait qu'ils ont attendu long-temps pour se convertir, et qu'ils peuvent bien attendre un peu pour la gouverner. En passant tellement vite de la théorie à l'application, et de leurs principes à leurs intérêts, ils se nuisent. Si un musulman embrassait le christianisme, je me réjouirais de l'acquisition d'un nouveau fidèle; mais, si ce jour-là même ce musulman voulait être pape, je ne laisserais pas que d'avoir des doutes sur la ferveur de sa foi.

Je pense que le gouvernement, fût-il convaincu de la loyauté de certains hommes, commettrait encore une grande imprudence en les plaçant exclusivement à la tête de l'état. Une tradition que tous les peuples répètent est, disait Hésiode, une divinité. Lorsqu'une conviction est générale, fût-elle mal fondée, il est de la sagesse de l'autorité de la ménager. Il ne s'agit donc pas uniquement de savoir si les nouveaux convertis qui veulent nous régir méritent la confiance, il faut examiner encore si la nation est disposée à la leur donner.

Je crois qu'ils font bien de demander aux ministres toutes les libertés légitimes; mais je pense qu'ils ne doivent pas exiger d'eux qu'ils oppriment un parti pour satisfaire l'autre. Je ne sais quel évêque, se trouvant sur un vaisseau prêt à couler bas, récitait ses prières. « Mon Dieu, disait-il, sauvez-moi; ne sauvez que moi, je ne veux pas fatiguer votre miséricorde. » N'invoquons pas la liberté, comme cet évêque invoquait la Providence.

Je crois qu'il ne faut repousser d'aucune car-

rière aucun de ceux qui n'ont point commis de
crimes, mais qui ont servi la France sous les
divers gouvernemens qui l'ont dominée. Je crois
même qu'il ne faut pas se montrer trop sévère
envers ceux qui n'ont pas résisté au despotisme
avec assez d'énergie. Je plaide une cause qui
m'est étrangère. Durant les treize années du
gouvernement de Bonaparte, j'ai refusé de le servir; j'ai préféré l'exil à son joug; et quelque jugement qu'on porte sur moi pour avoir siégé
dans ses conseils à une autre époque, quand
douze cent mille étrangers menaçaient la France,
l'imputation de servilité ne saurait m'atteindre. Mais je défends aussi, contre cette imputation, la cause nationale, et j'affirme que, lorsqu'après avoir donné à la liberté des regrets im-
puissans, et tenté pour elle des efforts trop faibles, beaucoup d'hommes se sont résignés à un
esclavage dont ils ne calculaient pas l'étendue,
la nation était fatiguée d'une longue anarchie,
l'opinion était flottante : un chef s'offrait qui
promettait le repos; la majorité de la France lui
accordait une confiance de lassitude. Les esprits
clairvoyans, qui apercevaient en lui un tyran
futur, étaient en petit nombre.

Si je ne voulais, dans un écrit dont le seul
mérite est d'inviter à l'oubli des haines, m'interdire toute récrimination, je demanderais à nos
rigoristes d'un jour ce qu'ils ont fait alors pour
seconder ceux qui mettaient le peuple en garde

contre le despote à venir. Ils ont appuyé ce despote, en vantant, sous son règne, le pouvoir absolu comme le meilleur gouvernement; ils l'ont
servi de leur métaphysique obscure, et de leur
prose poétique, et de leurs dithyrambes, et de
leurs sophismes. Lorsque, grâces à leurs systèmes, les derniers organes de la nation furent
écartés de la tribune, que pouvait faire cette
foule d'hommes utiles, laborieux, éclairés, qui,
sans avoir la force de résister à un mal inévitable, sentaient qu'il y avait encore quelque bien
possible, et croyaient devoir à leur pays d'y
contribuer? S'ils sont coupables, ceux qui ont
servi sous la tyrannie, ils ne sont coupables que
d'avoir cédé à l'impulsion imprimée à la France
par leurs accusateurs d'aujourd'hui ; et même,
au sein de leur soumission, ils ont encore donné
des preuves de leurs désirs et de leurs regrets (1).

Rappelons une époque trop fameuse, celle du
procès du général Moreau; qui a embrassé sa

---

(1) Un écrivain, qu'on n'accusera pas d'être favorable *aux hommes de
la révolution*, M. de Châteaubriand, dans sa dernière brochure (*P 'posi-
t on à la chambre des pairs*, pag. 31), a reconnu cette vérité sans s'en
apercevoir. En leur reprochant d'abandonner aujourd'hui leurs opinions
anciennes, il les désigne ainsi : « Ceux-là mêmes qui, pendant vingt-cinq
ans, ont crié à la liberté, à la constitution. » Notez pendant vingt-cinq
ans, donc sous Bonaparte même ; ils n'étaient donc pas ses esclaves si
soumis, si volontaires. En effet, ils ont, non pas crié à la liberté, malheureusement, mais parlé de la liberté, beaucoup trop bas sans doute. Ils
saisissaient toutes les occasions de parler dans ce sens, comme d'autres
saisissaient toutes celles de parler dans le sens contraire; et ce sont ces
derniers qui, aujourd'hui, les taxent de servilité !

cause? qui a rédigé son admirable défense? qui
a porté la terreur jusque dans le palais de son ennemi, par une indignation menaçante et conta-
gieuse? qui? des amis de la liberté, des hommes
de la révolution, pour me servir de l'expression
qu'on emploie.

Oui, plusieurs ont été faibles : mais chaque
fois qu'une espérance de liberté s'est offerte à
eux, ils l'ont saisie, ils l'ont secondée, ils en ont
conservé la tradition; et, si elle survit, ils y sont
pour quelque chose.

Savons-nous d'ailleurs le mal qu'ils ont em-
péché? Parmi ceux qui les blâment, n'en est-il
aucun qui doive, à quelqu'un d'eux sa fortune,
la vie de ses amis, celle de ses proches ou la
sienne propre?

Je le sais, la reconnaissance a la mémoire
courte. A l'instant du péril, on implore la protection, on reçoit le bienfait : le péril passe, on
rappelle les torts, on en fait des crimes. J'enten-
dais quelqu'un dire un jour : Je ne sais lequel
de ces misérables m'a sauvé la vie.

Nous échappons à un grand naufrage. La mer
est couverte de nos débris. Recueillons dans ces
débris ce qu'il y a de précieux, le souvenir des
services rendus, des actions généreuses, des dangers partagés, des douleurs secourues. Au lieu
de briser le peu de liens qui nous unissent encore, créons de nouveaux liens entre nous par
ces traditions honorables.

La justice l'exige, la prudence le conseille ; l'on ne fera pas, comme on le propose, marcher les institutions d'aujourd'hui par les hommes d'autrefois. Les hommes d'aujourd'hui forment, je l'ai dit auparavant, l'immense majorité nationale. Toute l'influence morale, toute l'expérience de détail, toute l'habitude des affaires, toutes les connaissances de fait sont de leur côté. Le gouvernement ne peut se passer d'eux : et c'est pour cela que, depuis la première chute de Bonaparte, tous les ministères qui se sont succédé ont été contraints, après quelques oscillations, à prendre une marche à peu près uniforme, et à rentrer dans un système qu'on a représenté faussement comme une conspiration contre la monarchie, et qui n'est autre chose que l'action nécessaire et inévitable des intérêts nationaux sur la monarchie.

Ce n'est pas que je veuille, par une intolérance étroite et absurde, repousser une classe de l'administration des affaires. J'ai beaucoup de confiance dans la force de la liberté, et, pourvu qu'elle soit entourée de ses légitimes garanties, je ne crains point de voir quelque puissance remise à des mains momentanément impopulaires. Je crois donc qu'il est utile, qu'il est désirable que la noblesse entre dans la Charte. Je crois qu'une classe, élégante dans ses formes, polie dans ses mœurs, riche d'illustration, est une acquisition précieuse pour un gouvernement

libre; et pour prouver que cette opinion, que
j'exprime aujourd'hui, et qui peut-être est loin
d'être générale, a toujours été la mienne, je trans-
crirai ce que j'écrivais à une autre époque.
« Des priviléges, même abusifs, disais-je, sont
» pourtant des moyens de loisir, de perfection-
» nement et de lumières. Une grande indépen-
» dance de fortune est une garantie contre plu-
» sieurs genres de bassesses et de vices. La certi-
» tude de se voir respecté est un préservatif con-
» tre cette vanité inquiète et ombrageuse, qui
» partout aperçoit l'insulte ou suppose le dé-
» dain, passion implacable qui se venge, par le
» mal qu'elle fait, de la douleur qu'elle éprouve.
» L'usage des formes douces et l'habitude des
» nuances ingénieuses donnent à l'ame une sus-
» ceptibilité délicate et à l'esprit une rapide
» flexibilité. Il fallait profiter de ces qualités pré-
» cieuses. Il fallait entourer l'esprit chevaleres-
» que de barrières qu'il ne pût franchir, mais lui
» laisser un noble élan dans la carrière que la na-
» ture rend commune à tous. Les Grecs épar-
» gnaient les captifs qui récitaient des vers d'Eu-
» ripide. La moindre lumière, le moindre germe
» de la pensée, le moindre sentiment doux, la moin-
» dre forme élégante, doivent être soigneusement
» protégés. Ce sont autant d'élémens indispen-
» sables au bonheur social. Il faut les sauver de
» l'orage; il le faut, et pour l'intérêt de la jus-
» tice, et pour celui de la liberté : car toutes ces

» choses aboutissent à la liberté par des routes
» plus ou moins directes. Nos réformateurs fana-
» tiques, continuais-je, confondirent les épo-
» ques pour allumer et entretenir les haines :
» comme on était remonté aux Francs et aux
» Goths pour consacrer des distinctions oppres-
» sives, ils remontèrent aux Francs et aux Goths
» pour trouver des prétextes d'oppression en sens
» inverse. La vanité avait cherché des titres
» d'honneur dans les archives et dans les chro-
» niques : une vanité plus âpre et plus vindica-
» tive puisa dans les chroniques et dans les ar-
» chives des actes d'accusation. » (1) J'imprimais
ces lignes lorsque la tempête grondait sur la tête
de ces hommes, et qu'une tyrannie en péril, les
connaissant pour ses ennemis secrets, menaçait
d'évoquer contre eux les rigueurs des lois ou-
bliées et les fureurs d'un peuple irrité. Je puis
me rendre ce témoignage, qu'à toutes les époques j'ai invité la force à la justice.

Mais je ne crois point qu'en faisant entrer la
noblesse dans la Charte, on doive lui conseiller
de s'en emparer. Elle n'y réussirait pas : elle
perdrait le bénéfice de la liberté, sans obtenir
les avantages de la conquête. L'esprit du siècle,
et plus encore celui de la France, est tout entier
à l'égalité.

Oui, je le crois ; il est possible, peut-être facile
de sauver la France.

_____

(1) *De l'esprit de conquête*, page 122.

L'on a pu remarquer plus d'une fois, durant la révolution, qu'une certaine force morale impersonnelle, mais toute-puissante, ramenait les choses et les hommes dans la direction que cette révolution leur a imprimée. Depuis que cette révolution a commencé, diverses factions ont essayé de la faire dévier de sa route : aucune n'a réussi. Bonaparte, par d'incroyables succès, a comprimé cette force morale. Mais il est tombé, et l'opinion, qu'on avait crue étouffée par lui, s'est montrée vivante. Dans la première année de la carrière constitutionnelle, on a négligé cette expérience. Les esprits supérieurs eux-mêmes ont besoin de temps pour bien connaître les élémens avec lesquels et sur lesquels ils doivent agir. Une catastrophe épouvantable en a été la suite. L'Europe est intervenue : tout s'est rétabli ; mais des haines de parti ont recommencé à menacer l'œuvre de vingt-sept années, et le péril a reparu. L'ordonnance du 5 septembre a replacé la nation dans sa route naturelle, et le péril s'est dissipé.

Quelle est donc cette route naturelle dont il est si fatal de s'écarter? C'est celle que la nation a voulu s'ouvrir, au commencement de 1789.

A cette époque, elle s'est proposé pour but d'établir, non-seulement une liberté de fait, mais une liberté de droit, et se délivrer de toute possibilité d'arbitraire. La douceur pratique du gouvernement ne lui suffisait pas. Elle avait besoin de la sécurité, autant que de la jouissance, et, pour satisfaire ce besoin, elle réclamait des garanties. Telle a été toute la question de 1789; des ambitions particulières, des vanités personnelles, des intérêts nés du trouble, et qui ne pouvaient s'assouvir que par le trouble, ont jeté, à travers la révolution, des forfaits horribles et des événemens déplorables. Mais, au milieu de ses souffrances, de ses convulsions, de sa servitude, la nation n'a cessé de vouloir ce qu'elle avait voulu; et chaque fois qu'elle a pu élever la voix, elle a recommencé à le demander. La preuve en est que, si l'on prenait au hasard les écrits publiés aux différentes époques, malheureusement trop courtes, durant lesquelles elle a joui de quelque liberté, l'on trouverait toujours l'expression des mêmes désirs, et l'on n'aurait, pour les adapter au moment actuel, qu'à changer les noms et les formes. Telle est donc la route dans laquelle la nation veut marcher. Elle se l'est tracée en 1789 : elle y est rentrée toutes les fois qu'elle a pu le faire. Elle a désavoué, tantôt par son silence, tantôt par ses plaintes, tout ce qui l'en écartait.

Il faut donc reconnaître cette vérité. Ce que la nation craint, ce qu'elle déteste, c'est l'arbitraire. On ne l'établirait pas plus avec les acquéreurs de biens nationaux, que contre les acquéreurs de biens nationaux, pas plus avec les hommes de la révolution, que contre les hommes de la révolution. Aux mots de liberté, de garantie, de responsabilité, d'indépendance légale de la presse, de jugemens par jurés, avec des questions bien posées, de respect pour les consciences, cette nation se réveille. C'est là son atmosphère; ces idées sont dans l'air qu'elle respire. Vingt-sept ans de malheurs, d'artifice, et de violence, n'ont pas changé sa nature. Elle est ce qu'elle a été : elle sera ce qu'elle est : rien ne la changera.

Qu'on ne se trompe pas à un symptôme qui a pu surprendre, mais que je crois avoir expliqué. Des voix qui étaient suspectes à cette nation, ont proclamé subitement des principes qu'elles s'é-taient jadis fatiguées à proscrire. Elle est restée muette, mais d'étonnement : ce n'a pas été par aversion pour les principes, mais par défiance des hommes. Son silence ne signifie pas : Nous ne voulons pas ce que vous dites; il signifie : Nous craignons ce que vous voulez.

Les dépositaires du pouvoir ont une disposi-tion fâcheuse à considérer tout ce qui n'est pas eux comme une faction. Ils rangent quelquefois la nation même dans cette catégorie, et pensent que l'habileté suprême est de se glisser entre ce qu'ils nomment les factions opposées, sans s'ap-puyer d'aucune.

Mais tout parti, toute association, toute réu-nion d'hommes dans le pouvoir ou hors du pou-

voir, qui ne se ralliera pas aux principes nationaux, ne trouvera d'assentiment nulle part. Si
le hasard lui remet l'autorité, ou si elle s'en saisit par ruse ou par force, la nation la laissera
gouverner, mais sans l'appuyer : car c'est un des
résultats de son expérience que cette habitude
de se retirer de tout ce qui n'est pas dans son
sens, sûre que par cela seul, tôt ou tard, tout ce
qui n'est pas dans son sens tombe. Elle s'épargne
ainsi la fatigue de la résistance ; elle échappe au
danger, laissant ceux qui veulent marcher à eux
seuls, faire route entre deux abîmes. Dans de pareils momens, on dirait qu'elle est morte, tant
elle reste immobile et prend peu de part à ce qui
se fait. Mais proclamez une parole, excitez une
espérance qui soit nationale, elle reparaît pleine
de vie, et aussi infatigable dans son zèle, qu'elle
est inébranlable dans sa volonté : elle reparaît
tellement forte, que souvent ceux qui l'ont ap-
pelée ont la faiblesse de s'en épouvanter ; ils ont
tort. Elle ne réclame rien d'injuste ; elle hait
tout ce qui est violent ; mais elle a un sens parfait sur ce qui est vrai et sur ce qui ne l'est pas ;
et il y a une chose qu'elle ne pardonne point,
c'est de croire qu'on peut la tromper. Elle est du
reste fort équitable dans ses jugemens ; elle tient
compte des circonstance ; elle sait gré aux hommes du mal qu'ils ont empêché ; elle excuse
même le mal qu'ils ont laissé faire, quand elle
voit qu'ils n'y ont consenti que pour en éviter

un plus grand. Mais elle exige aussi qu'on la con-
duise au but qu'elle veut atteindre : dès qu'on
s'en écarte, on a beau faire et beau parler, elle
ne prend point le change ; elle s'arrête, avertie
par son instinct infaillible que ce qu'on dit n'est
qu'une ruse , et que ce qu'on fait lui est étranger.

QUESTIONS

SUR LA LÉGISLATION ACTUELLE

DE

LA PRESSE EN FRANCE,

ET SUR LA DOCTRINE DU MINISTÈRE PUBLIC.

La loi proposée dans la dernière session, relativement à la presse, a été présentée par le ministère comme un adoucissement à la législation existante ; les ministres ont déclaré qu'ils voulaient que la presse fût plus libre, les auteurs plus en sûreté qu'ils ne l'étaient précédemment ; ils se sont appuyés de l'augmentation de liberté accordée aux livres, pour obtenir de sévères restrictions à l'égard des journaux ; les orateurs qui ont parlé dans le sens ministériel ont professé la même doctrine ; on peut regarder leurs discours comme ayant essentiellement contribué à l'adoption de la loi, et par conséquent comme ayant été, aux yeux des deux chambres, des engagemens qu'ils prenaient au nom du gouverne-

ment, engagemens d'autant plus formels et ir-
récusables, que plusieurs d'entre eux n'étaient
pas simplement pairs ou députés, mais ministres ou commissaires du roi, et parlaient officiellement en cette qualité ; enfin , après les débats des chambres et les réponses des dépositaires
de l'autorité , la France a dû penser que la liberté
de la presse était plus assurée et mieux garantie
qu'auparavant.

L'intention du roi a donc été que la presse
fût libre. La conviction des chambres, en adoptant les lois proposées par les ministres, a été
qu'elle le serait, sauf une exception unique et
passagère qui ne porte que sur les journaux. La
nation qui, depuis vingt-cinq ans, n'a cessé d'exprimer son vœu unanime à cet égard, a dû croire
ce vœu satisfait.

Maintenant deux procès viennent d'être intentés à des écrivains, en vertu de la loi préservatrice de la liberté de la presse. Ce fait n'a rien
qui m'effraie. Nul homme sensé ne dispute la
nécessité et la justice de l'action des tribunaux
sur les écrivains. Non-seulement les procès en
calomnie intentés, à tort ou à raison, sont et
doivent être une conséquence inévitable et prévue de la libre publication des écrits : car tout
individu qui se croit calomnié a droit, à ses risques et périls , de réclamer une réparation, sauf
à supporter les inconvéniens de sa demande , si
elle est mal fondée ; mais il faut aussi que la sé-

dition puisse être réprimée, que les invitations à la sédition puissent être punies.

Dans les procès dont il est question, des doctrines ont été établies, qui, si elles sont admises, auront, pour l'avenir, une grande influence. MM. les avocats du roi ont mis en avant des maximes qui forment une jurisprudence nouvelle : car c'est surtout dans la législation de la presse que s'introduira naturellement la jurisprudence des traditions, des arrêts, et de ce que les Anglais nomment *Précédents*. Tout ce qui a rapport aux écrits se décidera et devra se décider beaucoup plus par des considérations morales que par la lettre de la loi. Les tribunaux, appelés à prononcer sur ces matières, s'appuieront nécessairement sur l'autorité des décisions antérieures. Ces décisions leur serviront de règles dans des affaires souvent fort délicates, fort compliquées, et sur lesquelles, d'ici à quelque temps, le défaut d'expérience se fera péniblement sentir aux juges et aux jurés, si enfin les jurés sont établis dans ces causes, comme il faut qu'ils le soient, sous peine de rendre toutes les garanties illusoires. Nos premiers pas dans cette carrière, où aucune route n'est encore frayée, en marqueront une, qui, bonne ou mauvaise, droite ou tortueuse, nous tracera malgré nous notre marche à venir.

Il est donc utile, il est urgent que la jurisprudence dont MM. les avocats du roi ont posé les bases, soit examinée. Si elle est d'accord avec les discours des ministres, et avec les principes émis dans les deux chambres par les orateurs ministériels, l'intention annoncée par le gouvernement est remplie. Si, au contraire, cette jurisprudence est subversive de toute liberté de la presse, s'il en résulte qu'aucun écrivain ne peut écrire une ligne, ni défendre ce qu'il a écrit sans encourir des peines sévères ; si, tandis que les ministres ont déclaré, en présentant la loi, que la liberté de la presse était le flambeau du gouvernement, les organes de l'autorité, en appliquant la loi, étouffent cette liberté, il est clair, ou que la loi n'atteint pas le but que les ministres s'étaient proposé, ou que les magistrats se trompent dans l'application qu'ils font de la loi.

Soit qu'on adopte ou l'une ou l'autre de ces hypothèses, toujours est-il nécessaire de les examiner. Si la première se trouve fondée, les inquiétudes que la poursuite et l'issue des deux procès qui viennent d'avoir lieu ont causées, à tort, à beaucoup de personnes, se calmeront, et nous pourrons nous livrer à toute notre reconnaissance pour le ministère ; et si, par hasard, la seconde hypothèse s'était réalisée, ce serait à la fois un hommage, et si le mot n'est pas trop présomptueux, un service à rendre aux ministres, que de leur montrer que, malgré la réplique éloquente et profondément sentie de l'un d'eux, ce qu'il a déclaré ne pouvoir pas arriver, arrive, que la loi qu'il a fait adopter a, je ne dis pas un autre but, mais un autre effet que celui qu'elle promettait d'avoir, et que le bienfait, quoiqu'il ne soit certainement pas un piége dans l'invention de ses auteurs, a pourtant les inconvéniens d'un piége. Alors ces ministres éclairés et amis du bien imprimeront sans doute aux agens de l'autorité une autre direction; et les magistrats qui parlent au nom du roi ne se tromperont plus sur sa volonté, manifestée aux chambres et à la France.

Les deux écrivains dont la poursuite et la condamnation font l'objet des réflexions qu'on va lire, me sont parfaitement étrangers. Je ne les ai rencontrés nulle part; j'ignore quelles sont leurs relations privées, et je ne me suis point informé de leurs principes politiques. Le livre du premier d'entre eux n'est jamais parvenu jusqu'à moi. J'ai lu la brochure du second, et j'y ai trouvé, avec quelques vérités générales et plusieurs traits spirituels, des expressions peu convenables. Je ne suis donc partial ni pour les individus que je n'ai vus de ma vie, ni pour les ouvrages, dont l'un m'est inconnu, et dont j'aurais été plutôt disposé à désapprouver l'autre. C'est la doctrine établie par le ministère public dont j'ai intention de m'occuper.

Cette doctrine peut être réduite aux cinq axiomes suivans :

1° Qu'on peut interpréter les phrases d'un

écrivain et le condamner sur ces interprétations, même quand il proteste contre le sens qu'on donne à ses phrases;

2° Qu'attaquer les ministres, c'est attaquer le roi;

3° Qu'on peut combiner avec le Code actuel les lois antérieures, et les appliquer à des écrits publiés sous l'empire des lois existantes;

4° Qu'un accusé peut être puni pour la manière dont il se défend;

5° Que l'imprimeur qui a rempli toutes les formalités prescrites peut néanmoins être condamné.

Que ces axiomes viennent d'être professés par le ministère public, c'est un fait dont je fournirai plusieurs démonstrations successives, par des extraits fidèles des requisitoires et des plaidoiries de MM. les avocats du roi. Ces axiomes sont-ils constitutionnels? Sont-ils d'accord avec la liberté qu'on nous a promise? Sont-ils compatibles avec celle de la presse, sous quelque forme qu'on la conçoive? Telles sont les questions que je vais soumettre aux représentans de la Nation, comme gardiens de ses droits; aux ministres, comme exécuteurs des intentions royales; aux simples citoyens, comme intéressés également à ce que la licence ne soit pas encouragée, et à ce que la liberté légale ne soit pas détruite.

Je déclare que je n'inculpe les intentions de

personne, qu'en indiquant les conséquences
qui me paraissent résulter de la doctrine que
MM. les avocats du roi ont établie, je suis convaincu que si ces conséquences sont telles que je
le pense, ils ne les ont pas prévues; qu'il en est de
même du tribunal de première instance, dans
un jugement dont l'esprit me semble peu conforme aux principes de la constitution et aux
vues du législateur, et que si, malgré les soins
que je mettrai à réitérer cette déclaration, il
m'échappe l'expression d'un doute à cet égard,
ce sera contre ma volonté et à mon insu.

_____

PREMIÈRE QUESTION.

*Quelles limites faut-il assigner au droit d'inter-
préter les phrases des écrivains, et à qui l'exercice de ce droit doit-il être confié ?*

Il n'y a aucun doute que pour juger de l'innocence ou de la culpabilité d'un livre, une
certaine interprétation ne soit nécessaire. Les
paroles ne sont quelque chose que par le sens
qu'elles contiennent. Le sens indirect d'une
phrase peut être tellement clair qu'il se présente
à l'esprit du lecteur, aussi facilement et aussi
rapidement que le sens direct et ostensible. Or,
comme les délits, en matière de liberté de la
presse, se composent de l'effet qu'un écrivain

produit ou veut produire, un sens indirect de cette espèce peut constituer un véritable délit.

Mais pour que ce droit d'interprétation, que la raison et l'impartialité m'engagent à reconnaître, ne dégénère point en arbitraire et en tyrannie, deux choses sont requises :

Premièrement, cette interprétation doit porter sur la totalité d'un ouvrage

Cette proposition est trop évidente pour avoir besoin du moindre développement, et, par respect pour mes lecteurs, j'aime à retrancher les développemens inutiles.

Dans un temps où l'Angleterre s'offrait à nous comme modèle en fait de liberté, lord Erskine a montré, dans un discours éloquent et d'une irrésistible logique, avec quelle facilité, en isolant des phrases, on pouvait rendre criminel ce qui ne l'était pas. Il a prouvé, d'après Algernon Sidney, qu'avec cette pratique on condamnerait légalement un éditeur de la Bible pour avoir publié qu'il n'y a point de Dieu (1). Mais s'il faut que le sens du livre entier soit jugé, il faut que ce livre soit connu en entier de ceux qui le jugent. Or je ne vois point que, dans la forme de procédure qui s'est introduite, le livre, corps du délit, soit communiqué aux tribunaux. Je ne sais si l'on craint pour les juges mêmes le mauvais effet des ouvrages séditieux, mais il paraît

---

(1) Discours de lord Erskine, dans le procès du doyen de Saint-Asaph.

que MM. les avocats du roi se bornent à lire, à leur choix, les phrases qu'ils commentent. Je n'affirme pourtant rien à cet égard; car, malgré les assurances que l'on m'a données, il y a des faits que je ne puis croire : charger des juges de prononcer sur ce qu'on ne voudrait pas leur faire connaître, serait à mes yeux un fait de ce genre. Dans tous les cas, le seul doute prouve qu'il existe dans la loi une lacune qu'il faudra remplir ; et nos ministres, qui ont déjà voulu cette année mettre la liberté de la presse en pleine sûreté, feront certainement à la session prochaine cette proposition indispensable.

Secondement, le droit de juger de l'interprétation des ouvrages dénoncés doit être confié à des jurés.

La vérité de cette seconde proposition ne sera pas moins manifeste que celle de la première, si l'on veut bien y réfléchir un instant.

Un jugement sur des interprétations a, inévitablement, quelque chose de discrétionnaire. Si vous investissez un tribunal du droit de prononcer, vous dénaturez les fonctions des juges. Ils sont astreints à se conformer à la lettre de la loi. Leur seul devoir, leur seule mission, c'est de l'appliquer. Mais en les chargeant de juger du sens caché d'un écrit, vous les forcez à se livrer à des conjectures, à se fabriquer un système, à se prononcer sur des hypothèses, choses destructives de leur qualité d'organes impassibles de la loi écrite.

Le sens d'un livre dépend d'une foule de nuances. Mille circonstances aggravent ou atténuent ce qu'il peut avoir de répréhensible. La loi écrite ne saurait prévoir toutes ces circonstances, se glisser à travers ces nuances diverses. Les jurés décident, d'après leur conscience, d'après le bon sens naturel à tous les hommes. Ils sont les représentans de l'opinion publique, parce qu'ils la connaissent; ils évaluent ce qui peut agir sur elle; ils sont les organes de la raison commune, parce que cette raison commune les dirige, affranchie qu'elle est des formes qui ne sont imposées qu'aux juges, et qui, ne devant avoir lieu que pour assurer l'application de la loi, ne peuvent embrasser ce qui tient à la conscience, à l'intention, à l'effet moral. Vous n'aurez jamais de liberté de la presse, tant que les jurés ne décideront pas de toutes les causes de cette nature.

Dans les autres causes, les jurés déclarent le fait. Or le sens d'un livre est un fait; c'est donc aux jurés à le déclarer. Les jurés déclarent de plus si le fait a été le résultat de la préméditation. Or le délit d'un écrivain consiste à avoir prémédité l'effet du sens contenu directement ou indirectement dans son livre, s'il est dangereux. C'est aux jurés à prononcer sur cette préméditation de l'écrivain.

Enfin, il n'est pas équitable de juger l'effet naturel d'un livre par celui qu'il produit, lorsque l'autorité le dénonce, et qu'un organe de l'autorisé en extrait ce qui peut sembler le plus condamnable. C'est néanmoins ainsi qu'un livre se présente aux juges, quand il est traduit devant les tribunaux. Ces juges sont prévenus par l'accusation contre l'ouvrage. Les jurés, plus libres, en leur qualité d'hommes privés, ont plus de chances de juger le livre impartialement. Ils le jugent comme citoyens, en même temps qu'ils s'en occupent comme jurés. Ils peuvent comparer l'effet que le ministère public lui attribue avec celui qu'il aurait produit sur eux naturellement. Ils sont de la sorte mis en garde contre l'exagération inévitable et même obligée de l'accusateur.

J'ajouterai qu'il y a cette différence entre les délits de la presse et les autres délits, que les premiers compromettent toujours plus ou moins l'amour-propre de l'autorité. Quand il s'agit d'un vol ou d'un meurtre, l'autorité n'est nullement compromise par l'absolution du prévenu; car elle a simplement requis d'office l'investigation d'un fait. Mais dans la poursuite des écrits l'autorité paraît avoir voulu faire condamner une opinion; et l'absolution de l'écrivain ressemble au triomphe de l'opinion d'un particulier sur celle de l'autorité. Les tribunaux ne sauraient alors juger impartialement : institués par l'autorité, ils en font partie ; ils ont un intérêt de corps avec elle. Ils pencheront toujours pour l'autorité contre l'écrivain.

Que si l'on dit que c'est un bien ; parce qu'il ne faut pas que l'autorité éprouve d'échec, je réponds qu'alors il faut de deux choses l'une, ou qu'elle n'ait pas le droit d'accuser, ou que ceux qui jugent n'aient pas le droit d'absoudre. Dans le premier cas, il y aura licence effrénée; dans le second, il n'y aura pas de liberté.

Les jurés tiennent au contraire un juste milieu. Comme individus, et pouvant se trouver à leur tour dans la position d'un écrivain accusé, ils ont intérêt à ce qu'une accusation mal fondée ne soit pas admise. Comme membres du corps social, amis du repos, propriétaires, ils ont intérêt à l'ordre public; et leur bon sens jugera facilement si la répression est juste, et jusqu'à quel degré de sévérité il faut la porter.

J'ai parlé de l'amour-propre de l'autorité; parlons de celui des magistrats. A Dieu ne plaise que j'insinue que les jurés ne sont pas nécessaires, quand il s'agit de crimes positifs. Je les crois indispensables dans tous les cas, pour tous les jugements, dans toutes les causes. Mais si les tribunaux jugeaient sans jurés les délits contre la propriété ou contre la vie, ils pourraient encore, sans craindre d'humilier le magistrat qui parle au nom du gouvernement, ne pas adopter ses conclusions; car il ne s'agirait que d'un fait et de preuves matérielles. Dans les délits de la presse, et dans les interprétations à l'aide desquelles on découvre ces délits dans un ouvrage, il s'agit d'une preuve de sagacité, donnée par le magistrat qui a déféré l'ouvrage. Sa réputation de pénétration et de talent est intéressée à ce qu'on ne lui enlève pas ce mérite. Or, quoi qu'on fasse, il s'établit toujours une sorte de fraternité et de complaisance entre des fonctionnaires publics, dont les relations réciproques sont perpétuelles. Les tribunaux, pour peu qu'il y ait l'apparence d'un prétexte, inclineront toujours en faveur de l'avocat du roi qu'ils connaissent, contre l'écrivain qu'ils ne connaissent pas, et seront disposés, sans s'en douter, à condamner l'auteur, par politesse pour le magistrat.

Remarquez qu'en accordant aux avocats du roi la faculté d'interprétation que nous avons reconnue indispensable, on leur offre une occasion de briller qui les tentera. Chaque livre sera pour eux une énigme, dont ils voudront révéler le mot; et plus ce mot sera éloigné du sens naturel du livre, plus ils auront fait preuve de perspicacité. Comme je ne sais quel président d'une cour impériale s'enorgueillissait d'avoir mérité, par la subtilité de ses interrogatoires, d'être surnommé la terreur des accusés, plus d'un avocat du roi se fera une gloire d'être la terreur des écrivains; et si l'indépendance et la raison des jurés ne servent de contre-poids, les écrivains

n'auront en effet aucun refuge contre cette sagacité prétendue.

Je n'ai point l'honneur de connaître M. de
Vatisménil. Je ne le soupçonne ni ne l'accuse de
vanité ; mais je remarque dans ses réquisitoires
et ses plaidoyers des interprétations qui me semblent bien forcées. Les phrases les plus simples,
des assertions qui n'ont que le défaut d'être ré-
battues, sont traduites en maximes subversives
de l'ordre public. J'en donnerai des exemples ;
mais je dois observer en commençant qu'on al-
léguerait vainement, pour justifier cette manière
de procéder, qu'à côté des phrases dénoncées que
je vais citer, il y en a d'autres réellement condamnables. Je répondrai sans nier et sans admettre le fait, pour éviter que la question ne soit
déplacée, qu'il fallait alors se borner à ces dernières, et s'abstenir d'attirer dans la sphère de la
culpabilité, des phrases innocentes, de manière
à ce que, condamnées une fois, leur condamnation et la latitude d'interprétation qui l'aura
motivée deviennent des précédens, des usages
de notre législation, en vertu desquels, de
phrase en phrase et de traduction en traduction,
il n'y ait pas en français une expression qui ne
puisse être le sujet d'une poursuite, pas une
pensée, quelque triviale ou insignifiante qu'elle
soit, qui ne fasse planer la ruine et la captivité
sur la tête de son auteur.

M. de Vatimesnil, donc, accuse l'ouvrage de

M. Rioust « de présenter les caractères les plus
» séditieux, d'énoncer des opinions dangereuses,
» d'indiquer des intentions coupables, et de
» renfermer des passages qui tendent à justifier
» la révolution et les attentats les plus criminels
» auxquels elle a donné lieu. » Je dois croire
que c'est comme une des preuves de cette dernière assertion que la phrase suivante est citée;
car elle vient, dans le journal officiel immédiatement après l'accusation et en démonstration du
délit. « La révolution du dix-huitième siècle fut
» la crise par laquelle la philosophie voulut se
» dégager à la fois des erreurs, des fausses maxi-
» mes, des procédés arbitraires, des gouverne-
» mens et des absurdités religieuses.... Dans ce
» vaste projet, la raison succéda à l'instinct de
» la nature. »

Littéralement et philosophiquement, je ne
trouve point la phrase irréprochable, et le mot
d'absurdités religieuses me choque, parce qu'il
est trop vague. Mais quand on interprète un auteur, certes, le moins que l'on puisse faire, n'est-
ce pas de prendre ce qu'il dit dans le sens le plus
simple, comme le plus favorable? Que seraient
les fonctions de nos magistrats, si elles consis-
taient à extraire du poison des phrases les plus
innocentes? Or, n'y avait-il pas d'absurdités religieuses sous l'ancien régime? N'était-ce pas une
absurdité religieuse que la proscription des protestans? Les billets de confession n'étaient-ils

pas des absurdités religieuses? Les dragonnades

pas des absurdités religieuses? Les dragonnades
n'avaient-elles pas été des absurdités religieuses?
Ainsi donc le seul mot douteux dans la phrase
citée pouvait et devait s'expliquer innocemment.

Quant au reste, si l'auteur est coupable pour
avoir parlé des procédés arbitraires des gouvernemens, ne faudra-t-il pas mettre en prévention M. de Barante, qui, dans un discours prononcé en sa qualité de commissaire du roi,
définit l'ancien régime, « un mécanisme incer-
» tain et précaire, où dix fois dans un siècle les
» magistrats avaient été exilés, et la justice avait
» interrompu son cours (1)? »

Peut-on de bonne foi regarder la phrase dénoncée comme une apologie des attentats les plus
criminels auxquels la révolution a donné lieu?
Y a-t-il un mot dans cette phrase qui rappelle
ou qui excuse ces attentats? Y a-t-il une parole
qui en contienne ou qui en implique l'apologie?
Indique-t-elle même la révolution française en
particulier? Il n'est question que de la révolution du xviii° siècle.

Je répète que, s'il y a dans l'ouvrage quelque
autre phrase qui soit plus clairement une apologie des attentats révolutionnaires, il ne fallait
pas citer celle-ci comme une des preuves de l'accusation. C'était, d'un côté, affaiblir la preuve

_____

(1) Discours de M. de Barante sur le budget, 27 février 1847.

réelle, et de l'autre, accoutumer les tribunaux à voir des délits là où il n'y en a pas.

Quand M. de Chateaubriand, dans un ouvrage honoré de l'approbation royale (1), disait de la révolution anglaise, marquée par les mêmes crimes que la nôtre : « L'Angleterre a devancé » la marche générale d'un peu plus d'un siècle, » voilà tout. » Voulait-il faire l'apologie des attentats de la révolution de l'Angleterre ?

Je ne compare pas cet illustre écrivain que j'ai combattu, mais dont j'admire le talent, à un auteur que je n'ai jamais vu, dont j'ignore la vie et le caractère, et dont l'existence m'était inconnue jusqu'au procès qui m'a fait apprendre son nom ; mais je demande quelle phrase sera sans danger, si celle qu'on lui reproche est coupable. Et qu'aurait dit M. l'avocat du roi, si cet auteur eût imprimé les paroles suivantes : « Les excès d'un peuple soulevé au nom de la » liberté sont épouvantables ; mais ils durent » peu, et il en reste quelque chose d'énergique » et de généreux. Que reste-t-il des fureurs de » la tyrannie, de cet ordre dans le mal, de cette » sécurité dans la honte, de cet air de conten- » tement dans la douleur, et de prospérité dans » la misère (2) ? » N'aurait-on pas vu dans les épithètes données aux excès du peuple, dans

---

(1) *Réflexions politiques*, *V*. Mélanges, t. I, p. 213.
(2) *Idem*, p. 203.

l'espèce de préférence accordée à ces excès sur le despotisme, la doctrine la plus révolutionnaire? et je remarque que, sous la loi du 21 octobre 1814, cette phrase paraissait fort simple, tandis que depuis *l'amélioration* apportée à la législation de la presse, une phrase bien plus insignifiante est devenue un délit.

Je viens de relire ce que m'a dicté depuis un an le désir sincère de contribuer à l'affermissement du gouvernement constitutionnel en France, et je n'ai pas trouvé une page qui, d'après la doctrine de M. Vatimesnil, ne renfermât quelque délit constructif.

Un autre passage du livre dénoncé est cité plus loin comme également coupable. « L'em- » piètement de la noblesse sur les droits du » peuple, et le péu d'empressement du gouver- » nement à réprimer l'ambition de la classe pri- » vilégiée, furent les causes de la révolution. » Mais n'a-t-on pas dit mille fois, à tort ou à raison, que parmi les causes de la révolution il fallait compter l'imprudence et les prétentions de la noblesse? Cette doctrine n'a-t-elle pas été récemment professée jusque dans la chambre de nos députés? N'a-t-on pas été plus loin dans cette chambre? N'a-t-on pas montré les privilégiés non-seulement aliénant le peuple, mais attaquant le trône? N'a-t-on pas parlé des *courtisans révoltés* qui ont commencé nos troubles, et peint *l'aristocratie* comme ayant *ouvert le chemin* à la révolution, que la démocratie ensuite rendit plus funeste? Qui a jamais imaginé de travestir ces pensées, vraies ou fausses, en maximes séditieuses! Les causes de la révolution ne sont-elles pas du ressort de l'histoire? Si l'on fait un crime à un auteur d'avoir indiqué ce qu'il croyait une de ces causes, où est l'historien, de quelque parti qu'il soit, que M. de Vatimesnil ne pourra pas faire condamner?

Et considérez que tout ceci est en contradiction directe avec les promesses contenues dans le rapport qui a motivé à la chambre des pairs l'adoption de la loi. « En matière de doctrine, » dit le rapporteur, et il parle des doctrines politiques « on pense que c'est à la science à éclairer » l'ignorance, à la vérité à redresser l'erreur. » Il continue ensuite à démontrer qu'il n'y a de punissable que *la provocation, l'excitation à la révolte ou à la desobéissance* (1). Or certes, l'indication, juste ou erronée, des causes de la révolution n'est pas une excitation à la révolte ; c'est manifestement un point de doctrine politique, qui n'est ni de la compétence de M. l'avocat du roi, comme accusateur, ni de celle des tribunaux comme juges.

Ces exemples, pris au hasard, me semblent suffisans; s'ils ne l'étaient pas, je montrerais, dans un second procès, ce même magistrat dé-

---

(1) Rapport de M. le comte Abrial à la chambre des pairs.

nonçant comme une doctrine *coupable*, *séditieuse*, *révolutionnaire*, le désir de voir la nation obtenir un jour un gouvernement constitutionnel. « L'auteur, dit M. de Vatimesnil, montre » un autre avenir politique derrière le trône (1). » Mais est-ce montrer un autre avenir derrière le trône que d'exprimer le vœu que la nation obtienne un gouvernement constitutionnel, quand le monarque professe la volonté d'établir ce gouvernement, et quand il est reconnu par les députés et par les ministres que ce gouvernement constitutionnel n'existe encore qu'avec des restrictions que des temps plus heureux feront disparaître ? J'oserai, avec un profond respect, remonter au sommet de notre hiérarchie politique, et rappeler que le roi lui-même, par une proclamation, a reconnu, dans sa prévoyance, que des améliorations étaient possibles, et qu'il a mis, dans sa sagesse, à côté de l'inconvénient d'innover, l'avantage d'améliorer. Or, améliorer, n'est-ce pas, d'après le système de M. de Vatimesnil, montrer un autre avenir? Je le déclare, il n'y a pas possibilité, d'après ce système, de réunir quatre mots de la langue française sans une sédition constructive.

Plus loin, M. l'avocat du roi reproche au même écrivain d'avoir parlé du vœu du peuple :

(1) Discours de M. de Vatimesnil contre l'auteur de la lettre à M. Decazes.

« Le peuple, dit-il, ne peut pas vouloir ce qui
» n'est pas conforme à ses besoins, et le souve-
» rain *seul* est le juge suprême des besoins de la
» nation (1). » Le souverain seul! Mais alors à
quoi servent les chambres? A quoi sert cette liberté de la presse que le ministère a surnommée
le flambeau du gouvernement? Si le souverain
seul est juge suprême des besoins de la nation,
s'il n'est pas même permis aux sujets d'indiquer
ce qu'ils croient être le vœu national, cette liberté de la presse ne doit plus exister, ce flambeau doit s'éteindre. Ne serait-ce pas là présenter derrière le trône un avenir tout différent de
ce qui est, de ce qu'on nous a promis, de ce
que l'on nous a accordé, et tout différent aussi
de la volonté connue et publique du monarque?
Chose étange! Dans ce passage, c'est le magistrat accusateur qui, contre son intention sans
doute, encourt le reproche qu'il vient d'adresser à l'écrivain accusé.

Si cette manière de procéder, si cette latitude
d'interprétation n'avait été mise en pratique
qu'une seule fois, on pourrait l'attribuer à une
erreur ou à un excès de zèle individuel; mais il
paraît qu'elle est adoptée en principe par le ministère public.

M. Hua, qui remplit près la Cour royale les
mêmes fonctions que M. de Vatimesnil près le

---

(1) Même discours de M. de Vatimesnil.

tribunal de première instance, a suivi la même marche, et, à quelques égards, il a été plus loin que son collègue et son prédécesseur dans ces deux causes.

« La probité qui n'est qu'un devoir, a-t-il » dit, ne peut devenir un motif de louange » qu'autant qu'elle est rare : louer un homme » sous ce rapport, c'est faire une satire géné- » rale, satire injuste dans tous les temps (1). » Ainsi, d'interprétations en interprétations, de commentaires en commentaires, l'on parvient à placer au rang des reproches qu'on dirige contre un écrivain accusé de sédition, l'éloge de la probité. Pauvre Sénèque! infortuné La Bruyère!

Parlerai-je de l'acception donnée au mot *débonnaire*, en dépit de l'ancienne signification de ce mot, et en dépit aussi de l'autorité de Corneille et du Dictionnaire de l'Académie? Il deviendra difficile d'écrire une page, dans un pays où MM. les avocats du roi, transformés en puristes et en grammairiens, décideront que tel sens de telle expression est tombé en désuétude, et rédigeront leurs actes d'accusation sur des délicatesses de langage (2).

La première question me semble résolue. Iso-

---

(1) Discours de M. Hua, dans le procès en appel de M. Rioust.

(2) Je remarque que dans le même ouvrage où le mot débonnaire a été interprété d'une manière si fâcheuse, l'auteur avait parlé du caractère juste et généreux de S. M. Comment se fait-il qu'on n'ait pas tenu compte de l'éloge clair et direct, et qu'on ait jugé si sévèrement une expression équivoque?

ler les phrases d'un livre, et les faire condamner
sur des interprétations que cet isolement peut
admettre, même quand l'ensemble les repousse,
tirer d'assertions générales des inférences particulières, que l'auteur désavoue, et que l'évidence ne sanctionne pas, ne soumettre enfin aux
juges que des morceaux choisis, quand ils ont à
prononcer sur un tout, dont ces fragmens épars
et mutilés peuvent leur donner les notions les
plus fausses, c'est anéantir la liberté de la presse.
Or cet anéantissement n'était pas ce que voulait le ministère, en *améliorant* notre législation
sur ce point, pour donner à l'exercice raisonnable et légal de cette liberté une garantie de
plus (1) : ce n'était pas ce que voulaient les orateurs qui ont soutenu le ministère, en faisant
valoir cette amélioration ; ce n'était pas ce que
voulaient les deux chambres, en adoptant d'autres lois sous la condition formelle que la presse
serait libre ; ce n'était pas enfin ce que voulait le
roi lui-même, en déclarant que les restrictions
mises à la presse avaient moins d'avantages que
d'inconvéniens.

---

(1) Discours de M. le comte Decazes.

SECONDE QUESTION.

Peut-on établir dans un gouvernement constitu-
tionnel, peut-on établir, d'après notre Charte,
qu'attaquer les ministres ce soit attaquer le roi?

Tel est le second axiome de la jurisprudence
établie par M. Vatimesnil.

« Ne pourrait-on pas dire, s'est-il écrié dans
» la poursuite du second procès, qu'attaquer
» les ministres c'est attaquer indirectement l'au-
» torité royale, surtout lorsque les actes qui
» sont attaqués sont assez nombreux pour qu'il
» soit évident que le roi les a connus et les a au-
» torisés? Nous n'entrerons point à cet égard
» dans une discussion que nous aurons peut être
» quelque jour l'occasion d'aborder, et lors de
» laquelle nous établirons l'affirmative de la
» question. »

Rien n'est plus clair que ces paroles, et aucun
doute ne peut exister sur la doctrine de M. de
Vatimesnil. Il en a réservé la démonstration pour
quelque autre procédure; car il paraît qu'il en
prévoit plus d'une, et, en effet, avec sa doctrine, chaque nouveau livre pourra devenir l'occasion d'un nouveau procès.

En attendant, énoncer son assertion, c'est la
réfuter.

La Charte a distingué entre l'autorité royale

et l'autorité ministérielle. La Charte, en déclarant le roi inviolable et les ministres responsables, a formellement reconnu qu'on pouvait attaquer ceux-ci, sans que l'autorité du roi en reçût d'atteinte; car on ne peut soumettre les ministres à la responsabilité qu'en les attaquant.

Ce principe, et un autre qui en découle, celui que les particuliers peuvent, aussi bien que les représentans de la nation, attaquer les ministres, ont été corroborés surabondamment dans la discussion des chambres. Quand M. Ravez, rapporteur du projet de loi sur les journaux, disait à la tribune des députés « que les plaintes respec- » tueuses de la nation, arrivant *de toutes parts* » aux pieds du trône, y feraient pâlir des mi- » nistres prévaricateurs, » il ne pensait pas qu'attaquer les ministres ce fût attaquer le roi. Quand M. Duvergier de Hauranne déclarait qu'un individu, éprouvant une injustice de la part d'un préfet ou d'un ministre, attaquerait ce préfet, ce ministre devant l'opinion, il n'entendait pas que ce citoyen attaquerait le roi.

Un enfant comprendrait ces vérités; et par conséquent j'en abrége les preuves. Mais ce qui mérite d'être relevé, c'est l'argument bizarre dont M. de Vatimesnil se sert en passant.

« Attaquer les ministres, dit-il, c'est attaquer » indirectement l'autorité royale, surtout lors- » que les actes qui sont attaqués sont assez nom- » breux pour qu'il soit évident que le roi les a

» connus et autorisés; » c'est-à-dire que si un
ministre faisait jeter en prison un seul citoyen
injustement, il serait responsable, parce que le
monarque aurait pu ignorer cette iniquité par-
tielle; mais que s'il en faisait arrêter et détenir
illégalement dix mille, sa responsabilité serait à
couvert, parce que le monarque, n'ayant pu
ignorer tant de vexations, les aurait autorisées
en ne les réprimant pas. C'est M. de Vatimesnil
qui me force à ces suppositions, heureusement
sans fondement et sans vraisemblance. Il oublie
qu'en établissant l'inviolabilité du roi et la responsabilité des ministres, la Charte a précisément voulu que la volonté royale ne pût jamais
autoriser les ministres à commettre des actes in-
constitutionnels. Dans ce but, elle a supposé que
s'ils commettaient impunément de pareils actes,
c'est que le monarque les ignorait. C'est évidemment une convention légale, et cette convention
légale est la seule base, la base indispensable de
la responsabilité. Si vous détruisiez cette convention, vous renverseriez tout l'édifice constitutionnel. Vous rendriez les ministres inviola-
bles ou vous étendriez la responsabilité sur le
monarque.

Il faut le dire franchement, et je le dis la charte
à la main, sans craindre les interprétations les
plus subtiles de l'esprit le plus exercé, dès que
nous sommes sous un gouvernement constitutionnel, le monarque ne peut pas autoriser dans

ses ministres des actes contraires à la constitution. La Charte ne permet pas qu'on suppose le
roi autorisant ce qui se fait de mal. Elle n'admet
pas qu'il puisse connaître, elle n'admettrait pas
qu'il pût approuver le mal qui se fait. Si par
impossible, et en nous jetant dans une hypothèse
à laquelle M. de Vatimesnil seul nous réduit, le
roi déclarait qu'il approuve un acte illégal, cette
déclaration serait nulle. La Charte persisterait
à considérer le monarque comme ignorant le
mal qui aurait eu lieu, et poursuivrait les ministres. La théorie de M. de Vatimesnil confond
tout, remet tout en question, et compromet à la
fois la constitution, la monarchie et la liberté.

« Mais, dit M. l'avocat du roi, censurer une
» loi tout entière qui a reçu la sanction du roi,
» c'est accuser le roi de manquer de lumières;
» et le faire avec amertume, c'est affaiblir le
» respect dû à l'autorité royale, c'est commettre
» le délit prévu par la loi du 9 novembre 1815. »

J'observerai d'abord que si la censure d'une
loi doit être interdite, comme étant un manque
de respect pour les lumières du roi, la censure
des projets de loi, l'opposition à ces projets dans
les chambres, leur discussion dans les journaux
ou dans les pamphlets, devront également être
prohibées : car, aux termes de la Charte, c'est
le roi qui propose la loi; il a l'initiative comme
la sanction, et si, contre l'esprit de la Charte, on
peut apercevoir le monarque là où l'on ne doit

voir que les ministres, les lumières du roi se manifestent dans les propositions qu'il fait aussi bien et plus clairement peut-être que dans les lois qu'il approuve : car ces projets lui appartiennent plus immédiatement que des lois que les chambres ont pu modifier.

M. l'avocat du roi se jette, et nous avec lui, dans une confusion inextricable, en ne laissant pas les volontés et les lumières royales dans l'enceinte inviolable et sacrée où la constitution les plaçait.

Les lois, les projets de lois, les actes du gouvernement, les mesures de l'administration appartiennent au ministère, puisque le ministère en est responsable. Toutes ces choses peuvent être censurées avec modération, avec décence, pourvu que la censure que l'on se permet ne tende qu'à obtenir des améliorations ou des redressemens, et ne provoque point la résistance. L'obéissance aux lois est un devoir; mais l'approbation des lois n'en est point un, non plus que le silence sur les lois qu'on désapprouve. La liberté de la presse, *ce flambeau du gouvernement*, comme le disent si bien nos ministres, est destinée précisément à indiquer les imperfections auxquelles il est désirable qu'on porte remède. Avec la doctrine de M. l'avocat du roi, une nation serait condamnée à tenir du hasard le perfectionnement de sa législation : car le souverain placé dans un cercle à part, au-dessus de

tous, n'éprouve pas l'effet que les lois produisent.
Charger les ministres de l'en avertir, c'est mettre
la nation à la merci de sept hommes. Elle n'a de
communication avec le roi que par la liberté de
la presse. Cette liberté seule se fait jour dans
l'enceinte, d'ailleurs impénétrable, où le monarque est renfermé. Il faut, comme on l'a dit à
la tribune des députés, que les plaintes respec-
tueuses de la nation parviennent aux pieds du
trône : et ces plaintes ne sont point circonscrites
dans la sphère des vexations individuelles. Tout
ce qui nuit au bien-être national est de leur
ressort. Une mauvaise loi sur l'industrie, sur le
commerce, un mauvais impôt, font un autre
mal, mais n'en font pas moins, peuvent en faire
plus, momentanément, qu'une violation des
droits des citoyens. La liberté de la presse est là
pour que les défauts de toutes les lois soient in-
diqués au pouvoir qui les propose et les amé-
liore. Il n'y a qu'une seule différence entre les
vices des lois et les actes illégaux des hommes.
Quand celles-ci sont mauvaises, il faut obéir et
réclamer, au lieu qu'envers les autres on peut
réclamer avant d'obéir.

Comme le cas particulier qui a donné lieu
au procès dont il s'agit est indépendant de la
doctrine de M. l'avocat du roi, je n'aurais nul
besoin de l'examiner ; mais je dois dire que l'auteur accusé, n'ayant point provoqué à la désobéissance, sa critique de la loi du 29 octobre

1815 n'était, en d'autres termes, qu'une répéti-
tion de ce qu'avaient reconnu en 1817, dans les
deux chambres, des hommes considérés comme
des amis du ministère.

Assurément, si la loi du 29 octobre 1815 a
fait le mal que lui attribuait M. Camille Jordan,
et si ce mal était *de son essence*, comme le pensait M. le duc de Raguse, on ne peut faire un
crime à un écrivain d'avoir porté sur elle le
même jugement que les représentans électifs et
héréditaires de la France. Si M. Royer-Collard a
pu s'honorer des pressentimens qu'il avait ex-
primés sur cette loi, M. Chevalier ne saurait être
coupable pour avoir dit que ces pressentimens
s'étaient vérifiés.

Prétendra-t-on que les simples citoyens n'ont
pas le droit de parler comme les députés de la
France, et que l'indépendance et l'inviolabilité
de la tribune autorisent un langage qui deviendrait coupable dans un individu sans mission ?
Cette assertion serait destructive du système représentatif. Ce système, on l'a dit avant moi,
n'est autre chose que le gouvernement par l'opinion publique. Cette opinion doit se faire connaître aux députés qui lui servent d'organes ;
elle doit les entourer, éclairer ou frayer leur
route. Ils lui donnent de la modération quand
ils l'expriment ; elle leur donne du courage en
les appuyant. Pour l'intérêt de la monarchie, il
ne faut pas isoler le trône de la représentation

nationale ; pour l'intérêt de la liberté , il ne faut pas isoler la nation de ses représentans. Cette triple et heureuse alliance donne de la stabilité aux institutions, de la force aux rois, de la confiance aux peuples. Ceux qui tentent de l'interrompre, ne savent pas le mal qu'ils font et le bien qu'ils repoussent.

Je conclus que la seconde question doit être résolue comme la première. La doctrine de M. l'avocat du roi, en tant qu'elle confond les attaques dirigées contre les ministres, et celles qui seraient dirigées contre le monarque, n'est d'accord ni avec la Charte, ni avec la volonté royale, ni avec les déclarations du ministère , ni avec l'espoir des chambres , ni avec le vœu des Français.

TROISIÈME QUESTION.

Les tribunaux peuvent-ils combiner avec le Code. actuel les lois antérieures , et les appliquer à des écrits publiés sous l'empire des lois existantes?

Le tribunal de police correctionnelle, qui a prononcé en première instance dans les deux procès dont j'ai cru qu'il n'était pas inutile d'occuper quelques instans le public, a, dans le second de ces deux procès, motivé son jugement et la condamnation de l'auteur traduit à sa

barre « sur les lois anciennes, qui défendent
» également de rien imprimer qui soit contraire
» à la religion, aux mœurs, à l'honneur des par-
» ticuliers et des familles, à l'intérêt de l'état,
» et au respect dû au souverain et à son autorité,
» et sur le rapprochement et la combinaison des
» dispositions des lois antérieures au Code pénal,
» de ce Code, des lois postérieures, notamment
» de celle du 21 octobre 1814, de l'ordonnance
» du 24 du même mois... et des instructions ren-
» dues et publiées sur les droits et les devoirs des
» imprimeurs. »

Il résulte de ces considérans du tribunal de
première instance, que la jurisprudence qui s'introduit investit les tribunaux du droit de prononcer d'après les lois anciennes, aussi bien que
d'après les lois nouvelles, de combiner et de
rapprocher ces deux espèces de lois, de les modifier, par conséquent, les unes par les autres,
et aussi par les ordonnances et les intructions
ministérielles.

Or il n'y a rien qu'on ne puisse trouver dans
nos lois anciennes (et probablement il en est de
même de celles de tous les peuples), il n'y a rien,
dis-je, qu'on n'y puisse trouver contre la liberté
de la presse; car tous les peuples ont eu, comme
nous, leurs époques d'esclavage.

Sans remonter à des temps fort éloignés, j'a-
perçois, parmi nos lois anciennes, la déclaration du 30 juillet 1666, dans laquelle le législa-

teur ordonne « que les blasphêmes qui appar-
» tiennent au genre d'infidélité soient punis de
» peines plus graves que les autres, selon l'é-
» normité et à l'arbitrage des juges. » Et les blas-
phémateurs, d'après la définition de plus d'un
jurisconsulte, sont non-seulement les athées, les
déistes, les théistes, les polythéistes, mais encore les *tolérantistes qui admettent indifférem-
ment.tout s sortes de religions* (1).

En me rapprochant davantage du moment actuel, je rencontre parmi nos anciennes lois celle
de 1737, qui prononce la peine de mort, art. 1er,
« contre tous ceux qui seront convaincus d'avoir
» composé, fait composer et imprimer des écrits
» tendant à attaquer le religion, *à émouvoir les
» esprits*, à donner atteinte à l'autorité, et à
» troubler l'ordre et la tranquillité de l'État. »
Art. 2. Pareillement la peine de mort « contre
» tous ceux qui auront imprimé lesdits ouvra-
» ges, les libraires, colporteurs et autres per-
» sonnes qui les auraient répandus dans le pu-
» blic. »

Au nombre des arrêts rendus en vertu des
lois anciennes, et qui, si l'on exhume ces anciennes lois, devront faire autorité, celui par
lequel a été condamné et exécuté le chevalier de
a Barre s'offre à mon souvenir.

---

(1) Les lois criminelles de France dans leur ordre naturel, par M. Muyart
de Vouglans, p. 98, 99.

Sont-ce là les lois anciennes dont on veut ressusciter l'empire?

Que l'on ne se récrie pas sur l'exagération de cette crainte. Il est assurément loin de ma pensée d'en concevoir une pareille sur les intentions du tribunal : mais il n'a pas senti, j'ose le dire, la conséquence de cet appel à d'anciennes lois. Si une fois l'on insinuait le rétablissement des lois anciennes, il se présenterait des hommes qui s'en rendraient les exécuteurs ; car il se présente des hommes pour tout. C'est en 1780 qu'un légiste, M. Muyart de Vouglans, dans un ouvrage que je viens de citer, imprimait, p. 96, que l'arrêt du parlement de Paris, contre le chevalier de la Barre, était « un monument mémorable de » jurisprudence, qui faisait trop d'honneur au » zèle et à la piété des magistrats dont il était » émané pour qu'il ne le rapportât pas, *comme* » *le meilleur modèle* qu'il pût proposer aux juges » en cette matière. » On voit qu'il y a trente ans, les bonnes traditions n'étaient pas perdues, et l'on peut espérer que dans l'occasion, les juges des Calas et des Sirven ne manqueraient pas de successeurs.

Il y a encore, pour satisfaire tous les goûts et pour servir sous tous les régimes, la loi du mois de germinal de l'an IV, promulguée à la vérité à une époque et dans des intentions révolutionnaires, mais qui pourrait seconder merveilleusement d'autres intentions à d'autres époques, parce que tout ce qui s'éloigne de la justice peut s'employer en tout sens avec la même commodité.

Il vaut donc la peine de nous faire expliquer ce que l'on entend par les lois anciennes.

Heureusement la sagesse du roi nous l'a expliqué. C'est pour nous garantir des lois anciennes que S. M. nous a donné une Charte. Il est dit, dans cette Charte, que toutes les lois qui lui sont contraires sont virtuellement abrogées. On ne saurait donc invoquer, contre les dispositions de cette Charte, des lois abolies par elle. Ce serait aller en sens inverse de la volonté même du roi. Ce serait frustrer son peuple du bénéfice de ses intentions justes et libérales.

Les chambres l'ont entendu de la sorte lorsqu'elles ont adopté la dernière législation sur la presse. Le rapport fait à cet égard à la chambre des pairs démontre cette vérité, et je le transcris ici textuellement.

« Le Code pénal ne comprend dans les délits » et crimes (de la presse), 1° que les écrits ca- » lomnieux ou injurieux (art. 367 et suiv. du » Code pénal); 2° les ouvrages obscènes (art. » 287); 3° ceux qui excitent les citoyens à des » attentats et complots contre le roi et sa famille, » ou pour détruire et changer le gouvernement » et armer les citoyens les uns contre les autres » (art. 102 et suiv.); 4° les instructions pasto- » rales dans lesquelles un ministre du culte se

» serait ingéré de critiquer ou censurer les actes
» du gouvernement, ou de provoquer directe-
» ment à la désobéissance aux lois, et autres
» actes de l'autorité publique, ou s'il tend à sou-
» lever ou armer une partie des citoyens les uns
» contre les autres (art. 204 et suiv.); enfin la
» loi du 9 novembre 1815 sur les cris séditieux
» dénonce également au tribunaux ces sortes de
» crimes, et tout écrit qui exciterait à désobéir
» au roi et à la Charte constitutionnelle (art. r
» et 5), *voilà les seuls délits et crimes de la presse,*
» *spécifiés dans nos lois, et qui soient passibles*
» *de peines correctionnelles ou criminelles* (1). »

Il est clair que M. le rapporteur récapitule ici
toutes les lois qui peuvent être invoquées contre
les écrits, et de même qu'il énumère les *seuls*
délits passibles de peines, il énumère aussi les
seules lois applicables à ces délits; c'est sur la
foi de cette déclaration expresse, faite en présence des ministres qui avaient proposé la loi,
c'est sur la foi de cette déclaration formelle,
adressée à la chambre des pairs, et par-là même
à la France entière, que les pairs ont adopté
cette loi. Ils se verraient trompés dans leur confiance et dans leur attente, et nous tous, simples
citoyens, qui nous fions à eux et à nos représentans pour la conservation de nos libertés, nous

_____

(1) Rapport de M. le comte Abrial , sur le projet de loi relatif à la saisie
des écrits.

serions victimes de leur erreur, si la doctrine du tribunal de première instance pouvait être admise.

La troisième question se résout donc négativement, comme les deux précédentes. L'introduction, ou l'application des anciennes lois, la combinaison, le rapprochement, le mélange de ces lois avec les lois nouvelles, qui seules nous régissent, toutes ces choses sont contraires à la lettre et à l'esprit de la Charte, contraires à la volonté du roi, contraires aux promesses des ministres, contraires à la conviction et à l'espoir des chambres.

QUATRIÈME QUESTION.

Un accusé peut-il être puni pour la manière dont il se défend?

Après avoir écouté, sans l'interrompre, et sans que M. le président l'interrompît, la défense de l'accusé dans l'un des procès, « Nous pensons, » messieurs, a dit l'avocat du roi, que vous êtes » encore pleins de cette vertueuse indignation » que la plaidoirie que vous venez d'entendre a » dû exciter en vous. Ce sentiment n'est pas in-» compatible avec le calme et l'impartialité de » vos fonctions. Nous savons tous ce qu'il faut » accorder à la liberté de la défense : mais il est

» des bornes au-delà desquelles la liberté dégé-
» nère en licence... L'homme qui désavoue la
» doctrine qu'on lui reproche d'avoir publiée,
» l'homme qui se plaint de n'avoir pas été com-
» pris, celui-là est digne de la faveur des magis-
» trats. S'il fut coupable, il se repent du moins.
» Mais celui qui ose dire : ce que j'ai imprimé,
» je ne le désavoue pas, je le soutiens à la face
» de toute la terre; j'ai proclamé les vrais prin-
» cipes..... Ah! celui qui tient un pareil langage
» aggrave son délit, *ou plutôt il en commet un*
» *nouveau*. Dans le sens de la loi du 9 novembre
» 1815, une plaidoirie de cette nature peut de-
» venir un délit. Est-il un lieu plus public que
» le sanctuaire de la justice? Quelles maximes
» pourraient germer avec plus de danger que
» celles qui sont professées à la face d'un tribu-
» nal, si, à l'instant même, une juste mesure
» du ministère public et du tribunal ne venait
» frapper et réduire en poussière cette affreuse
» création? (1). »

Après ces remarques, M. de Vatimesnil a conclu à l'aggravation de la peine, et le tribunal,
sans adopter ses conclusions dans toute leur
étendue, a néanmoins admis et appliqué le principe que la peine pouvait et devait être aggravée.

Avant de m'occuper des assertions de M. l'a-
vocat du roi, sous le rapport judiciaire, qu'il

_____

(1) Réplique de M. l'avocat du roi à M. Rioust.

me soit permis de dire un mot sur sa doctrine relative aux désaveux. Est-il bien vrai qu'il soit bon d'offrir aux désaveux une prime ? Est-il bien prouvé que l'action de désavouer son opinion, quand cette opinion peut avoir des dangers, soit digne de tant de faveur ? Est-il bien certain que, lorsqu'il est ouvertement proclamé que, pour avoir droit à l'indulgence, il faut rétracter les pensées qui déplairont au pouvoir, la rétractation soit toujours du repentir ? Est-il bien clair enfin qu'une nation où les individus, avertis par les dénonciations, les poursuites, les châtimens, les incarcérations et les amendes, que les opinions sont punies, désavoueraient tout ce qu'ils auraient dit, aussitôt qu'on leur en ferait un crime, fût une nation plus estimable, plus véridique, plus franche, plus forte, qu'avant que ce mérite des désaveux eût été reconnu ? Imposer à un homme l'obligation de mentir, en lui montrant de la douceur s'il faiblit, et de la sévérité s'il persiste, ne serait-ce pas travailler à le corrompre ? Cette intention peut-elle être celle de la loi, et ce but celui de la justice ? Dans nos circonstances, après une révolution où les hommes n'ont été que trop enclins à désavouer tout ce qu'ils avaient pensé, et où ils ont marché de rétractations en rétractations, et de palinodies en palinodies, est-ce bien ce penchant qu'il faut encourager comme une vertu ? Manquons-nous d'hommes qui aient désavoué ? M. l'avocat du roi trouve-t-il qu'en ce genre il y ait disette?

Je passe maintenant à ce qui s'applique plus spécialement au cas particulier.

Je ne veux point exagérer les priviléges des accusés ; je conviens avec M. l'avocat du roi que la liberté peut dégénérer en licence. Je crois qu'il y a des bornes à la latitude de défense qui appartient à des prévenus, bien que des prévenus soient pourtant toujours des objets d'intérêt, par leur situation seule, aussi long-temps que leur crime n'est pas démontré.

Je reconnaîtrai donc, pour premier principe, qu'un prévenu se rendrait coupable, quelle que fût la nature de l'accusation portée contre lui, s'il annonçait des projets de résistance, s'il invitait les spectateurs à la rébellion, s'il invoquait d'eux, contre les lois, une assistance illicite.

Je reconnaîtrai de plus que, lorsqu'il s'agit de certains délits, le mode de défense peut devenir une aggravation du crime.

Si l'homme traduit en jugement pour vol ou pour meurtre, érigeait le meurtre ou le vol en principe, au lieu de nier les faits ou de les rejeter sur des motifs qui les atténuent, son apologie serait criminelle.

Mais je ne crois pas qu'il en soit ainsi dans les délits d'opinions politiques.

Je pourrais aller jusqu'à prétendre que, d'après l'intention du législateur, il n'y a point de pareils délits. J'en trouverais la preuve dans le rapport fait à la chambre des pairs, sur la loi relative à la liberté de la presse, rapport dont j'ai déjà cité des fragmens.

« Il ne faut pas confondre, dit le rapporteur, » un écrit légalement inculpé, avec un ouvrage » purement philosophique ou politique dans le- » quel un auteur aurait poussé trop loin la li- » berté de penser, et serait tombé dans quelque » théorie erronnée, *mais, sans provocation, sans* » *excitation à la révolte ou à la désobéissance.* Ce » dernier genre d'ouvrages, dans notre législa- » tion criminelle, ne paraît pas atteint par des » dispositions pénales. En matière de doctrine, » on pense que c'est à la science à éclairer l'i- » gnorance, à la vérité à redresser l'erreur (1). »

Il est clair que le rapporteur parle ici d'erreurs politiques; car on n'a jamais songé, du moins dans notre siècle, à poursuivre devant les tri- bunaux des géomètres pour de mauvais calculs, ou des physiciens pour de mauvaises hypothèses de chimie. Il est donc évident que, dans l'opi- nion de la chambre des pairs, une doctrine po- litique, même erronée, n'est pas justiciable des tribunaux, si elle est séparée de toute pro- vocation, de toute excitation à la révolte ou à la désobéissance.

Mais j'abandonne ce terrain, et je me place

---

(1) Rapport de M. le comte Abrial à la chambre des pairs. Moniteur du 12 mars.

sur celui de mes adversaires. J'admets qu'une opinion politique, séparée de tout acte et de toute invitation à agir, puisse être coupable, au moins est-il sûr que dans ce cas la justification de cette opinion, en supposant qu'elle ne l'excuse pas, ne saurait constituer un nouveau délit. Cette justification n'est que l'exposé des motifs qui ont fait concevoir cette opinion. Ce n'est pas un fait nouveau, c'est l'explication d'un fait existant, et cette explication, bonne ou mauvaise, ne saurait constituer qu'un seul et même délit avec le fait qu'elle explique. Elle peut atténuer le délit, en rendant plus concevable l'erreur qu'on reproche à l'accusé, mais elle ne saurait aggraver son crime.

Deux autres questions se présentent à moi; je prie le lecteur de les examiner.

1° Ce que la loi n'a pas déclaré délit, peut-il en être un aux yeux des organes de la loi? Or, dans nos lois sur la presse, où est celle qui déclare que l'homme qui ne désavoue pas une opinion spéculative (s'il s'agissait d'une allégation calomnieuse, ce serait autre chose) aggrave son délit ou en commet un nouveau? Si cette loi n'existe pas, M. l'avocat du roi peut-il la supposer, la créer, et le tribunal peut-il juger d'après cette loi non existante? Or, cette loi n'existe pas : elle ne peut pas exister. La raison en est simple. Les délits de la presse ne consistent que dans la publicité donnée à des opinions réputées coupables. La pensée n'est pas au nombre de ces délits. Or, l'homme prévenu d'avoir publié ce qu'il n'aurait pas dû publier, a commis déjà par-là même le seul délit qu'il puisse commettre. En déclarant qu'il nourrit dans son cœur l'opinion qu'il a manifestée, il ne commet pas un nouveau délit; car il ne publie rien (1). Il répond à une interpellation qu'on lui fait, et à laquelle il est forcé de répondre. On lui demande ce qu'il pense, et il le dit. Il a pu être coupable dans ce qu'il a publié; mais il ne l'est pas en ne désavouant pas ce qu'il a publié. Car dans cette circonstance, il se borne à ne pas mentir à sa conscience. Qu'il ait tort ou raison, peu importe. Il aurait tort dans l'opinion qu'il avait émise, qu'il aurait encore raison, cent fois raison de ne pas désavouer ce qu'il croirait vrai. Étrange doctrine, qui aboutirait à promettre l'impunité à la peur et au mensonge, et qui offrirait un adoucissement à l'auteur condamnable, pourvu qu'il ajoutât à sa première faute un crime d'une nature plus lâche et plus méprisable!

2° (Et ceci me semble encore plus important.) Ou l'hypothèse de M. l'avocat du roi sur l'aggravation du délit ancien est fondée, ou elle ne l'est pas. Si elle ne l'est pas, et que le délit soit resté le même, de quel droit, à quel titre la

---

(1) On verra plus loin ma réponse à l'assertion que la défense étant publique, la persistance dans une opinion répréhensible en renouvelle la publicité.

peine est-elle aggravée ? Si l'hypothèse de M. l'a-
vocat du roi est fondée, et qu'il y ait un nouveau
délit, ce nouveau délit exige une nouvelle dénonciation, une instruction nouvelle. Un tribunal peut-il prononcer sur un nouveau délit,
sur un autre délit que celui qui lui a été déféré,
en mettant de côté toutes les formes prescrites
pour l'instruction de tous les délits ? Ainsi donc,
dans la première supposition, l'accusé se trouve
condamné sous un faux prétexte. Dans la seconde, s'il y a un nouveau délit, il se trouve
puni sans avoir été jugé : car il n'y a pas de jugement sans instruction, et il n'y a pas d'instruction sur le délit nouveau. Et remarquez que
c'est précisément pour le délit sur lequel il n'y
a pas d'instruction que la peine est la plus sévère. M. l'avocat du roi requiert que l'écrivain,
« attendu qu'il vient de tenter de nouveau d'af-
» faiblir le respect dû à l'autorité du roi, soit
» condamné à deux années d'emprisonnement
» (au lieu de trois mois), à 20,000 fr. d'amende
» (au lieu de 3000), à dix ans de surveillance
» (au lieu de deux), et a un cautionnement de
» 20,000 fr. (au lieu de trois). »

Chacune des paroles de M. l'avocat du roi, en
prenant ces conclusions nouvelles, fortifie mes
raisonnemens. Si une plaidoirie peut devenir un
délit, il faut prouver qu'elle l'est devenue. Il faut
une instruction pour cette preuve. Ce doit être
un nouveau procès pour un nouveau fait. Il y a

illégalité dans l'accumulation de deux faits, dont l'un s'instruit, et dont l'autre se juge, sans avoir été instruit comme le premier. Je le répète, ou il n'y a pas de nouveau délit, alors toute cette partie des conclusions de M. l'avocat du roi tombe, et l'aggravation de la peine est une violation de toutes les règles de la justice ; ou s'il y a un nouveau délit, il faut commencer de nouvelles procédures (1).

(1) Cet objet est assez important pour mériter quelques développemens ultérieurs. En admettant, ce qui n'est pas, que la défense d'un accusé, surtout pour opinion, puisse devenir un délit, c'est un délit commis à l'audience, en présence des juges. Or le Code d'instruction criminelle a pourvu à la punition des crimes commis en ce lieu et de la sorte. Ce Code autorise le tribunal à prononcer, séance tenante et immédiatement après que les faits ont été constatés, art. 505 ; mais il suppose toujours une nouvelle instruction ; car l'art. 507 porte : La cour entendra les témoins, le délinquant et le conseil qu'il aura choisi, ou qui lui aura été désigné par le président, et après avoir constaté les faits, et ouï le procureur-général, elle appliquera la peine par un arrêt qui sera motivé. Rien de tout cela n'a été observé dans l'affaire de M. Rioust. Il n'y a point eu de nouvelle instruction ; les juges se sont servis de témoins à eux-mêmes ; il n'y a point eu de nouvel arrêt. Le fait est que le prévenu a été condamné, pour son premier délit, la publication de son ouvrage, par une procédure régulière, à trois mois d'emprisonnement, 3,000 fr. d'amende, deux ans de surveillance, 3,000 fr. de cautionnement ; et pour son second délit, c'est-à-dire sa défense, sans avoir été jugé, sans qu'aucune formalité ait été remplie, il a été condamné en sus à neuf mois d'emprisonnement, à 7,000 fr. d'amende, à trois ans de surveillance, et à 7,000 fr. de cautionnement. Si sa défense n'a pas été un délit, rien de plus injuste que cette punition. Si sa défense a été un délit, rien de plus irrégulier que cette manière de procéder. Ou il y a eu une punition sans délit, ou s'il y a eu une punition d'un délit, il y a eu punition sans formes. Si l'on objectait que les art. 505 et 507 du Code d'instruction criminelle ne s'appliquent point à un tribunal de police correctionnelle, il ne resterait alors que les art. 83, 91 et 92 du Code de procédure civile, dont le premier n'autorise qu'une détention de vingt-quatre heures, le second une détention d'un mois au plus, et une amende dont le maximum est de 300 fr., et dont le troisième ordonne le renvoi à un autre tribunal.

Sans doute, nous entrons ici dans un cercle vicieux. On met un auteur en jugement pour le délit qu'on a cru découvrir dans la publication d'un ouvrage. Il se défend; sa défense est un nouveau délit. On le remet en jugement une seconde fois pour cette défense. Il se défend de nouveau sur cette seconde accusation : sa seconde défense est un troisième délit; il faut une troisième poursuite. Ainsi, de défenses en poursuites, et de poursuites en défenses, on pourrait aller jusqu'à l'infini. Cette marche est absurde; mais il n'en résulte pas que, pour éviter une absurdité, il faille tomber dans une injustice. C'est votre principe qui rend nécessaire cet enchaînement ridicule de procès sans terme; c'est à ce principe qu'il faut renoncer.

Examinons en effet de près cette jurisprudence qui fait de la défense d'un accusé un péril inattendu pour cet accusé. Quoi! le tribunal l'écoute; il croit parler sous la protection de la loi; il fait ses efforts pour échapper au danger qui l'entoure; il se défend comme il le peut, dans la persuasion bien fondée (car telle a été la volonté, tel a été l'ordre du législateur, ordre impliqué virtuellement dans l'autorité discrétionnaire dont il a revêtu le président du tribunal); il se défend, dis-je, dans la persuasion que, s'il s'égare dans sa défense, ce président qui en a le droit, qui en a le devoir, l'avertira qu'il sert mal sa cause, qu'il la compromet, qu'il se livre à des

divagations blâmables qui lui seront nuisibles.
Mais non, le président ne l'interrompt point ; on
le laisse s'engager dans ce sentier funeste où son
trouble le précipite ; on enregistre chaque parole
que la crainte ou l'irritation lui dictent, ou qu'il a
tracée d'une main rapide dans un moment de ressentiment ou de terreur, et l'on convertit en crimes
nouveaux ces paroles qu'on aurait dû arrêter !

J'ai assisté à des procédures en Angleterre.
Les juges n'attendent pas en silence que l'accusé
se perde à son insu ; ils ne le contemplent pas qui
marche à sa ruine, comme s'ils comptaient chaque pas imprudent qui l'approche de l'abîme.
Ils l'avertissent avec soin de ne rien laisser
échapper qui puisse lui nuire ; ils le ramènent
avec bienveillance dans les limites qu'il ne doit
pas franchir pour sa propre sûreté ; ils le garantissent en quelque sorte contre lui-même ; ils
sont attentifs à ce qu'un infortuné, déjà frappé
par la société, n'aggrave pas son sort par son
ignorance des formes, par la passion qui l'égare,
par l'irritation naturelle dans une situation dou-
loureuse. Organes de la loi, ils sont en même
temps, dans leur paternelle sollicitude, les protecteurs du faible, tant qu'il n'est pas reconnu
coupable. C'est alors une bien auguste fonction
que celle des juges (1).

_____

(1) The judge, in the humane theory of the english law, ought to be
counsel for the prisoner. Erskine's speech on the Trial of the Dean of Saint-
Asaph.

Est-ce le respect pour le droit naturel de la défense, qui interdit aux nôtres d'interrompre l'accusé, et leur commande de l'entendre, quoi qu'il puisse dire? mais alors comment ce respect pour la défense leur permettrait-il de faire de cette défense même un sujet d'accusation sur lequel ils prononceraient sans instruction et sans formes? Qu'ils abjurent plutôt ces égards déplorables dont l'objet devient la victime; qu'ils empêchent ce qu'ils se verraient ensuite forcés de punir, ou qu'ils ne punissent pas ce qu'ils n'ont pas voulu empêcher.

D'ailleurs est-il donc sans exemple parmi nous qu'on ait obligé des accusés à supprimer une portion de leur défense? Dans plus d'un procès, ce me semble, les juges ont réclamé ce pouvoir. Ne fesons pas dire à la malveillance qu'on n'écoute les accusés avec ce scrupule que lorsqu'il s'agit d'aggraver leur sort, et qu'on ne tolère leurs paroles que pour y puiser des armes contre eux.

Arrêtons-nous encore un instant sur ce nouveau point de vue, d'après lequel on applique à la réponse d'un accusé, réponse à laquelle il est contraint (car puisqu'on le poursuit, il faut qu'il se défende), une législation dirigée contre les cris séditieux poussés spontanément dans les lieux publics. « Dans le sens de la loi du 9 no» vembre 1815, dit M. de Vatisménil, une plai» doirie de cette nature peut devenir un délit.

» Est-il un lieu plus public que le sanctuaire de
» la justice? » M. de Vatisménil n'a pas senti
qu'il transformait, sans le vouloir, en embûche
pour les accusés une garantie créée tout entière
en leur faveur, la publicité des procédures ! Ce
serait frapper l'homme traduit devant la justice
du bouclier même dont la justice a voulu le couvrir ! Si cette doctrine était admise, aurait-il eu
tort, le noble pair, qui, parlant contre la nouvelle loi, disait que ce que l'on présentait comme
un bienfait deviendrait un piége ?

Une dernière réflexion se présente à moi. Si
chaque mot que profère un prévenu peut lui
être imputé à crime, quelle ne doit pas être la
situation de tout prévenu, dans un pays où, depuis trente ans, il est de tradition et d'usage que
le ministère public accable d'injures ceux qui
sont traduits devant les tribunaux, avant que
leur crime soit prouvé, avant que la loi ait prononcé sur leur destinée?

Je n'ai malheureusement pas besoin de citer
des exemples. A toutes les époques de la révolution, sous tous les gouvernemens qui se sont
renversés et remplacés, le ministère public, par
un étrange renversement de tous les principes,
par un excès de zèle que n'ont jamais fatigué ni
refroidi, soit la nature des lois dont il invoquait
l'application, soit la qualité des pouvoirs qu'il
servait, s'est cru le droit, et l'on dirait presque
le devoir, de considérer l'accusé comme con-

vaincu, et de verser sur lui, en sa présence, tout l'odieux et tout l'opprobre qu'aurait mérité le crime prouvé.

Il s'est introduit de la sorte, au détriment des malheureux accusés, avant la peine portée par la loi, et lorsqu'il est incertain que cette peine soit prononcée, un supplice plus affreux peut-être, celui de subir en silence toutes les insultes dont les accablent des hommes qui semblent ne voir qu'un sujet d'éloquence dans ce qui déchire l'ame de leurs semblables, et doit souvent les conduire à la mort.

La révolution, que je n'aime pas à accuser trop légèrement, est pourtant une des causes de cette déplorable habitude. L'esprit de parti, la fureur des factions, l'expliquaient sans la justifier. Mais aujourd'hui, puisque la révolution est finie, ce détestable usage aurait dû cesser. Qu'on relise néanmoins la plupart des procès qui ont eu lieu depuis deux années, l'on verra, comme auparavant, l'invective, le mépris, l'ironie, prodiguées dès les premières lignes dans les réquisitoires et les plaidoiries du ministère public.

Or, je le demande, si tel est le traitement que les accusés éprouvent, à la face des juges, en présence d'auditeurs nombreux, avant la conviction, quand il se peut qu'ils soient innocens, quand on doit les présumer tels, puisque rien encore n'est prouvé contre eux; quelle patience ou quelle prudence humaine résisterait à l'indi-

gnation qu'inspire un tel abus de la force? Et ce
n'est qu'après que le prévenu a dévoré, sans
pouvoir répondre, ces longues heures d'humi-
liations et d'outrages, quand tout ce qu'il y a
d'irritable ou de généreux dans sa nature a été
provoqué de mille manières, c'est alors qu'on
exige que, dans sa défense, il soit impassible,
respectueux, modéré! C'est alors que l'on pèse
chaque expression qui lui échappe; et si le sentiment de son honneur blessé, de ses intentions
aggravées, de toute sa vie souillée de couleurs
odieuses lui arrache une réplique animée ou un
cri d'indignation, l'on travestit *en délit nouveau*
ce mouvement qui serait honorable dans un
coupable même, et on le punit de ne s'être pas
laissé fouler aux pieds par une autorité fière de
parler seule et de s'acharner sur la faiblesse.

Je ne sais si je me trompe : mais il me semble
que les fonctions d'un avocat du roi se bornent
à indiquer au tribunal la question qu'il doit juger, à présenter cette question sous ses divers
points de vue, à rassembler les faits, à rapprocher
les circonstances, à peser les probabilités. Sans
doute, il y a, dans l'exercice de ces fonctions
mêmes, un degré de blâme que le magistrat qui
poursuit un accusé ne peut s'empêcher de diriger contre lui, s'il le croit coupable; mais ce
degré de blâme, qui doit toujours être accompa-
gné d'une expression de regret, est mitigé par
l'humanité, et circonscrit par la convenance; et

toute invective qui le dépasse, toute ironie surtout, qui, au lieu du regret, décélerait le secret
triomphe, est un luxe de barbarie et un abus de
pouvoir.

Dans les causes relatives à la liberté de la
presse, il me paraît de plus, que le magistrat
doit s'abstenir de ces insinuations faciles et insultantes sur le mérite littéraire de l'ouvrage
poursuivi. Ce mérite est parfaitement étranger
à la question. Le magistrat n'est que l'organe
de la loi. Son opinion personnelle, sur ce qui
n'est pas de la compétence de la loi, ne doit pas
s'exprimer dans un lieu où la loi seule doit se
faire entendre. Parlant contre un homme qui ne
saurait lui répondre, il ne doit rien se permettre
qui ne soit indispensable à sa cause. L'autorité
qui sévit contre les crimes, n'a pas le droit de
se donner le passe-temps puéril d'humilier les
amours-propres. Le magistrat, en sa qualité de
magistrat, doit être tout entier à ses fonctions;
et comme citoyen, il doit bien plutôt être affligé
d'avoir à provoquer contre un citoyen un châtiment sévère, qu'occupé encore, dans cette
occasion triste et solennelle, d'une frivole envie
de briller.

Quand je vois, dans le premier des deux
procès qui m'ont suggéré ces réflexions, l'un de
MM. les avocats du roi, après avoir déclaré qu'il
ne ferait pas un crime à l'auteur de je ne sais
quelle épigraphe qu'il avait choisie, la qualifier

pourtant d'*insolente* ; quand , non content de dire que l'écrivain est un *séditieux* , ce qui est de son ressort, il ajoute qu'il est un *menteur* ; quand il verse, à tort ou à raison, le ridicule sur des phrases qu'il ne dénonce point comme condamnables ; et que, reconnaissant un peu tard que ces digressions sont étrangères à la cause , il finit par s'écrier dédaigneusement : *J'aban- donne ces sottes et belles choses* , je sens mon sang bouillonner dans mes veines ; et je prendrai la liberté de lui dire que sa mission est de définir les choses qu'il trouve *coupables* , et non de relever les choses qu'il trouve *sottes* ; qu'il peut démontrer qu'une doctrine est attentatoire à l'ordre public , sans adresser à un prévenu une injure que la convenance interdit , dont l'honneur s'indigne., injure qu'un magistrat peut d'autant moins appliquer à un accusé , qu'il est à l'abri des conséquences que cette injure appelle ; enfin que le moment n'est pas heureux pour les antithèses et les épigrammes, quand il est question de peines afflictives , d'amendes et de cachots.

Je me résume. Si MM. les avocats du roi ont le droit de flétrir des épithètes les plus insultantes, les écrivains qu'ils poursuivent ; si les tribunaux chargés de juger ces écrivains ont celui de les condamner pour une défense qu'ils n'ont pas interrompue; si la défense d'un accusé, qualifiée de délit , peut être jugée sans instruction spéciale et sans un examen à part, je ne vois plus quelle est la garantie des accusés, ni le refuge de l'innocence.

Et consultons les faits ; ils sont nombreux et frappans, ces faits, dans les deux seuls procès qui aient été instruits jusqu'à ce jour. Le premier des deux prévenus se défend devant le tribunal de première instance, et sa peine est triplée. Il s'abstient de paraître, et il confie sa défense à un avocat devant le tribunal d'appel, et sa non-comparution est interprétée en confession de son crime, et M. l'avocat du roi le peint comme honteux de sa faute et craignant l'œil de la justice. Dans le second procès, le prévenu se contente de relire les phrases de l'autorité accusatrice : on le taxe d'ironie. Ne pouvant faire imprimer sa justification, il y renonce : on le menace de le condamner par défaut.

Ainsi, la défense constitue un délit ; le silence entraîne la contumace ; la présence est un danger ; l'absence un aveu. Dans ce dédale inextricable, je demande à MM. les avocats du roi, je demande à MM. les juges ce que les accusés doivent faire pour ne pas aggraver leur sort (1).

---

(1) M. Hua semble avoir aperçu dans le second procès les conséquences d'un pareil mode de procéder : car il a cru devoir donner à M. Chevalier, en l'invitant à se défendre, l'assurance que sa défense ne lui attirerait pas de nouvelles peines, lors même qu'il persisterait dans son opinion. Mais quelle législation ne serait-ce pas, que celle où les accusés trembleraient de faire usage de leur droit le plus naturel et le plus sacré !

La solution de la quatrième question ne me semble plus douteuse. Le roi qui a voulu la liberté de la presse, les ministres qui ont travaillé dans leurs dernières lois à la mieux garantir, les chambres qui n'ont voté deux lois d'exception que sur la promesse que la publicité, étant assurée, réprimerait tous les abus, n'ont pas entendu que les écrivains fussent soumis à un genre de procédure qui les livrerait, sans protection, à la merci du pouvoir, puisqu'ils ne pourraient se défendre sans encourir de nouvelles peines.

CINQUIÈME QUESTION.

L'imprimeur qui a rempli toutes les formalités prescrites par les lois et par les réglemens de la librairie, peut-il néanmoins être condamné comme complice de l'écrivain?

M. de Vatisménil, dans les deux procès qui ont eu lieu, en vertu de la nouvelle législation de la presse, a établi en principe que, « lorsqu'un livre était condamnable, l'imprimeur n'était point à l'abri des poursuites judiciaires, bien qu'il eût obéi aux lois et aux réglemens de la librairie ; que les deux imprimeurs mis en jugement n'étaient pas accusés d'y avoir manqué ; mais que la présence de l'auteur responsable ne faisait point disparaître la res-

» ponsabilité de l'imprimeur, et que celui qui
» avait prêté son ministère à la publication d'un
» écrit coupable, était nécessairement complice
» de ce délit. »

Le tribunal de première instance, qui avait
rejeté les conclusions de M. l'avocat du roi
dans la première cause, les a adoptées dans la
seconde, et a condamné un imprimeur qui avait
rempli toutes les formalités, « parce qu'il avait
» imprimé, vendu et distribué l'ouvrage; que
» même il l'avait fait sciemment, et avait ainsi
» aidé et assisté l'auteur, et s'était rendu par là
» son complice. »

M. l'avocat-général, devant la Cour royale, a
persisté dans les conclusions de son collègue en
première instance, et le tribunal, en cassant
l'arrêt et en acquittant l'imprimeur, n'a point
motivé son jugement sur ce que les formalités
avaient été remplies, mais « sur ce qu'il n'avait
» été clairement établi, ni dans les débats, ni
» dans l'instruction, que l'imprimeur eût re-
» connu l'esprit séditieux de l'écrit; sur ce qu'il
» était possible que, dans une lecture rapide,
» il n'eût point remarqué l'intention criminelle
» dans laquelle il avait été composé; et sur ce
» qu'en conséquence il ne pouvait être considéré
» comme complice. »

Le cinquième axiome de la nouvelle jurisprudence est donc que l'imprimeur qui a rempli
toutes les formalités prescrites par les réglemens

de la librairie pour la publication d'un ouvrage, peut néanmoins être condamné, s'il est convaincu d'avoir compris l'ouvrage qu'il a publié.

Les habiles défenseurs des deux imprimeurs poursuivis ne m'ont presque rien laissé à dire sur cette maxime destructive, par ses conséquences, de toute liberté de la presse.

Ils ont prouvé que l'état d'imprimeur étant un état exclusif et privilégié, les imprimeurs devaient leurs presses à quiconque les invoquait pour publier, ou des idées qu'il croyait utiles, ou des réclamations qu'il prétendait fondées; qu'ils ne pouvaient se constituer juges, ni de la vérité des unes, ni de la justice des autres; que leur seul devoir était d'éviter toute clandestinité; qu'ils étaient à l'abri de tout reproche, quand ils ne dissimulaient ni leur imprimerie, ni leur demeure, ni leur nom, ni celui de l'auteur; que la liberté de la presse deviendrait tout-à-fait illusoire, si ceux qui en sont les instrumens nécessaires craignaient d'être compromis dans l'exercice légitime et légal de leur état; qu'ils trouvaient leur code politique civil et criminel dans la loi du 21 octobre 1814, que là étaient indiquées toutes les causes qui pouvaient leur faire perdre, ou leur privilége, ou leur liberté, et que lorsqu'ils observaient religieusement cette loi, lorsqu'ils marchaient sans détour sur la ligne qu'elle leur avait tracée, lorsqu'ils mettaient les autorités à même de surveiller, et que

ces autorités gardaient un silence approbateur,
rien, sans un bouleversement de tous les principes, ne pouvait être allégué contre eux.

MM. les avocats du roi ont répondu à ces
raisonnemens par une application de la loi du
9 novembre 1815, et c'est aussi sur cette loi
que le tribunal de première instance a fondé son
jugement.

D'après la nouvelle jurisprudence, je n'oserais
guère imprimer pour la première fois ce que
j'ai écrit à ce sujet il y a quatre mois, comme si
j'avais prévu l'influence de cette loi sur la législation de la presse ; mais je me flatte que ce qui
n'a pas été traité alors de proposition séditieuse,
et ce qui a obtenu l'approbation d'un censeur
nommé par l'autorité, ne me sera pas aujour-
d'hui imputé à crime.

« La loi du 9 novembre, écrivais-je dans le
» *Mercure* du 1ᵉʳ février, est très-sévère, et ce
» qui est beaucoup plus fâcheux, très-vague.
» Personne ne peut avoir oublié dans quelles
» conjectures cette loi fut rendue. Présentée par
» le ministère dans un moment de crise, aggravée
» par les chambres alors assemblées, elle fut le
» premier symptôme du système de sévérité et
» même de violence que voulait faire prévaloir
» un parti que des souvenirs et des calamités
» récentes avaient rendu puissant. Le ministère
» eut le mérite de n'accorder à ce parti qu'un
» demi-triomphe ; mais la loi du 9 novembre ne

» s'en ressentit pas moins de l'influence des
» circonstances. »

Cependant, cette loi du 9 novembre, toute
rigoureuse qu'elle est, n'a manifestement pour
but que d'empêcher les cris séditieux, les provocations à la révolte, les pamphlets incendiai-
res ; et si le vague de sa rédaction peut inquiéter
les écrivains, cette rédaction n'autorise point la
mise en jugement d'un imprimeur, comme complice de l'auteur coupable, quand cet imprimeur, en remplissant toutes les formalités, a
non - seulement averti l'autorité de ce qu'il
voulait faire, mais l'a consultée sur ce qu'il
avait fait.

Car la déclaration qui précède l'impression
d'un ouvrage est un avertissement à l'autorité.
Le dépôt qui précède la mise en vente de cet
ouvrage équivaut à une consultation. L'autorité
a le temps de prendre connaissance de l'ouvrage
et d'empêcher qu'il n'acquière une publicité
dangereuse. Si, après avoir ordonné les formalités qui facilitent la surveillance, l'autorité ne
veut pas s'en prévaloir, ce n'est pas l'imprimeur
qui est coupable. Si l'autorité, étant avertie à
temps, laisse paraître l'ouvrage dangereux, ce
n'est pas l'imprimeur qu'on peut taxer de complicité.

« Mais, dit le tribunal de première instance,
» si l'administration peut examiner les ouvrages
» déclarés et déposés, elle n'est pas forcée de

» le faire. Cette obligation est laissée tout en-
» tière à la charge des auteurs et des impri-
» meurs (1). »

Cette réponse serait peut-être valable, si l'ordre de déclarer et de déposer les ouvrages, n'é-
tait pas émané de l'autorité, mais si c'était une
offre volontaire des auteurs ou des imprimeurs.
L'on pourrait dire alors qu'ils n'ont pas le droit
d'importuner le gouvernement en le consultant
sur les publications qu'ils projettent ; que c'est
à eux à bien examiner ce qu'ils publient, et à se
décider, en vertu de la liberté de la presse, à
leurs risques et périls. Mais la déclaration et le
dépôt des ouvrages étant ordonnés par l'autorité,
impliquent qu'elle a eu un but en les ordon-
nant. Ce but est manifestement de se donner le
moyen de vérifier que les ouvrages prêts à paraître ne contiennent rien de préjudiciable à
l'ordre public. C'est donc l'autorité qui a volontairement pris sur elle le soin de s'en assurer.
Elle a choisi ce mode, de préférence aux autres
modes, qu'elle aurait pu également prescrire.
Maintenant si elle se plaît à rendre ses propres précautions illusoires, que pourra faire
l'imprimeur? Solliciter une permission formelle,
il ne l'obtiendra point : elle n'est pas dans la loi.
On lui répondrait avec raison, et avec une indignation généreuse, qu'une telle permission se-

_____

(1) Considérans du jugement contre les sieurs Chevalier et Dentu.

rait illégale; qu'elle équivaudrait à la censure qui est abolie, et que nous jouissons de la plénitude de la liberté de la presse. Devra-t-il lire et relire attentivement l'ouvrage, pour découvrir ce qu'un avocat du roi pourra y trouver? Quelque soin qu'il y mette, je le défie de prévoir le sens secret, indirect, occulte, que démêle dans les phrases les plus simples, une sagacité exercée à ce genre d'interprétation.

Remarquez bien qu'il n'y a point de prescription pour cette nature de délits. L'une des brochures qui ont causé la mise en cause de deux imprimeurs était publique depuis trois mois (1). Ainsi, chaque imprimeur est éternellement sous la main de M. l'avocat du roi. Chaque ouvrage publié devient pour lui l'épée de Damoclès, suspendue indéfiniment sur sa tête.

Je ne fais point à MM. les avocats du roi l'injure de supposer qu'ils soient accessibles à des passions personnelles. Mais si, par impossible, une fois, dans l'avenir, l'un d'entre eux était moins que ses collègues au-dessus de toutes les erreurs de l'humanité, un imprimeur qui aurait eu le malheur de lui déplaire, n'aurait-il pas à

---

(1) *Le cri des peuples*, par M. Crevel, a été saisi après avoir circulé pendant près d'un an, et lorsque deux éditions étaient épuisées. La police avait donné le récépissé pour les deux premières et la vente n'avait rencontré aucun obstacle. Certainement si cette brochure pouvait faire du mal, c'est un tort au ministère public de lui avoir laissé dix mois pour le faire, et si pendant dix mois elle n'en a point fait, c'est un tort de l'avoir poursuivie après dix mois.

craindre de voir soudain interpréter quelques-
uns des ouvrages qu'il aurait publiés, n'importe
quand? Un magasin de librairie serait un arsenal d'armes terribles contre tout libraire ou tout
imprimeur.

« Non, dit M. l'avocat du roi près la cour
» royale. Si l'imprimeur a pu douter du sens
» des choses qu'il a imprimées, si l'on peut
» penser qu'il ne les a pas comprises, il sera ab-
» sous (1). »

S'il a pu douter! si l'on peut penser! Ainsi les
jugemens des tribunaux se composeront de conjectures sur l'intelligence de chaque imprimeur;
car un brevet ne confère pas à tous ceux qui en
jouissent un égal degré d'intelligence. Il faudra
de plus rechercher la clarté ou l'obscurité relatives de chaque phrase, autre recherche assez
difficile; car ce qui est obscur pour l'un est clair
pour un autre : et qu'arrivera-t-il, si le tribunal trouve clair ce que l'imprimeur a trouvé
obscur? Comment prouver à un homme qu'il a
compris tel passage, qu'il a pris telle expression
dans tel sens? Si, par exemple, pour rappeler
un fait déjà rapporté plus haut, un imprimeur
affirme qu'il a donné au mot *débonnaire* une acception favorable, parce qu'il s'est nourri des
beaux vers de Cinna, comment lui démontrer le
contraire? Ne voit-on pas à quelles puériles dis-

---

(1) Réplique de M. Hua dans le procès de M. Dentu.

TOME I.   37

putes de mots, à quelles chicanes, à quelles tor-
tures grammaticales cette jurisprudence donne
lieu?

Ce ne sera pas tout. Il faudra constater comment l'imprimeur a lu l'ouvrage, combien de
minutes il a employées à le parcourir : car la
cour royale n'a acquitté le sieur Dentu qu'en
considération de ce que sa lecture *de la lettre à
M. de Cazes* avait été *une lecture rapide* : ce qui,
soit dit en passant, serait dans la nouvelle doctrine une assez mauvaise justification ; si l'imprimeur est responsable, l'inattention n'est en
lui qu'une faute de plus, faute d'autant plus nécessaire à réprimer qu'admise une fois comme
apologie, elle sera toujours alléguée.

Il y a vraiment une fatalité dans les questions
relatives à la liberté de la presse. Par la portion
de la loi du 21 octobre 1814, qui est maintenant abrogée, et qui n'exceptait de la censure
que les ouvrages au-dessus de vingt feuilles, on
invitait les écrivains à être diffus. Par la nouvelle
doctrine, on invite les imprimeurs à se déclarer
dépourvus d'intelligence, et les auteurs à être
obscurs.

« Mais, demandent MM. les avocats du roi,
» où serait le mal si les imprimeurs se consti-
» tuaient les censeurs des livres? »

Le mal, je le dirai.

J'aime à rendre aux imprimeurs la même justice que leur a rendu M. l'avocat du roi près la

cour royale. Je pense, comme lui, qu'on trouve dans cette classe estimable, beaucoup de gens instruits et même de littérateurs distingués; et j'adhère d'autant plus volontiers à cet éloge, que je n'en fais pas une préface pour requérir contre eux des amendes et des détentions.

Mais, comme l'a fort bien remarqué M. Blaque dans la défense de M. Dentu, il n'en est pas moins vrai que les imprimeurs ne peuvent réunir en politique, en théologie, en littérature, en législation, les connaissances requises pour juger les ouvrages qu'ils impriment. Leur brevet ne leur donne pas la science universelle. Si vous les rendez responsables des erreurs contenues dans ces ouvrages, ils n'auront qu'un parti à prendre, celui de suivre l'axiome de Zoroastre : *Dans le doute, abstiens-toi :* et ils s'abstiendront de tout ce qui leur paraîtra propre à les compromettre.

Qui pourrait en effet leur en faire un crime ? Il leur faudrait une vertu plus qu'humaine pour exposer leur état, leur fortune, l'aisance de leurs familles, leur liberté, leurs intérêts les plus chers enfin, en publiant ce qu'on leur présenterait comme des vérités utiles ou des réclamations courageuses. Ils n'en recueillent pas la gloire, ils n'en voudront pas courir le danger.

Ceci n'est pas une hypothèse chimérique, une gratuite supposition. La nouvelle jurisprudence est d'une date récente ; elle n'est pas encore, on peut s'en flatter, solidement établie.

Nous voyons cependant déjà vingt-deux imprimeurs refuser d'imprimer l'apologie de M. Chevalier, et un accusé réduit à ne pouvoir faire connaître sa justification au public. Cela est un peu différent des espérances que nous avions conçues, quand M. le ministre de la police et M. Becquey, commissaire du roi, disaient à la tribune, « que les écrits de tout genre, les pam» phlets, les réclamations des citoyens, circule» raient en liberté, que mille portes leur étaient » ouvertes, et que rien de ce qui était écarté » des journaux ne serait empêché de paraître » sous toute autre forme (1). »

Le public a pu croire qu'il y avait quelque exagération dans les vingt-deux refus dont M. Chevalier s'est plaint à la cour royale. Je conviendrait franchement que je l'avais cru moi-même, et comme cette impossibilité d'imprimer était un des meilleurs moyens de défense que cet écrivain pût employer, j'avoue que je le soupçonnais de n'avoir pas mis beaucoup d'insistance dans ses efforts pour vaincre un obstacle qui servait sa cause.

Mes doutes ont cessé, lorsque m'étant adressé, pour publier ces *Questions*, à un imprimeur estimable et distingué, avec lequel j'avais des re-

---

(1) Voy. les citations dans les premières pages.

lations anciennes, j'ai reçu de lui la réponse suivante. Je la transcris littéralement, en supprimant le nom de l'écrivain qui peut-être s'inquiéterait de la publicité de ses inquiétudes.

« Depuis trois mois que les tribunaux m'ont
» fait connaître la législation actuelle de la presse
» en France, je suis forcé de refuser d'imprimer
» tout ce qui est relatif aux intérêts de mon
» pays. Il faut espérer qu'une nouvelle loi expli-
» quera les anciennes, et fera connaître d'une
» manière positive les devoirs et les droits des
» imprimeurs. Jusque-là ce serait risquer de
» perdre mon état, ce que je ne veux faire, parce
» qu'il est toute la fortune de ma famille. Rece-
» vez l'assurance de tous les regrets de votre dé-
» voué et reconnaissant serviteur. »

Si telle chose est arrivée à un écrivain qui ne passe pas, que je sache, pour un auteur séditieux, à un écrivain, qu'on a plutôt accusé, sinon d'être dans les opinions ministérielles, car j'en ai combattu plusieurs, au moins d'incliner en faveur d'un ministère qui, je le pense, a rendu, le 5 septembre 1816, un grand service à la France, à un écrivain enfin qui est attaqué chaque jour, comme partisan de ce ministère, dans un journal anglais, enrichi tous les courriers, par ses illustres correspondans de Paris, d'anecdotes un peu fausses, mais bien rédigées (1), quelles dif-

---

(1) Le New-Times, journal dirigé par un homme renvoyé du Times.

ficultés les mêmes alarmes n'opposéraient-elles
pas à la publication d'ouvrages qui pourraient
être beaucoup moins modérés, sans être coupables ?

« Menacez, renfermez un imprimeur, disait
» un de nos députés dans la session dernière, et
» la frayeur, car je n'ose dire la terreur, sera
» telle, que, ne manquant jamais d'écrivains
» pour dire la vérité, vous ne trouverez jamais
» personne pour l'imprimer (1). »

De la sorte, on anéantirait la liberté de la
presse bien plus efficacement que par tous les
moyens de violence ouverte que la constitution
réprouve et qui soulèveraient l'opinion ; on frap-
perait cette liberté sourdement dans sa racine ;
on la tuerait avec ironie. On dirait aux écrivains, *imprimez*, et ils ne trouveraient plus de
presses ; on dirait aux opprimés, *plaignez-vous*,
et leurs plaintes seraient étouffées (2). La condamnation des imprimeurs, quand ils ont rempli
les formalités qu'on leur a prescrites, serait dans
la législation de la presse, ce que la condamnation des avocats qui défendent les accusés serait

(1) Moniteur du 30 janvier 1817.

(2) *Tout cela n'est que de la déclamation*, a dit M. Hua à M. Chevalier, qui demandait un imprimeur d'office. *Imprimez votre défense, vous
en êtes parfaitement le maître.* M. Hua ne voulait pas sans doute insulter
à l'impuissance où se trouvait M. Chevalier de suivre son conseil. Mais la
position du prévenu, entre un magistrat qui lui disait, *imprimez*, et des
imprimeurs qui lui répondaient, *on nous ruinerait, si nous imprimions*,
était exactement telle que je l'ai peinte.

dans la législation criminelle; elle serait plus injuste encore, car il resterait aux accusés la ressource de se défendre eux-mêmes, et nos lois sur
l'imprimerie interdisent à tout autre qu'aux imprimeurs brevetés de rien imprimer.

Tel n'a pas été le vœu de la loi; telle n'a pas
été l'intention du gouvernement; telle n'est pas
non plus, je le pense, celle de MM. les avocats
du roi. Entraînés par leur zèle, et marchant dans
une carrière toute nouvelle à pas peut-être pré-
cipités, ils n'ont ni calculé ni prévu les conséquences de ce premier pas.

———

VIII.

CONCLUSION.

J'ai fini ce travail, dans lequel j'ai, pour la
quatrième fois, défendu la liberté de la presse.

Les axiomes que MM. les avocats du roi ont
pris pour base de leur nouvelle doctrine, sont
destructifs de cette liberté. Ces axiomes et la
pratique qui s'en est suivie sont donc contraires
et à la lettre de notre Charte, et à l'esprit des
lois promulguées sur cette importante portion
de nos droits.

J'ai déclaré, en commençant cet écrit, que je
n'attribuais point aux magistrats contre les assertions desquels j'ai osé m'élever, l'intention

d'étouffer une liberté que notre pacte constitutionnel consacre et que le roi a promise. Leur
zèle, leur peu d'expérience sur des questions
neuves, la difficulté d'asseoir des règles fixes
avant de les avoir éprouvées, telles sont les
causes de leurs erreurs : mais ces erreurs sont
graves.

Quand je n'en aurais pas fourni la preuve détaillée, cette preuve résulterait encore des seules
péroraisons qui ont terminé les plaidoiries élo-
quentes de ces magistrats. Car l'un et l'autre ont
professé les mêmes principes, et ont marché fi-
dèlement dans le même sentier.

Ceu duo nubigenæ descendunt montibus altis
Centauri...

« Un exemple est encore nécessaire » a dit
M. de Vatisménil dans ses conclusions contre
M. Chevalier. « La condamnation que vous avez
» prononcée récemment, et le jugement que
» vous rendrez dans cette cause, Messieurs, ap-
» prendront aux auteurs que ce n'est pas *sans*
» *péril* qu'on se livre avec emportement à la cri-
» tique des personnes et des choses que l'on doit
» respecter. Ils apprendront que la mesure, le
» tact, la bonne foi, la pureté d'intention, et
» surtout le respect pour le roi, sont des qua-
» lités indispensables pour tout écrivain qui veut
» traiter *sans danger* des matières du gouverne-
» ment... Si vous ne réunissez pas toutes ces

» qualités, hommes de lettres, *fuyez la carrière*
» *périlleuse de la politique.* Le domaine des
» sciences et des arts est assez vaste... Si votre
» génie vous pousse vers les matières d'intérêt
» public, que le commerce, les finances, l'éco-
» nomie politique, l'amélioration des codes,
» soient l'objet de vos méditations... Faites mieux
» encore. Les saines doctrines, la morale, la re-
» ligion, le gouvernement monarchique, ont été
» ébranlés : employez vos efforts à les affermir :
» alors, au lieu de *périls* vous trouverez la
» gloire... Et vous, imprimeurs, *si les saisies*
» *vous fatiguent, si vous voulez éviter la peine*
» *de la complicité,* constituez-vous les censeurs
» des auteurs. »

Quand je compare ce langage à celui de nos
ministres et de nos députés, je crois comparer
deux pays, deux siècles, et deux codes différens.

Quoi! M. Camille Jordan, conseiller-d'état,
affirmait en janvier dernier « qu'un écrit impru-
» dent défendrait plutôt son auteur d'une ar-
» restation d'ailleurs méritée, qu'il ne l'expo-
» serait à une arrestation injuste, » et M. de
Vatisménil nous parle six fois en vingt-huit lignes des périls qui entourent les écrivains! il
veut les épouvanter par des exemples, et *fati-*
guer les imprimeurs par des saisies! Que sont devenues, et cette libre circulation des pamphlets,
et ces réclamations de la nation arrivant de toutes
parts aux pieds du trône, et ces vérités réfugiées

dans tous les écrits, hors les journaux, et du sein de ce brillant exil élevant leur voix indépendante?

M. de Vatisménil veut que nous fuyons la carrière politique. Mais comment *le flambeau du gouvernement* brillera-t-il dans cette carrière déserte?

Il nous exhorte à cultiver les sciences et les arts. Mais ne serait-il pas un peu triste d'être réduits à des poésies légères, au moment de l'élection de nos députés; et à des expériences sur l'oxigène, quand il sera question de la liberté individuelle et du jugement par jurés?

Il nous permet de travailler à l'amélioration des codes. Mais « censurer une loi que le roi a » sanctionnée, c'est accuser le roi de manquer » de lumières, et commettre le délit prévu par » la loi du 9 novembre (1). Les codes ne se composent-ils pas de lois sanctionnées? Comment éviter de censurer ces lois sanctionnées, en travaillant à l'amélioration des codes?

Il nous accorde des spéculations sur la morale. Mais M. l'avocat du roi près la cour royale a découvert un tort dans l'éloge de la probité.

Il nous invite à raffermir les saines doctrines. « Là, dit-il, au lieu de péril, nous trouverons la » gloire. » Raffermir les saines doctrines sans les discuter, trouver la gloire dans un monologue,

---

(1) Discours de M. de Vatisménil contre M. Chevalier.

et en défendant des opinions, quand les opinions contraires n'osent se montrer? M. l'avocat du roi ne s'aperçoit pas que son zèle met obstacle au nôtre; son assistance non sollicitée nous force à l'inaction; nous ne pouvons entrer dans une carrière où nos contradicteurs seraient accablés du poids de l'autorité; et nul écrivain qui se respecte, ne défendra même les saines doctrines contre des adversaires qu'un avocat du roi guette et que la prison attend.

Je le reconnais avec plaisir, M. l'avocat du roi près la cour royale, est un peu moins sévère : « Parlez, écrivez, dit-il, aux auteurs. Dites la » vérité au roi, aux chambres, aux ministres. » Savez-vous où est votre garantie? elle est dans » l'amour du bien public » (1).

L'amour du bien public est sans doute un puissant motif d'écrire; mais l'expérience a malheureusement prouvé que ce n'était pas toujours une garantie sûre pour ceux qui écrivaient. Il y a des pays et des époques où cette garantie n'a eu que peu d'efficacité. Je croyais, j'en conviens, en avoir quelques autres. Je croyais avoir des garanties dans la Charte, dans les déclarations du roi, dans les promesses solennelles des ministres; je le crois encore, et je serais un peu désappointé de me voir réduit tout-à-coup aux garanties que me donnerait mon amour du bien public,

---

(1) Discours de M. Hua contre M. Chevalier.

contre tel pouvoir, auquel j'aurais, peut-être, par amour du bien public, le malheur de déplaire.

« Un auteur est traduit en justice, continue
» M. l'avocat du roi ; quel est donc son délit ? Il
» a fait une brochure. Grande consternation
» dans la république des lettres... C'est bien la
» peine d'avoir une constitution ; car il est clair
» qu'une constitution n'a été faite que pour
» donner la liberté d'écrire et de parler sur tout
» ce que l'on voudra. »

Une constitution n'a point été faite uniquement pour donner *la liberté d'écrire et de parler sur tout ce que l'on voudra*; une constitution a été faite pour assurer nos droits, et celui d'écrire et de parler, comme tous les autres. Une constitution a été faite pour être observée.

Il n'y a point une grande consternation dans la république des lettres, parce qu'un auteur est traduit en justice. Les auteurs savent qu'ils sont responsables. Mais si un auteur mis en jugement était privé plus qu'un autre des garanties protectrices ; si le ministère public le traitait avec dédain dans la forme, et avec iniquité dans le fonds ; si des attentions qu'il n'a point eues lui étaient attribuées ; si des lois qui ne devraient point l'atteindre lui étaient appliquées ; si des peines qu'il ne mérite pas le frappaient, comme l'injustice exercée envers un seul membre du corps social les menace tous, comme l'arbitraire est contagieux, comme la Charte serait violée, il y aurait alors, et avec raison, une grande consternation, non-seulement dans la république des lettres, mais parmi tous les vrais amis du gouvernement et de la patrie, parmi tous les esprits éclairés.

« Cependant il faut que l'État subsiste, » dit M. l'avocat du roi « *primo vivere.* » Certes, tout le monde désire que l'État subsiste : la sûreté de tous est dans l'existence de l'État : mais tout le monde sait par une triste expérience, que l'État n'a qu'une existence précaire, quand on s'écarte des lois, ou qu'on les applique à faux, ce qui est les détruire. Tout le monde sait de plus, que le *primo vivere*, dont la traduction française est connue, est de tous les prétextes le plus flexible et le plus dangereux.

Pour l'intérêt du repos, pour celui de la liberté, pour le trône comme pour le peuple, revenons à des maximes plus simples, plus constitutionnelles, et surtout plus franches. Cette question de la presse, éternelle quand on la conteste, funeste quand on veut lui échapper par l'artifice, est en même temps de la solution la plus facile, si l'on veut y mettre de la loyauté.

Depuis 1789, époque à laquelle les principes furent posés, l'on s'en est écarté sans cesse, et le malheur a suivi de près la faute. Je ne suis pas seul à le dire, je puis invoquer une autorité bien plus imposante que la mienne, et sous le rapport de la position, et sous celui des preuves d'attachement données au gouvernement qui nous régit.

« J'ai toujours été fermement persuadé » disait, à la chambre des pairs, le 28 février dernier, M. le maréchal duc de Tarente « que le
» repos général de la France n'avait d'autre garantie que l'inviolabilité de la Charte. Ma con-
» viction à cet égard s'est manifestée dans toutes
» les occasions, où j'ai cru reconnaître que l'on
» s'écartait de son esprit et de ses principes et
» notamment à cette même tribune, le 30 août
» 1814, *dans la discussion sur la liberté de la*
» *presse*. Il est trop vrai que les inquiétudes
» *qui se répandirent alors* sur la crainte d'alté-
» ration à la Charte, sur la stabilité des lois et
» des institutions nouvelles, préparèrent en se-
» cret, et favorisèrent les désastreux événe-
» mens qui ont ouvert l'abîme où la patrie a été
» plongée. »

Etablissons donc une théorie libérale et rassurante. Cela est facile. Il suffit de prendre le contre-pied de tout ce qui s'est fait dans les deux procès que je viens d'examiner.

Au lieu d'interpréter péniblement, et d'une manière subtile et forcée, des phrases isolées, pour trouver les écrivains en défaut, jugeons des ouvrages par l'esprit et la tendance de leur ensemble.

Confions à des jurés le jugement de ces causes,

La preuve est acquise, que si la garantie que les auteurs ne seront soumis qu'aux tribunaux est un commencement de liberté de la presse, ce n'est encore qu'un commencement. Il peut y avoir moins de liberté sous les tribunaux que sous la police. Car si l'on persistait dans le mode de procéder qui a été suivi, il y aurait de moins, constitutionnellement, la responsabilité du ministre, et moralement, cette modération possible de l'arbitraire, quand il est dans la main d'un homme, dernière ressource qui disparaît quand l'arbitraire est dans les organes de la loi.

J'ai déjà prouvé, dans les pages précédentes, combien les jurés étaient indispensables.

J'ajouterai deux considérations qui démontreront qu'il est dans l'intérêt du gouvernement de les établir.

1° Les jugemens des tribunaux contre les écrivains que l'autorité dénonce, n'ont point sur l'opinion publique l'autorité du jugement par jurés. Cette opinion ombrageuse soupçonne toujours les tribunaux, dans les causes qui tiennent à la politique, d'être dévoués au gouvernement. Elle respecte dans les jurés l'indépendance de la condition privée, de laquelle ils ne sortent que momentanément, et dans laquelle ils rentrent.

2° Si les tribunaux acquittent les écrivains accusés par l'autorité, il s'établit entre eux et le gouvernement, une hostilité au moins apparente, et qui est toujours fâcheuse, quand elle se place dans des corps inamovibles. Rien de pareil n'est à craindre de la part des jurés, simples citoyéns, redevenant tels après le jugement, et ne formant point un corps.

Reconnaissons qu'on peut attaquer les ministres sans attaquer le roi. Ne réclamons pas pour eux une inviolabilité que la constitution leur refuse.

Restons fidèles à nos lois actuelles, en leur donnant plus de précision et plus de douceur (1). N'exhumons pas les lois anciennes, arsenal ignoré, où des réglemens barbares resteraient en embuscade, pour apparaître au premier signal.

Ma tâche est remplie, Je crois avoir respecté les personnes et les choses qu'on doit respecter. Même en indiquant ce qui m'a paru être des erreurs dans quelques-uns de nos magistrats, j'ai

---

(1) Il est impossible, par exemple, de laisser subsister dans notre code sur la presse la disposition qui rend justiciables des tribunaux *les écrits livrés à l'impression*. Un auteur qui livre à l'impression un ouvrage peut vouloir le modifier pendant l'impression. Alors, en jugeant son manuscrit, vous le jugeriez sur une intention qu'il n'a pas eue, et sur un écrit qu'il ne voulait pas faire paraître dans l'état où vous le trouvez. Je puis me citer pour exemple. Croyant utile de soumettre au public ces observations, dans un moment où beaucoup de livres sont saisis, beaucoup d'écrivains mis en jugement, j'ai envoyé à l'impression chaque page de cette brochure sans la relire. Je ne l'ai corrigée que sur les épreuves. Beaucoup d'expressions trop fortes, ou dont le sens était équivoque ont été retranchées. Si l'on m'avait jugé sur ce manuscrit, livré à l'impression, on m'aurait jugé sur un livre que je ne voulais pas publier.

déclaré que leurs intentions ne devaient point être jugées d'après ces erreurs.

La liberté des individus est suspendue. Les journaux sont dans la main de l'autorité. Les chambres séparées interrompent le droit de pétition. La liberté des livres est la seule qui nous reste. J'ai dû essayer de la défendre.

FIN DU PREMIER VOLUME.

TABLE DES MATIÈRES

DU PREMIER VOLUME.

SUJETS DIVERS.

DE LA RESPONSABILITÉ DES MINISTRES.

Lightning Source UK Ltd.
Milton Keynes UK
UKHW050952100822
407113UK00007B/1463